MÁS ALLÁ DEL VERSÍCULO

Más allá
del versículo
Lecturas y discursos talmúdicos

EMMANUEL LEVINAS

Traducción de Manuel Mauer

EDICIONES LILMOD

Colección Estudios y Reflexiones

Levinas, Emmanuel
Más allá del versículo - 1a ed. - Buenos Aires : Lilmod, 2006.
296 p. ; 20x14 cm. (Estudios y reflexiones; 10)

Traducido por: Manuel Mauer

ISBN 987-22628-4-5

1. Filosofía-Religión. I. Mauer, Manuel, trad. . II
III. Título
CDD 100 : 230

Título original: *L'au-delà du verset. Lectures et discours talmudiques.*
© Les Éditions de Minuit

© Para toda América Latina
Fundación David Calles para la Difusión del Humanismo (n.º 1746869)
Primera edición: 2006, Argentina

Fundación David Calles para la Difusión del Humanismo
Director: Roger Calles
Tel.: (54-11) 4382-2266
Fax: (54-11) 4384-7783
www.edicioneslilmod.com
edicioneslilmod@gmail.com

Diseño de cubierta: Zky & Sky
Realización de interiores: Lucila Schonfeld

Esta edición, de 1500 ejemplares,
ha sido impresa en Grafinor S.A.
Lamadrid 1576 - Villa Ballester, Buenos Aires

Distribución para la Argentina: Tusquets Editores

Dedicado a la memoria de León Algazi,
compositor de música,
intérprete de los versículos
y simple fiel.

Índice

SIONISMOS

Prefacio

1. ¿Por qué un más allá del versículo? Porque los rígidos contornos de los versículos que se recortan en las Escrituras tienen un sentido obvio que es a la vez enigmático. Exigen una hermenéutica llamada a extraer, de la significación que se desprende inmediatamente de la proposición, nuevas significaciones apenas insinuadas. Pero estas son a su vez enigmáticas y también deben de ser interpretadas. En busca de nuevas enseñanzas, la hermenéutica vuelve innumerables veces sobre los versículos ya interpretados, pero inagotables. Así, la lectura de las Escrituras se reinicia incansablemente: la revelación se perpetúa.

El Talmud enseña un principio de Rabí Ishmael –principio que repite dieciocho veces en sus distintos tratados–: "La Torá habla el lenguaje de los hombres". Ese principio suele ser citado para que el exégeta no se vea obligado a buscar un sentido metafísico detrás de cada término del discurso bíblico. Pero esa limitación de la interpretación es siempre relativa y sus límites no son inamovibles. El gran pensamiento del principio consiste en realidad en admitir que la Palabra de Dios puede caber en la lengua de la que se sirven, para comunicarse entre sí, los seres creados. Milagrosa contracción del Infinito, lo "más" contenido en lo "menos", lo Infinito en lo finito –como en "la idea de Dios" tal como la piensa Descartes–. De donde, precisamente, ese excedente enigmático del sentido para el lector; de donde la exégesis implícita –y el llamado a la exégesis– ya en la lectura. Contracción del Infinito en la Escritura. No habría aquí ningún empobrecimiento de la idea cartesiana, ni de la gloria de Dios, ni de Su proximidad religiosa. Dignidad profética del lenguaje, capaz de significar siempre más de lo que dice. Maravilla de la inspiración, en la que el hombre escucha absorto sus propios enunciados, a los que ya *lee* e interpreta. Inspiración en la que la palabra humana es ya escritura. La Escritura comenzaría con la línea que, de algún modo, se dibuja y adquiere consistencia o emerge como un versículo en la fluencia de una lengua –de toda lengua, sin duda– para convertirse en texto, como proverbio, como fábula, como poema o como leyenda, antes de que el estilete o la pluma la imprima en forma de letras sobre las tablas, el pergamino o el papel. ¡Literatura anterior a la letra! Es en esa esencia inspirada del lenguaje –ya escritura de un libro– en donde se instaura y se prescribe un orden "ontológico" distinto de la realidad naturalmente necesaria de la historia y de las cosas; distinto también de la idealidad normativa del *deber ser*; distinto por último de la "profundidad insondable" y utópica de una interioridad, interioridad que suele ser reducida a un producto del inconsciente, de la ideología, o bien a un mero infantilismo. Esencia religiosa del lenguaje, punto en el que la profecía hará surgir las Santas Escrituras que toda literatura espera o conmemora, para celebrarlas o para profanarlas. De ahí el rol excepcional que ocupan en la antropología misma de lo humano –y no sólo en la superestructura y en la fragilidad de las culturas– las literaturas llamadas nacionales, Shakespeare y Molière, Dante y Cervantes, Goethe y Pushkin. Significando más allá de su sentido evidente, invitan a la exégesis, lineal o tortuosa –pero nunca frívola– que es la vida espiritual misma.

El "animal dotado de lenguaje" de Aristóteles nunca ha sido pensado en su ontología hasta el libro, ni interrogado acerca del estatus de su relación religiosa con el libro. Esa relación nunca ha obtenido, en las "promociones" filosóficas de las categorías, el rango de una modalidad tan determinante, esencial e irreductible para la condición –o la incondición– de lo humano, como lo son el lenguaje mismo, el pensamiento o la actividad técnica. Como si la lectura fuese tan sólo una de las peripecias de la circulación de las informaciones y el libro un simple objeto entre los objetos, un utensilio que manifestaría, en los manuales, una afinidad con la mano similar a la del martillo.

2. El enigma del versículo y del verso no responde pues a una simple imprecisión que –por causa de un descuido o de la mala fe– produce malentendidos. No procede de una insuficiencia del instrumento lingüístico destinado a la comunicación de los saberes y a la instauración y el mantenimiento de un orden objetivo, histórico y político. El lenguaje pierde aquí su estatus de mero instrumento.

El lenguaje que devino Santas Escrituras y que mantiene su esencia profética –probablemente, lenguaje por excelencia–, la palabra de Dios ya audible o aún imperceptible en el seno de todo hablar, no pertenece exclusivamente al orden del compromiso de los seres hablantes en el entramado del mundo y de la Historia, en donde estos se preocupan por sí mismos, es decir por su perseverancia en el propio ser. El lenguaje no consiste simplemente en significar un significado a partir de palabras, a partir de una cierta conjunción de signos que van hacia ese significado. Más allá de lo que quiere hacerme saber, el lenguaje me pone en relación con el otro con quien hablo. Significa a partir del rostro inolvidable en todo discurso: a partir de una expresión anterior a las palabras es interpelada mi responsabilidad-por-el-otro, más profunda que la evocación de cualquier imagen, responsabilidad sobre la que se yerguen mis respuestas. Mi relación con el otro en el lenguaje es la expresión de las órdenes recibidas: la escritura es siempre prescripción y ética, palabra divina que me ordena y me destina al otro, escritura santa antes de ser texto sagrado. Palabra desproporcionada respecto del discurso político, desbordando las informaciones. Ruptura, en el ente que soy, de mi conciencia tranquila de ser-ahí. La escucho como mi subordinación al otro. Es la puesta en cuestionamiento de "la preocupación por uno mismo", intrínseca a los seres, esencial al *esse* de los seres. Por lo tanto, subversión de ese *esse*, *des*-inter-*és* en el sentido etimológico del término. Viento de cambio o espíritu, a pesar de los nudos de la Historia que se reanudan luego de las rupturas en las que la preocupación por uno mismo (*souci de soi*) busca justificarse. Implicación de la responsabilidad ética en el decir firme y casi cerrado del versículo, versículo que se forma en el lenguaje como si, al hablar, yo no fuese el único en hablar y ya obedeciese. ¿Semejante implicación no es acaso la escritura original en la que Dios, venido a la idea, es nombrado en lo Dicho? No soy sólo un animal político, crudamente realista; pero no soy tampoco únicamente la pura interioridad de un "alma bella". Mi condición –o mi in-condición– está dada por mi relación con los libros. Ese es el a-Dios mismo. ¿Fórmula abstracta? El lenguaje y el libro surgiendo y ya leído en el lenguaje es la fenomenología misma, la "puesta en escena" a partir de la cual esa abstracción se vuelve concreta.

3. La estructura de los textos inspirados de las Escrituras santas es también extraordinaria en un segundo sentido: su lector no sólo es solicitado como sentido común abierto a las "informaciones", sino en la unicidad inimitable –y lógicamente indiscernible– de su persona y como por su propio genio. La singularidad inevitable en el abordaje de la Escritura por parte de cada uno, así como la particularidad de cada momento histórico en que se intenta su aproximación, no implican un déficit de objetividad y no pueden ser denunciados como puntos de vista "subjetivos" que falsean y limitan la verdad. La lectura no es sólo una cuestión de conocimiento de objetos. La verdad de la re-

velación se inscribe también en otro proceso espiritual. Ella significa para el yo, cuya identidad es única e intransferible. La comprensión de la revelación por el yo determina un sentido que a lo largo de "toda la eternidad" jamás podría realizarse sin él. Hay una parte insustituible aportada por cada uno y por cada instante al mensaje –o a la prescripción– recibido y cuya riqueza sólo se manifiesta en el pluralismo de las personas y de las generaciones. Fundación del valor inapreciable o absoluto de cada individuo, de cada receptividad, en esta revelación que, intransferible como una responsabilidad, incumbe a cada uno, a cada nueva generación, a cada época.

Pero el aporte de cada uno y de cada tiempo es confrontado a las enseñanzas de todos los otros y de todo el pasado. Así se explica la referencia constante de las lecturas a los orígenes, a través de la historia que va de maestro a alumno. De allí también la discusión en las asambleas entre colegas que se interpelan de un siglo al otro. Todo es incorporado como tradición a la Escritura comentada, exigiendo siempre una nueva lectura, a la vez erudita y moderna. De allí, por último, los comentarios de comentarios, estructura misma de la Torá de Israel, reflejada hasta en el lineamiento tipográfico de los tratados sobrecargados en todos sus márgenes. Participación de aquel que recibe la Revelación en la Obra de Aquel que se revela en la profecía. Y ese es, sin duda, también, el significado del versículo de Amos (III, 8): "Dios ha hablado, ¿quién no profetizará?". La lectura del texto profético es también profética en cierta medida, aún si todos los hombres no se abren con la misma atención y la misma sinceridad a la Palabra que habla en ellos. ¿Quién, hoy en día, abraza la tradición?

4. Las "lecturas talmúdicas" que componen la parte principal de esta recopilación son –como todas aquellas que aparecieron en nuestras publicaciones anteriores– modestos intentos por participar en esta vida de la Escritura. Pero mientras que las

Cuatro lecturas talmúdicas y el volumen titulado *De lo sagrado a lo santo*, en el que propongo otras cinco lecturas, reproducían exclusivamente las conferencias pronunciadas a lo largo de las últimas décadas en los coloquios de intelectuales judíos de Francia organizados por la Sección francesa del Congreso Judío Mundial,[1] entre los textos talmúdicos comentados en esta obra figura también "Del lenguaje religioso y del temor a Dios", tomado de una página talmúdica, con un comentario –dedicado a Paul Ricoeur en ocasión de su cumpleaños número 65– publicado en 1980 en el número 13 de la revista estadounidense *Man and World*. Otro comentario, relativo a algunas líneas del tratado de *Makot*, redactado en un formato que nos resulta menos familiar, integra el estudio titulado "De la lectura judía de las Escrituras". Publicado en 1979 en el número 144 de la revista *Lumière et vie*, de Lyon, ese artículo ha sido ubicado aquí en la sección "Teologías", que sigue a aquella otra que, bajo el título de "Lecturas Talmúdicas", engloba una serie de estudios que se refieren ciertamente también al Talmud, pero que tratan más específicamente del método exegético,[2] de algunos puntos de doctrina y de filosofía religiosa. "Teologías" en plural permite evitar, eso espero, toda pretensión dogmática. Teologías: búsquedas de una teo-logía, de una forma razonable de hablar de Dios.

Las páginas que abren este volumen evocan, bajo el título "Fidelidades", los motivos que nos resultan más vitales en el judaísmo de hoy y los recuerdos en los que se reconoce el judío moderno. Reproducen el artículo titulado "Exigente judaísmo", publicado en octubre de 1979 en el número 5 de la revis-

---

1. León Algazi, a la memoria de quien está dedicado este volumen, fue uno de los que concibieron la idea de esos coloquios y colaboró activamente en su realización.

2. Remitimos sobre este tema a los prefacios de *Quatre lectures talmudiques* y *Du sacré au Saint* (Éditions de Minuit).

ta *Debate*. El sionismo no podía estar ausente entre estos temas. Si bien los tres artículos dedicados a este tema figuran al
final del libro, no son una conclusión. Esta publicación intenta humildemente retomar y actualizar ciertos elementos de la
tradición bíblica y rabínica de Israel, sin caer en la negación
que ciertos espíritus simplistas e impacientes –no-israelitas e
israelitas– confunden con la superación y la modernidad. No
afirma simplemente las formas políticas que, corriendo el riesgo de hacer desaparecer al judaísmo, debía revestir la antigua
aspiración a la "montaña de Sión" del Salmo XLVIII, según el
cual la "diestra" de Dios está "llena de justicia" y "las hijas de
Juda exultan al oír los juicios de Dios". ¡Tierra y Justicia, Justicia y Alegría! Nadie tiene derecho intelectual para hablar a la
ligera de esa antigüedad y para considerarla más arcaica y perimida en nombre de algunas ideas someras. Nuestros tres estudios agrupados bajo el título "Sionismos" tienden únicamente a mostrar la obra histórica del Estado, obra que no es posible
pasar por alto en el mundo extremadamente politizado en que
vivimos, obra de coraje y de trabajo que pretende ser laica, pero que se impregna en Israel, desde el comienzo y progresivamente, de pensamientos jóvenes pero derivados de la Biblia.
La idea es mostrar cómo la continuación y el desarrollo de esa
cultura bíblica resultan inseparables de los fines temporales
del Estado, sin dejar de desbordarlos. Impenitente escatología
de Israel. La escatología posee diversos estilos y géneros.
Aquella que consiste en sentirse responsable por el porvenir
que esperamos para los demás, tal vez haya sido descubierta
por la Biblia judía. Se encontraba, sin embargo, desde la creación, en la humanidad del hombre, y no puede ser causa de
guerras.

Pero, ¿quién puede negar todo lo que falta a esa espiritualización en tanto el conflicto israelo-palestino o israelo-árabe sigue vigente? Podemos y debemos pensar, a veces en consonan-

cia con los pensadores más lúcidos del campo contrario, que es tiempo de desapasionar esa adversidad. Pero las pasiones, ¿son acaso alimentadas por las Santas Escrituras, como lo afirman algunos espíritus decididamente laicos? ¿Las ideas en su desnudez abstracta, separadas de la Biblia y del Corán, son acaso capaces de convertirse en ideas-fuerza de la paz? ¿No corren permanentemente el riesgo de la alienación en el juego puramente político? ¿Pueden la democracia y los "derechos humanos" desligarse sin riesgos de sus profundidades proféticas y éticas? La serenidad requerida para alcanzar la paz no es posible como simple indiferencia. Ella es indisociable de ese reconocimiento del otro en el amor al prójimo que enseñan las Escrituras. Es posible verlo a condición de no abordar la utopía de los libros a partir de una filosofía anticuada que la describe con clichés tales como: "piadosa pero ineficaz", "dogmatismo intolerante", "monoteísmo hegemónico"; a condición de adoptar, frente a la utopía, una actitud tan moderna y tan filosófica como la de Ernst Bloch, el marxista. ¡Oh, el escándalo de la elección judía! ¿Es acaso el escándalo del orgullo y de la voluntad de poder o más bien el escándalo de la conciencia moral misma que, hecha de responsabilidades siempre urgentes e intransferibles, es la primera en responder, como si hubiese sido la única en haber sido llamada?

¿Comprendemos acaso los unos el sufrimiento de los otros? No es posible comparar sufrimientos que no tienen, como los elementos de la materia, "pesos atómicos" diferentes. ¡Pero alguien puede negar, en la Pasión del Holocausto, la desesperación de todos los sufrimientos humanos! ¿Es posible dar cuenta de una historia milenaria de ultrajes y lágrimas, de inseguridad permanente y de efusión de sangre real y caliente, apelando a la "conciencia infeliz" de Hegel? Esa es la causa concreta y la razón de ser del sionismo, esa y no una exaltación bíblica de esperanza, de dominación, y no una inversión de la paranoia en persecución, movimiento demasiado nuevo para un pueblo demasiado antiguo. Claro está, es Occidente y no el mundo árabe el que asume la responsabilidad de Auschwitz. Salvo si admitimos que la responsabilidad de los hombres no se divide y que todos los hombres son responsables por todos los demás hombres. He publicado en *Difícil libertad* las siguientes líneas hace más de diez años: "¿Qué representa la supresión de las distinciones nacionales, sino una humanidad indivisible, es decir responsable en su totalidad por los crímenes y las desgracias de algunos? [...] ¿Todas las relaciones humanas se reducen acaso a los daños y perjuicios, y todos los problemas al ajuste de cuentas? ¿Puede alguien lavarse las manos por toda esa carne que partió convertida en humo? [...] Al gesto de reconocimiento de Israel por parte de los pueblos árabes respondería, sin duda alguna, un impulso de fraternidad tal que el problema de los refugiados quedaría solucionado".[3] Hoy ya no hablaría de refugiados, diría más bien palestinos. El sionismo sin embargo aún no ha concluido. No ha concluido si judíos e israelíes admiten que la existencia del Estado de Israel requiere del reconocimiento del mundo árabe y, para Israel, un ingreso en la intimidad de ese mundo. Pero la idea esencial del sionismo político no radica en el desconocimiento de ese mundo que, sobre extensiones y riquezas inmensas, conoce la plenitud de una existencia política autónoma. Su idea inalienable es la necesidad para el pueblo judío, en paz con sus vecinos, de no continuar siendo una minoría en su marco político. Lo cual no sólo es exigido por su cultura supra-nacional y comunicable, sino que es necesario –con una necesidad que yo llamo histórica– para que la afrenta y el asesinato de los judíos en el mundo pierda el carácter de fenó-

---

3. E. Lévinas, "La poesía y lo imposible", en *Difícil libertad*, Buenos Aires, Lilmod, 2005, pp. 151-158.

meno incontrolable e impune. La gran idea ética –la más grande– de la existencia para el prójimo, se aplica sin reserva *a mí*, al individuo o a la persona que soy. No puede llevar a exigir la existencia de un pueblo mártir, cuyo modelo, según ciertas "almas bellas", habría sido desnaturalizado por el sionismo. Pienso en las últimas palabras del versículo de Génesis XXX, 30: "¿Cuándo haré yo también algo para mi propia casa?". Pienso que ese versículo recuerda que, en la responsabilidad por los otros que prescribe un monoteísmo no arcaico, no debemos olvidar que *mi* familia y *mi* pueblo son, a pesar de estos pronombres posesivos, mis "otros", como los extranjeros, y que exigen justicia y protección. Amor al otro, amor al prójimo. Los míos son también mis prójimos.

Septiembre de 1981

Fidelidades

Exigente judaísmo

La religión, más allá de las posiciones metafísicas y escatológicas que enuncian o implican los discursos y los ritos que la conforman, puede funcionar como expresión o sostén de ciertas estructuras sociales. Puede ayudar a justificar los intereses particulares de grupos dominantes y servir a sus miembros como ideología, mediante la cual estos legitiman su dominación, perpetuándola sin comprometer su condición de bien-pensantes. Es probable que, tal como ocurre con las demás confesiones, la religión judía pueda ser funcional a los intereses de la clase privilegiada –clase privilegiada a la que los judíos pueden integrarse en la sociedad occidental contemporánea, o que algunos de ellos han podido encarnar, aun en el seno de antiguas comunidades separadas, excluidas y siempre amenazadas–. Pero también es cierto que la religión de la que pueden haber dependido los privilegios dentro de un gueto, era a su vez el pretexto mismo del encierro, de la exclusión y de una arbitrariedad de la que nadie se salvaba. A pesar de haber sido aceptada, mucho tiempo después, como realidad confesable, la sociedad judía conserva hoy en día, aun entre su burguesía presuntamente satisfecha, un sentimiento de incertidumbre y de inestabilidad. La Pasión, llamada habitualmente "Holocausto", y todo el pasado de desafíos cuyos recuerdos ese sacrificio habrá actualizado para siempre, proyectan sobre el porvenir la sombra de un punto de interrogación. Nada en esa religión de sobrevivientes se parece a la buena conciencia y a la seguridad de un orden establecido.

Ciertamente, ninguna religión se agota en los cánones del conformismo, la dominación y del establecimiento económico. Pero quizá lo propio del pueblo judío sea el hecho de soportar, ya en su historia excepcional y en la precariedad de su condición y de su modalidad de habitación sobre la tierra, el carácter inconcluso de un mundo vivido como exigencia irreductible y urgente de justicia –justicia que es su mensaje religioso mismo–. Crudeza del mundo de la que el judaísmo no sólo es la conciencia, sino también el testimonio, es decir el mártir. Crueldad en donde la quemadura de *mi* sufrimiento y la angustia por *mi* muerte, han podido transfigurarse en temor y preocupación por el *otro hombre*. Como si el destino judío introdujese una fisura en el caparazón del ser imperturbable; como si implicase un despertar hasta el insomnio, estado en el que lo inhumano ya no puede ser justificado en nombre de las necesidades políticas o de su universalidad. El judaísmo, en tanto que momento profético de la razón humana en el que todo hombre –y todo el hombre– termina encontrándose, no se reduciría a una nacionalidad, a una especie dentro de un determinado género, o a una contingencia de la Historia. Ruptura de lo natural y de lo histórico que siempre terminan reconstituyéndose, relegando la Revelación al olvido. Esta se inscribe, se hace Biblia, pero es también revelación continua; se produce bajo la forma de Israel: destino de un pueblo sacudido y que ha ido sacudiendo, a través de su vida cotidiana, aquello que, en esa vida, se conforma con su sentido natural o "histórico". Pensamiento que denuncia precozmente e incansablemente lo cruel, los excesos de poder y lo arbitrario.

Aún entendido como sistema de creencias y de ritos por los "observantes objetivos", el judaísmo no ha variado demasiado a través de los milenios y del espacio planetario de su "diáspora", y ello a pesar de la ausencia de toda autoridad central y de toda

estructuración que asegure deliberadamente la unidad y se preo-
cupe por su permanencia. Conservadurismo aparente que, en su
constancia, expresa en realidad el rechazo obstinado de un orden
político y social que no se preocupa por el débil y que no tiene
piedad por el vencido. Orden que se desarrolla como Historia
universal e inexorable en un mundo que aparentemente no ha sido salvado. Disidencia original, resistencia a la pura fuerza de
las cosas, molestia. El traumatismo de la "esclavitud en Egipto",
del que tanto la Biblia como la liturgia del judaísmo llevan la
marca, pertenecería a la humanidad misma del judío y del judío
en todo hombre que, en tanto que esclavo liberado, conservaría
su cercanía con el proletario, con el extranjero y con el persegui-
do. La Escritura que recuerda sin cesar ese hecho fundante –o
mito– ¿no termina convirtiendo esa exigencia inapelable de justicia en el equivalente de la espiritualidad del Espíritu y de la
proximidad de Dios? ¿No es acaso esa la circunstancia original
en la que esa palabra extraordinaria aflora, en donde la tenemos
al menos en la punta de la lengua?

Tal vez Isaías LVIII, un texto cuyo carácter significativo para el judaísmo expresa el lugar central que ocupa en *Kipur*, momento culminante del año litúrgico judío, permitirá ilustrar esa
equivalencia: "¿Por qué ayunamos y nos mortificamos, si no lo
percibes?" preguntan en el versículo 3 de ese pasaje profético
las "almas piadosas" –ya lo suficientemente refinadas espiritualmente como para solicitar, a través de la mortificación y en la
humillación, no la realización de algún deseo, sino la proximidad divina–. Y he aquí, en boca del profeta, la primer respuesta
del Señor: la proximidad buscada no es compatible con la pura
y simple continuación de la vida económica, con la brutalidad,
el odio, la dominación, la perfidia y todos los movimientos con-
flictivos que la acompañan: "En el día del ayuno, perseguís
vuestro interés y explotáis a vuestros trabajadores. Vuestros ayu-
nos son ocasión de contiendas y de riñas, son ocasión para herir

con el puño inicuamente. No ayunáis para hacer oír vuestra voz en lo alto. ¿Es este el ayuno que yo escogí: un día en el que el hombre se aflija a sí mismo? ¿Acaso el doblegar la cabeza como junco y el acostarse sobre cilicio y ceniza es lo que llamáis ayuno y día agradable para el Eterno?".

Ninguna religión excluye la ética. Todas la llaman, pero tienden a ubicar lo estrictamente religioso por encima de la ética y no dudan en "liberar" lo religioso de las obligaciones morales –pensemos, por ejemplo, en Kiergegaard–. En cambio, este texto profético sugiere que, para el judaísmo, lo religioso alcanza su punto culminante en el movimiento ético hacia el otro hombre. Para el judaísmo, la proximidad misma de Dios sería inseparable de la transformación ética de lo social y coincidiría con la desaparición de la servidumbre y de la dominación de la estructura social. Es al menos lo que sugiere la continuación de este texto profético: "He aquí el ayuno que yo he escogido: este consiste en romper las cadenas de la injusticia, en soltar las ataduras del yugo, en liberar a los oprimidos y en erradicar toda servidumbre?". ¡Transformación de la socialidad misma de la sociedad! Pero, como si esa fórmula tuviese aún algo de impersonal, como si una solución "burocrática" amenazara con invertir la finalidad original de esa ética, el profeta agrega: "¿No consiste [el verdadero ayuno] en compartir tu pan con el hambriento y en albergar en tu casa a los pobres sin hogar? ¿No consiste en cubrir a tu prójimo cuando lo veas desnudo y en no esconderte de quienes son como tu propia carne?". ¡Admirable final en el que el otro es reconocido, no a través de la gracia de su rostro, sino en la desnudez y la miseria de su carne!

Es en la ética donde se consuma lo religioso y se produce como un cambio de plano en el ser: "Entonces despuntará tu luz como el alba, y tu recuperación brotará con rapidez. Tu justicia irá delante de ti, y la gloria del Eterno irá a tu retaguardia. Entonces invocarás, y el Señor te escuchará. Clamarás, y él dirá: '¡Heme aquí!'".

Puede que de allí surja ese sentimiento que no se inscribe en una fórmula teológica y que no se sostiene desde un punto de vista teorético, pero que es característico de la religiosidad de Israel: el sentimiento de que su destino, su Historia Santa –la Pasión de Israel, desde la esclavitud en Egipto hasta Auschwitz, en Polonia– no es únicamente la historia de un encuentro entre el hombre y el Absoluto y de una fidelidad, sino que es constitutiva de la existencia misma de Dios. Pensada en sí misma, esa existencia resulta abstracta, como la conclusión de un silogismo o de algún teorema que sirva como prueba de la existencia de Dios. Abstracción que ninguna teología negativa ni ninguna proposición hiperbólica logra colmar de sentido. Como si el sentido de esa existencia, el sentido del verbo "ser" aplicado a Dios, no se dejara explicitar, ni formular, ni comprender por fuera de la Historia Santa, de sus contradicciones, de sus bajezas y de sus elevaciones, de sus sacrificios y sus vacilaciones, de sus fidelidades y sus abandonos. Como si la historia de Israel fuera la "divina comedia" o la "divina ontología" misma. Como si las hazañas de los justos, capaces, a pesar de sus debilidades, de ser fieles hasta la muerte, fuesen una vivencia más fuerte que la muerte que los niega. Experiencia concreta o acontecimiento mismo de la eternidad divina perteneciente a la semiótica de la palabra Dios. Santificación del Nombre, como suelen decir los judíos de sus hermanos que mueren por el Invisible. No estoy diciendo que ese destino, esa Pasión, esa Historia aportarían "de una vez por todas" una prueba fehaciente de la existencia de Dios, prueba que les faltaba a los filósofos. Ellas serían más bien el desarrollo de esa existencia misma, desarrollo concreto hasta la Diáspora a lo largo de la cual, según un enigmático dicho de los doctores talmúdicos, Dios siguió a Israel.

Es legítimo pensar que esa modalidad de la religiosidad judía –cuyo fundamento metafísico no buscamos aquí defender o cuestionar– permite explicar, en muchos casos, la manera en que el judaísmo concierne a los judíos. Dar cuenta de las paradójicas formas bajo las cuales, en la sociedad judía contemporánea, el judaísmo aún es reivindicado o bajo las cuales se impone.

En el corazón –o en los márgenes– de los grupos humanos que se reconocen o son reconocidos o se buscan o se escapan como judíos, suelen haber colectividades fuertemente caracterizadas, llamadas ortodoxas, en las que el judaísmo es vivido como obediencia a la voluntad de Dios. La Torá, tal como ha sido interpretada en la obra monumental del Talmud,[1] es, para las comunidades de observancia estricta, la expresión más alta de esa voluntad. El judaísmo es vivido como un ritualismo riguroso, penetrante, que regula todos los hechos y todos los gestos de la vida cotidiana. Cumplimiento de las prescripciones y de las prohibiciones de la Torá, estudio de esa Torá según las perspectivas abiertas por el Talmud, la vida entera se vuelve liturgia y culto en el marco del cual el estudio representa un valor eminente. Vida difícil para hombres que, hoy en día, no pueden sustraerse a las necesidades materiales que impone la moderni-

---

1. El Talmud es la versión escrita de las enseñanzas y de las discusiones de los doctores rabínicos que enseñaban en Palestina y en Babilonia en los siglos que precedieron y que siguieron al comienzo de nuestra era, doctores que probablemente retomaban antiguas tradiciones. Allí los problemas de moral, de derecho y aquellos relativos a la ley ceremonial del judaísmo son tratados de forma tal que las situaciones particulares de la acción ocupan el centro de la escena. Y ello aunque la preocupación por los principios esté siempre presente y aunque las parábolas extraigan diversas implicancias filosóficas de la visión judía de la Escritura. Cabe pensar que el interés por las condiciones concretas de la acción, propio de la dialéctica talmúdica, remite al arte más difícil de todos: el de preservar las ideas generosas y generales de la alienación a la que las expone el contacto con lo real; el de desconfiar de las ideologías, discerniendo, en la acción que inspiran, el momento preciso en el que la finalidad de una realización se invierte, el momento en el que comienza la perversión.

dad. Sin embargo esta experiencia no se reduce al padecimiento del "yugo de la Ley". La obediencia a las prescripciones a través de los actos materiales que esas prescripciones presuponen, es vivida como fervor. Todo transcurre como si los gestos rituales prolongaran los estados del alma expresando, encarnando su plenitud interior, y fueran, a la piedad de la obediencia, lo que la sonrisa es a la bondad, el abrazo a la amistad y la caricia a la afección. Ortodoxia menos estricta fuera del marco de esas comunidades. El pueblo judío, en su inmensa mayoría, no practica hoy en día el integrismo que acabamos de describir. Sus creencias, sus símbolos, sus prácticas y sus textos se han transformado en contenidos culturales: estilos de vida, costumbre, literatura. Al menos son interpretados o confesados como tales por quienes siguen aferrados a ellos. Es más, para cientos de miles de israelitas asimilados a las civilizaciones ambientes y a las naciones de la Diáspora, el judaísmo ya ni siquiera es vivido como contenido cultural. Este se reduce en esos casos –en los que se ignoran sus fuentes y sus fundamentos– a una serie de vagos recuerdos de recuerdos, a algunas palabras que ya han perdido su sentido original y, en todo caso, su forma gramatical de palabras hebreas. Pero en las horas cruciales para el destino judío –signadas hoy en día por el reflejo de las llamas del holocausto y por el hecho de que las esperanzas suscitadas por el Estado de Israel, se ven cada vez más opacadas por los gritos de sus detractores– en estas horas cruciales, esos vestigios pueden aún llenarse de un sentido que los desborda, y ello incluso frente a quienes han perdido todo contacto socialmente significativo con el pueblo judío y su cultura. Ese sentido es vivido como un llamado irresistible a la solidaridad, a las responsabilidades. Como una elección. Todo esto da cuenta de la profundidad excepcional en la que se desarrolla, en la conciencia humana, la Historia Santa, esa "Divina Comedia", esa Pasión de Israel, y de la fuerza innegable de los

ritos que son su inscripción en la materia del mundo, su mandamiento y su recuerdo.

Aunque fuere difuso, el ritualismo judío conserva en sectores amplios de la sociedad judía, aun para aquellos que se oponen y combaten o ignoran a las comunidades integristas, la extraña virtud de prolongar a Israel y su aventura sobrenatural
bajo la forma de la vida cotidiana. Esas viejas prescripciones
prácticas, constituyen un elemento, irritante para algunos, pero
necesario, de la vocación de fraternidad humana y de justicia
que, en el kerigma de Israel, seduce con más facilidad a los espíritus elevados. La fraternidad humana y la sed de justicia no
han sido, en la sociedad judía contemporánea, sentimientos
"subjetivos"; determinaron tanto los compromisos revolucio-
narios de una juventud formada en los centros de vida judía de
Europa oriental, como la disidencia precoz en la resistencia a
la perversión estalinista y a sus secuelas. El impulso sionista
nunca ha sido disociable –incluso en el Estado judío asediado
desde su resurrección– del sueño mesiánico universal, ni de la
subversión del discurso profético que desafía a reyes y señores,
que despierta a los hombres adormecidos por la Historia y los
impulsa a ir hacia un orden sin victorias ni hegemonías, sin
guerras ni crueldades. Pero se trata de un despertar lo suficientemente lúcido como para no poder ser engañado por los crímenes que se comenten en nombre de la libertad, la revolución o
incluso el amor.

Pero es la Torá, y el significado litúrgico que le confiere a
ciertos actos materiales de la vida cotidiana por fuera de su finalidad natural, la salvaguardia más segura de la ética de Israel, su
memoria más fiel. Hoy en día, sólo la existencia del Estado de
Israel puede garantizar el cumplimiento de semejante función.
Energía misteriosa de esos gestos vetustos. Esa es la experiencia
de Israel y probablemente una de las significaciones del apoteg-
ma talmúdico que junto a las "buenas acciones", sobre las cua-

les reposaría el universo, menciona a la Torá y al servicio litúrgico, y que en la enumeración de esas "tres cosas" que confieren estabilidad a lo real, menciona a la Torá y a la liturgia antes
que a las buenas acciones.

A pesar de todo lo que los filósofos judíos del medioevo
–que también eran discípulos de los griegos– pensaban acerca
de la fe judía, cabe preguntarse si, en la espiritualidad judía, el
rol preponderante de la práctica ritual, de la observancia de los
mandamientos, confiere tanto espacio a la fe propiamente dicha,
a la creencia en un cuerpo de proposiciones metafísicas que son
un saber, aunque se trate de un saber menos certero o más estimulante que aquel que es producto de la "luz natural". Quisiéramos destacar, como un elemento primordial de esa forma de espiritualidad, una cierta pasividad en el modo de pertenencia. La
conciencia de una participación irrecusable en las responsabilidades de una Historia Santa, de una participación en algún punto anterior a cualquier iniciativa. Pertenencia a pesar de sí, como si hubiésemos sido raptados. Haber sido tomado "por los
pelos" como el profeta en Ezequiel VIII, 31. No poder ser liberado, ni siquiera cuando los mandamientos han sido olvidados,
no son más escuchados o son rechazados. ¡Piedad de incrédulos!
Rapto que bajo el ultraje antisemita se muestra como una gloria
cuando remonta del fondo de la humillación padecida. Conciencia de responsabilidades ineludibles, que la malevolencia interpreta como el orgullo de un pueblo que pretende ser el elegido
o de un miserable que se hace pasar por esclavo. Paradójica responsabilidad en lo inevitable. Pero paradoja fundamental de la
Biblia. Dios me tiene sin largarme, pero sin someterme: relación
en la que surge la difícil libertad del hombre, a pesar de la subordinación que esta relación sugiere desde un punto de vista
meramente formal. Es por esto que Dios es Dios y no un término lógico cualquiera, y que la ontología bíblica de la persona se
distingue de la subjetividad del sujeto idealista. La concretud de

esa heteronomía abre a una autonomía, alentando la sospecha de que el contenido de la experiencia humana está en condiciones de romper la formalidad puramente teórica. ¿El advenimiento de lo espiritual, no se produce acaso mediante esa ruptura? ¿No es ese el sentido de la frase según la cual "el hombre desborda infinitamente al hombre"?

No es nuestra intención decidir aquí cuál es la buena filosofía. Recurriremos sin embargo, a una serie de citas que permitan aclarar lo que acabamos de exponer. Estas citas darán al lector una idea del estilo propio de una cierta hermenéutica *sui generis*, cercana a la homilía, pero a una homilía que no es simplemente un género litúrgico, sino una forma esencial del pensar humano, y que es frecuente en la exégesis judía. Insólitas vías de lo razonable.

Las recomendaciones que aparecen hacia el final del capítulo XXV del Levítico, con el fin de conseguir la liberación "de tu hermano condenado a la esclavitud", encuentran su justificación en el versículo 55 que cierra ese capítulo: "Pues los Hijos de Israel, a los que saqué de la tierra de Egipto, son Mis sirvientes. Yo soy El Eterno, vuestro Dios". Como si el yo humano pudiese significar la posibilidad de una pertenencia no alienante y alcanzar la libertad a través de esa sujeción. Y, de hecho, según la legislación del Pentateuco (Éxodo XXI, 5-6), el esclavo que, por amor hacia su amo, renuncia a la liberación que le es debida "en el séptimo año", "es llevado delante de la corte" y se le "perfora la oreja con un punzón". Comentando esa extraña disposición, el Talmud (tratado *Kidushin* 22 b) extrae su significación simbólica: es necesario marcar la infamia de una oreja que ha sido sorda a la buena nueva del versículo 55 del capítulo XXV del Levítico que anunciaba, al pie del Sinaí, el final de la servidumbre del hombre por el hombre. Aquel que, a pesar de la Revelación, se busca un amo humano, no es digno de servir a Dios, es decir, no es digno de su libertad.

Y el tratado *Baba Metsia* (10b) extiende ese principio de la libertad condicionada por la sujeción a Dios, al problema cotidiano de los derechos del trabajador: como servidor de Dios, este conserva una independencia respecto de su empleador que su contrato no podría alienar y puede, en ciertas circunstancias, abandonar a su patrón en plena jornada laboral.

Lecturas talmúdicas

Modelo de Occidente
(Tratado de *Menajot*, 99b-100a)

Mishná[1]

Habían dos mesas en la sala interior a la puerta del Templo: una de mármol y otra de oro. Sobre la mesa de mármol se apoyaba el pan de la proposición que entraba; sobre la mesa de oro, el que salía, porque las cosas santas elevan, no rebajan. Una mesa de oro se encontraba en el interior del Templo, sobre la cual el pan de la proposición descansaba en permanencia. Cuatro sacerdotes entraban: dos que llevaban las dos hileras de pan y dos que llevaban los dos portainciensos. Cuatro sacerdotes avanzaban frente a ellos: dos para retirar las dos hileras [de pan] y dos para retirar los portainciensos. Los que entraban se ubicaban al norte, con el rostro mirando hacia el sur; los que salían se ubicaban al sur, con el rostro mirando hacia el norte. Estos retiran, aquellos depositan avanzando dentro del espacio que se encuentra frente a unos y a otros. Porque ha sido dicho (Éxodo, XXV, 30): "en permanencia frente a mí". Rabí Yosi dice: "aún si unos quitan primero y otros apoyan después, el 'en permanencia' es realizado". Salen y depositan los panes sobre la mesa de oro de la antesala, hacen quemar los inciensos en los por-

1. Véase más adelante capítulo "Del lenguaje religioso y del temor a Dios", notas 3 y 4, pp. 137 y 138.

tainciensos. Y los panes son repartidos entre los sacerdotes. Si *Iom Kipur* coincide con *Shabat*, los panes son repartidos por la noche. Si *Iom Kipur* coincide con el día anterior a *Shabat*, el carnero de *Kipur* se come por la noche. Y los [sacerdotes] babilonios lo comen crudo, ya que lo toleran de esa manera.

Guemará

Rabí Iosi dice: "Aun si quitan el pan viejo por la mañana y dejan el nuevo por la noche, también está bien". Pero ¿cómo se realiza entonces el "en permanencia frente a mí"? A condición de que la mesa no pase la noche sin pan.

Rav Ami dice: "¿Entonces, según lo dicho por Rabí Iosi, si alguien estudió un capítulo por la mañana y un capítulo por la noche, ha cumplido con el mandamiento 'que el libro de la Torá nunca se aparte de tus labios' (Josué, I, 8)?". Rabí Iojanán, en nombre de Rabí Shimón ben Iojai, dice: "Aun si alguien lee sólo el Shemá de la mañana y el Shemá de la noche, cumple con el mandamiento 'que la Torá nunca se aparte de tus labios', pero está prohibido enseñar eso al hombre inculto [al *am-haaretz*]". Pero Raba ha dicho: "Es un mérito [una *mitzvá*] enseñar a un inculto". Ben Dima, hijo de la hermana de Rabí Ishmael, preguntó a Rabí Ishmael: "Un hombre como yo, que ha estudiado toda la Torá, ¿qué relación debería entablar con la sabiduría griega?". Rabí Ishmael le respondió leyendo el siguiente versículo: "Que el libro de la Torá jamás se aparte de tu boca y que lo medites día y noche" (Josué, I, 8). "Encuentra una hora que no sea ni la noche ni el día y en esa hora estudiarás la sabiduría griega." Existe sobre ese punto una respuesta de Rav Shmuel bar Najmani. Porque Rav Shmuel bar Najmani dice, en nombre de Rav Ionatán: "Ese versículo no es ni una obligación ni un mandamiento. Es una bendición. El Santo, bendito Sea, ha visto a qué punto las enseñanzas de la Torá importaban a Josué, ya que se dice (Éxodo, XXXIII, 11): "Pero Josué hijo de Nun, su joven servidor, nunca abandonaba el interior de la carpa". El Santo, bendito Sea, le dijo: "¡Amas tanto las enseñanzas de la Torá que el libro de la Tora nunca abandona tu boca!" (Josué, I, 8).

Se dijo frente a Rabí Ishmael: "Las palabras de la Torá no son una deuda para ti, ya que nunca estarás en condiciones de haber saldado tu deuda hacia ellas".

Hezkia dice: "¿Qué significa el texto (Job, XXXVI, 16): 'Te hará pasar del asedio de la angustia a un lugar espacioso, en el que no existen los apuros y en el que la mesa estará llena de platos suculentos'? Nota hasta qué punto el modo de Dios difiere del modo de la carne y de la sangre. El modo de la carne y de la sangre: cuando un hombre incita a su prójimo, es para conducirlo de las vías de la vida a las vías de la muerte; cuando El Santo, bendito Sea, incita al hombre, es para llevarlo de las vías de la muerte a las vías de la vida, ya que se dice (Job, XXXVI, 16): 'Te he incitado a pasar fuera de la boca estrecha,[2] fuera del infierno cuya boca [la entrada] es estrecha para que el humo se junte', y si dices, 'como su boca es estrecha, el infierno también es estrecho', el texto dice (porque desde hace tiempo el *Tofet* está listo; ha sido dispuesto él también): 'profundo y ancho...'. Y si dices: 'Eso no ha sido preparado para el Rey', el texto (Isaías, XXX, 33) dice: 'para el Rey'. Y si dices 'allí no hay madera', el texto (Isaías, XXX, 33) dice: 'su pira es de fuego y leños abundantes'. Y si dices: 'Esa también es la recompensa', el texto dice: 'La mesa estará cubierta de platos suculentos'".

---

2. Traducción modificada del comienzo del versículo 16 del capítulo XXXVI de Job, un versículo oscuro, cuya traducción conforme a la Biblia del rabinato francés ha sido retomada unas líneas más arriba. La palabra *hesitija*, traducida por "te hará pasar", significa literalmente "te incitará".

Rava bar Jana, en nombre de Rav Iojanán, dice: "No eran babilonios, eran alejandrinos. Pero los babilonios son llamados de esa manera porque son detestados".

Tenemos una *baraita* que lo enseña: Rav Iosi dice: "No son babilonios, son alejandrinos, y es por causa del odio que inspiran los babilonios que los llamamos así". Rav Iehuda le dice: "Que estés en paz, porque me has tranquilizado".

Antes de empezar quisiera transmitirle al auditorio cuáles son mis intenciones y cuál es la naturaleza del texto talmúdico que voy a comentar. Hay cuatro puntos que desearía precisar.

– Frente a un auditorio en el que reconozco a tantas personas con conocimientos talmúdicos muy vastos, me gustaría fijar claramente los límites de mi trabajo. Hablo para un público cultivado pero amplio, razón por la cual me veré obligado a introducir algunas referencias e indicaciones preliminares que podrán resultar superfluas a aquellos que ya estén familiarizados con los tratados talmúdicos.

– No pretendo, en esta clase, hacer vibrar la totalidad de los tratados a partir del texto estudiado, tal como lo exige y lo practica el alto estudio del Talmud.

– Mi búsqueda consiste en interrogar el texto, cuya polisemia es evidente y cuyas dimensiones son múltiples, a partir del tema especial de nuestro coloquio.

– Por último, mi objetivo es, como de costumbre, extraer la unidad de los diferentes temas que podemos encontrar en el pasaje estudiado, temas cuya diversidad impacta desde la primera lectura de la traducción que tienen entre sus manos. Mi principal esfuerzo consiste en buscar la coherencia del texto, en rastrear la articulación de los distintos temas evocados.

Habrá que empezar, pues, por una serie de aclaraciones. Es preciso, en primer lugar, explicar el sentido inmediato de los datos del texto. Este se refiere a dos pasajes bíblicos que les leeré sin citarlos íntegramente: Éxodo XXV, 23-30 y Levítico XXIV, 5.

Comienzo por el texto del Levítico –el orden lógico de los contenidos es más importante que el orden "cronológico" de los textos– que habla del servicio litúrgico en el santuario del desierto. Ese texto menciona: 1°) la fabricación del pan que debe ser depositado cada *Shabat* y dejado allí hasta el *Shabat* siguiente, conocido en la traducción francesa como "*pain de proposition*" (pan de la proposición); 2°) la ubicación de esos panes sobre una mesa, "frente al Eterno en permanencia" y su consumo cada *Shabat* por los sacerdotes o *cohanim*: "Tomaréis sémola y hornearéis con ella doce panes; cada pan será de dos décimos de efá. Los colocaréis en dos hileras, seis en cada hilera, sobre la Mesa pura, ante El Eterno. Colocarás incienso puro sobre cada hilera y será un recordatorio para el pan, una ofrenda de fuego para El Eterno. Todos y cada uno de los *Shabat*, los dispondréis ante El Eterno continuamente, como pacto eterno de los Hijos de Israel. Les pertenecerán a Aarón y sus hijos, y los comerán en un lugar santo, pues son santísimos para él, son de las ofrendas de fuego de El Eterno, es un decreto eterno". Es la ración del Eterno: el pan es íntegramente distribuido y consumido por los *cohanim*.

El texto de Éxodo XXV, 23-30 habla de la fabricación de la mesa sobre la que luego se apoyará ese pan, lo que nos introducirá de lleno en nuestro texto talmúdico, que comienza también con una historia de mesas: "Harás una Mesa de madera de acacia, de dos codos de largo, un codo de ancho y un codo y medio de alto. La revestirás de oro puro y le harás una corona de oro alrededor. Le agregarás alrededor una moldura menor de un palmo, y harás una corona de oro sobre la moldura, a su derredor". Se trata de la misma corona del versículo anterior. Luego se enumeran los distintos utensilios que deben ser preparados. Y así llegamos al último versículo: "Sobre la Mesa colocarás siempre el pan de la proposición ante Mí". Hay que retener la idea de una institución litúrgica, de los panes depositados cada *Shabat* en el Templo y consumidos ocho días más tarde (¡un pan viejo!) por los sacerdotes; la existencia de una mesa cubierta en oro en el Templo mismo en el que los panes son expuestos. Y no se debe olvidar la corona de oro a la que aluden dos versículos distintos. Por último, la posición sobre la mesa de panes siempre frente al Eterno; "siempre frente a mí", dice el texto.

Es el sentido de la permanencia, o los diversos modos según los cuales esa permanencia es pensada en nuestro texto talmúdico, lo que a mi juicio justifica la invocación de esta página rabínica en el marco de nuestro coloquio acerca "del modelo de Occidente". Por contraste ciertamente. La posición de Israel respecto del mundo moderno hacia el cual se precipita Occidente nos interesa particularmente. Puede que sea por su forma de experimentar, de sentir el tiempo –diferencia última– que aún se distinguen los pueblos de Israel y de Occidente.

¿Qué significa la permanencia, qué significa el "siempre"? ¿Bajo qué condiciones el "siempre" puede significar algo? ¿Cómo piensa Israel el significado de ese "siempre"? Estas son las preguntas que quisiéramos hacernos.

El "sentido histórico" domina la modernidad. Para el Occidental el devenir lleva lo real a su culminación –aunque se trate de una culminación permanentemente aplazada por los falsos mesianismos de los tiempos modernos (tiempos que a pesar de todo se definen como tiempos de culminaciones)–. Pero frente al "sentido histórico" –que de ese modo relativiza y devalúa cada instante, que entrevé una eternidad supratemporal de relaciones ideales (relaciones que, en concreto, resultan irreproducibles) y es capaz de elaborar una ciencia matemáticamente perfecta en un mundo mal hecho o des-hecho– frente a todo ese historicismo, ¿Israel no se aferra acaso a un "siempre", es decir a una permanencia en el tiempo, a un tiempo sostenido por instantes de santidad, instantes tales que ninguno está perdido ni por perderse, sino que todos y cada uno de ellos deben ser profundizados, sublimados? Y ese gusto y esa significación del "siempre", en lugar de reducirse a una mera palabra, a una visión del espíritu, a una afirmación doctrinal o una coexistencia de instantes del tiempo que fluye, ¿no determina más bien una cierta estructuración de la realidad humana concreta y una orientación de la vida social e intelectual –que es quizá la justicia misma–, haciendo posible y dotando de significado a esa significación?

Pero antes de adentrarnos en un debate tan profundo, debo una explicación a los espíritus críticos presentes en esta sala, que podrían sorprenderse de que tratemos problemas tan graves y tan actuales a partir de panes y de mesas desaparecidos desde hace tiempo.

En efecto, quisiera recordar lo que, de acuerdo con la tradición rabínica, significa el rito de los panes de la proposición y de la mesa en la que esos panes permanecen expuestos, e indicar a qué tipo de reflexiones nos conduce ese rito. Partamos del detalle sobre el que ya he insistido. En la cita de Éxodo XXV se mencionaba un reborde de oro alrededor de la mesa, que también puede traducirse como "corona". El texto del Éxodo menciona una segunda corona: corona o reborde sobre el altar, y una tercera incluso sobre el Arco santo del santuario. No sé si tienen presente el mobiliario del santuario. Cuenta con cinco objetos santos: el Arco, la mesa, el candelabro, el altar de oro para los sacrificios de inciensos y el altar de bronce que se encuentra en el patio, frente a la entrada. Y bien, el Arco, el altar de bronce y la mesa llevan una corona de oro. El *Midrash* –la exégesis parabólica de los Rabinos– propone ver, en esas coronas o rebordes, símbolos de soberanía. El tratado de *Avot* dice que hay tres coronas o tres modos de soberanía: la soberanía del sacerdocio o de la liturgia, recordada por el reborde del altar; la

soberanía del rey o del poder político, que es simbolizada por
el reborde de la mesa; y la más elevada de todas, la que se encuentra al alcance de todo el mundo, de todo aquel que quiera
tomarse el trabajo de asumirla, la soberanía de la Torá, simbolizada a través del reborde del Arco santo. (En el tratado de *Avot*
se habla de una cuarta corona, de la corona del renombre, que
es, aparentemente, la más elevada de todas, pero esta no interviene en nuestro texto.)
La corona de la mesa es por lo tanto la corona real. El rey es
aquel que mantiene su mesa abierta; es aquel que alimenta a los
hombres. La mesa sobre la que se exponen los panes frente al
Eterno simboliza el pensamiento permanente que el poder político –es decir el rey, es decir David, es decir su descendiente, es
decir el Mesías– dedica al hambre de los hombres... No al fin
de los tiempos, sino al hambre de los hombres hambrientos. La
realeza en Israel es siempre José alimentando a los pueblos. Pensar en el hambre de los hombres es la principal función del político.
Es notable que el poder político sea pensado a partir del
hambre de los hombres. El pan en cuestión, *lejem hapanim*, se
traduce: "panes de la proposición". Si tradujésemos literalmente esas palabras debiéramos decir: "pan con caras". ¿Por qué
"pan con caras"? Rachi dice: el pan tiene dos caras por su forma y cada cara mira hacia uno de los lados del santuario. Según
Ibn Ezra –que es probablemente menos piadoso que Rachi pero que ha dicho cosas extraordinarias– "pan con caras" es el pan
que está siempre de cara a Dios. Pienso que las dos interpretaciones no están tan alejadas la una de la otra; ¿un pan que se encuentra bajo la mirada de Dios, no es acaso un pan que mira a
los hombres? ¿Qué otra cosa puede hacer que alimentar a los
hombres? La dirección horizontal de la mirada es la realización
de la mirada que viene de arriba. Ya sé que "horizontal" y "vertical" son términos respecto de los cuales hoy en día se discute

mucho, en busca de su sentido religioso. Ambas direcciones
orientan a mi juicio al mismo movimiento. El hecho de que haya en todos esos símbolos una referencia al problema mismo de
la relación entre el Espíritu y el alimento de los hombres, el hecho de que evoquen un problema que, a pesar del progreso del
pensamiento y de la tecnología moderna, de la Organización de
las Naciones Unidas y la Unesco, la política occidental no ha
sabido resolver, le confiere una cierta actualidad a la evocación
de la mesa y del pan con caras. Señalemos también que se trata de un pan que no es originalmente pan de comunión; que es
primero pan de los hambrientos y solamente por ello, quizá,
pan de comunión. ¿Hay o no coincidencia entre el Occidente
preocupado por el consumo y la sensibilidad religiosa del judaísmo inscripta en la estructura del santuario, es decir quizás
en un pliegue profundo del alma judía? No lo sé. Son cercanos
y a la vez muy diferentes.

Para terminar con esta introducción, señalemos que las otras
dos modalidades de la soberanía, la liturgia y la Torá, también
aparecerán en nuestro texto como núcleos de permanencia. De
la mesa de panes con caras pasaremos a la mesa de estudio, a la
Torá, a la "permanencia" en nosotros de la Torá que nunca debería abandonar nuestros labios, como el pan con caras no debe
abandonar la mesa del santuario. Pasaremos a la Torá en su unidad con la liturgia, algo tal vez esencial a la estructura del judaísmo. Pero ya me estoy adelantando.

Podría pensarse que el fragmento talmúdico, en su primer
parte, la más antigua, en la *Mishná*, propone simplemente la descripción de una ceremonia. La *Mishná* describe la ceremonia del
cambio semanal de los panes de la proposición; en *Shabat* se retira el pan viejo y se coloca un pan nuevo. Pero a la única mesa
prevista por la Biblia –en el texto del Éxodo que leí figura una
sola mesa, ubicada en el interior del santuario– la *Mishná*, al
describir la ceremonia en el Templo de Jerusalem, suma dos me-

sas más que se habrían encontrado en una antesala o espacio interior al recinto del santuario, pero exterior al santuario propiamente dicho. Leamos las primeras líneas del texto:

"Habían dos mesas en la sala interior a la puerta del Templo: una de mármol y otra de oro. Sobre la mesa de mármol se apoyaba el pan de la proposición que entraba; sobre la mesa de oro, el que salía, porque las cosas santas elevan, no rebajan. Una mesa de oro se encontraba en el interior del Templo, sobre la cual el pan de la proposición descansaba en permanencia."

Tres mesas entonces: una de mármol cerca de la puerta sobre la que se apoya el pan fresco, y una de oro sobre la que se deposita el pan que acaba de ser retirado de la mesa de oro que se encuentra en el interior del santuario... ¿y por qué ese orden: mármol, oro y oro? "Porque las cosas santas elevan y nunca rebajan." El pan estuvo primero sobre una mesa de mármol y luego fue depositado sobre una mesa de oro ubicada en el interior del santuario. El pan de la proposición, pan santo, acaba de ascender del mármol al oro. Se quita el pan de la mesa de oro para sacarlo del santuario. ¿Dónde ponerlo? ¿Sobre una mesa de mármol? Si así fuese el pan descendería. Es preciso que el pan de la proposición, pan santo, encuentre en el exterior como mínimo una mesa de oro. De este modo, a nuestro entender, se afirma el principio que rige el devenir de los valores. Los verdaderos valores también cambian, pero no pierden valor: el principio de su cambio es una elevación. El principio de la permanencia de los valores en la sucesión es la elevación. Se trata de una regla de conducta simbolizada por una serie de ritos. Las escuelas de Shamai y de Hillel discutían acerca de si, en Januca, las velas deben ser encendidas según una progresión creciente o decreciente; la postura de la escuela de Hillel, partidaria de la progresión creciente, se convirtió en *Halajá*, porque "las cosas santas elevan y no rebajan".

Mesa de mármol, mesa de oro y mesa de oro. Hay aquí una pedagogía: jamás vulgarizar lo que es elevado, exaltarlo siempre, siempre extraer de un valor que envejece, su sublimación. ¿No se trata acaso de un principio reaccionario, conservador? Claro que no. La recomendación pedagógica presupone una axiología de los verdaderos valores y una historia santa. La elevación es la significación propia de la duración de un valor. Duración sin usura, duración que es una realización. Cada vez más alto, irreversiblemente. ¿No se trata acaso de una interpretación de la temporalidad profunda, de la diacronía misma del tiempo? Tensión de lo santo hacia lo aún más santo, lo "más" palpitando ya en el seno de lo "menos". Estructura del valor distinta de aquella con la que nos manejamos en nuestra existencia cotidiana y en nuestra filosofía. Hay que hacer una distinción entre los valores relativos y los valores santos; estos últimos se definen precisamente por esa exaltación, por ese pasaje del bien al "más que bien". La vida del valor es una historia santa. No se trata tan sólo del descubrimiento de la historia —del que hablaba antes de ayer admirablemente M. Serres— sino de una cierta elevación de la historia. No todo en la historia es verdadera historia. No todo cuenta como historia. Todos los instantes cuentan, pero no todo es instante. De ahí la independencia judía frente a ciertas peripecias que otros consideran como historia. El hecho de que Occidente profese la relatividad histórica de los valores y su contestación, tal vez se deba a que toma en serio la totalidad de los momentos. A todos los llama, demasiado rápido, momentos históricos y le atribuye a esa historia el derecho a juzgar esos valores y a hacerlos caer en la relatividad. De ahí la reevaluación incesante de los valores. De ahí un incesante desmoronamiento de los valores, una incesante genealogía de la moral, una historia sin permanencia, una historia sin santidad.

El judío, como el hombre occidental, es plenamente consciente de la "relatividad de ciertos valores". Sin embargo distingue valores y santidad. La permanencia de Israel radica en esa conciencia de la santidad que es exaltada y en esa posibilidad de juzgar la historia. Esa "eternidad" de Israel no es un privilegio de Israel; es una posibilidad humana. Y no es un hecho menor que esa temporalidad de la santidad sea evocada en relación con el pan de los hombres, y no en relación a una espiritualidad etérea. Leamos cómo sigue el texto.

"Una mesa de oro se encontraba en el interior del Templo, sobre la cual el pan de la proposición descansaba en permanencia. Cuatro sacerdotes entraban: dos que llevaban las dos hileras..."

La ceremonia es descrita de manera detallada:

"dos que llevaban las dos hileras de pan y dos que llevaban los dos portainciensos. Cuatro sacerdotes avanzaban frente a ellos: dos para retirar las dos hileras [de pan] y dos para retirar los portainciensos. Los que entraban se ubicaban al norte, con el rostro mirando hacia el sur; los que salían se ubicaban al sur, con el rostro mirando hacia el norte. Estos retiran, aquellos depositan avanzando dentro del espacio que se encuentra frente a unos y a otros".

Por ende, en ningún momento la mesa permanecía vacía.

"Porque ha sido dicho (Éxodo, XXV, 30): 'en permanencia frente a mí'. Rabí Yosi dice: 'aun si unos quitan primero y otros apoyan después, el *en permanencia* es realizado'. Salen y depositan los panes sobre la mesa de oro de la antesala, hacen quemar los inciensos en los portainciensos. Y los panes son repartidos entre los sacerdotes. Si *Iom Kipur* coincide con *Shabat,* los panes son repartidos por la noche."

La elevación de la santidad continúa: mármol, oro, y estómagos de los sacerdotes –estómago de quien consume–. La consumición como elevación. Los sacerdotes consumen todo el pan. Dios es evocado tan sólo a través de la quema del incienso. El pan no va a parar al altar. El texto bíblico decía: el incienso servirá de memorial. Pensaremos en Dios, y para esa conmemoración utilizaremos el incienso, pero el pan habrá de pertenecer íntegramente a los hombres que lo consumen. "De gran importancia es la comida", dice Rav Iojanán, es sagrada la alimentación de aquel –del prójimo– que tiene hambre. ¿Pero *Kipur*, oportunamente evocado aquí por la *Mishná,* no viene acaso a recordar un más allá del hambre saciado?

Prestemos atención ahora al sentido de la permanencia descrita en esas líneas de la *Mishná,* sentido al que Rabí Iosi pareciera oponerse al comienzo de la *Guemará.* El "siempre" de la *Mishná* es la continuidad del tiempo: tiempo sin interrupción. El pan expuesto a la mirada de Dios no deja vacía esa mesa ni un solo instante. Pero, curiosamente, un cierto tipo de relación interpersonal es presupuesto aquí para asegurar esa continuidad. Los rostros –recuerden ese detalle del texto– se miran los unos a los otros. La continuidad es garantizada gracias a un movimiento de colaboración, pero entre colaboradores que se conocen y se miran. Se trata de la pequeña sociedad de las relaciones interpersonales, de la "presencia real" de los hombres los unos respecto de los otros, no de la gran sociedad en la que nadie se conoce.

Esto es quizá lo que motiva la intervención de Rabí Iosi al comienzo de la *Guemará.* He aquí lo que agrega al relato de la *Mishná*: la permanencia no consiste solamente en la continuidad del tiempo garantizada por el cara-a-cara de los hombres, por los hombres que muestran su rostro y buscan el rostro del prójimo.

La permanencia de lo humano está garantizada por la solidaridad que se construye en torno a una obra común; por la misma tarea que se realiza sin que los colaboradores se conozcan o se encuentren. ¡Maravilla aún mayor, fraternidad de los hombres sin que los hermanos se conozcan entre sí!

"Si *Iom Kipur* coincide con *Shabat,* los panes son repartidos por la noche. Si *Iom Kipur* coincide con la víspera de *Shabat,* el carnero de *Kipur* se come por la noche y los [sacerdotes] babilonios lo comen crudo, ya que lo toleran de esa manera."

Ya explicamos esa evocación de *Kipur* en el relato de la elevación de las cosas santas. No digo nada por el momento acerca del carnero de *Kipur*. Haré un comentario al respecto hacia el final. Pasemos a la *Guemará:*

"Hay una *baraita.*"

—es decir, una *Mishná* que no ha sido incorporada en la colección de Rabí Iehuda Hanasí–

Rabí Iosi dice: "Aún si retiran el pan viejo por la mañana y dejan el nuevo por la noche, también está bien". Pero ¿cómo se realiza entonces el "en permanencia frente a mí"? A condición de que la mesa no pase la noche sin llevar el pan."

Esta *baraita*, con la que se abre el pasaje de la *Guemará*, introduce la tesis de Rabí Iosi que ya he comentado, pero también la condición de esa tesis: hay permanencia sin continuidad temporal, a condición de que por la noche la mesa no quede vacía. En una colaboración en la que las funciones están organizadas hay permanencia, aun si los colaboradores no se encuentran. ¿Por qué se le da tanta importancia a la noche? ¿Qué es lo que por la noche produce temor? Pienso que la noche es un momento crítico para las grandes colectividades, fundadas sobre la organización de las funciones antes que sobre el contacto interpersonal. Por la noche cada uno vuelve a su casa y comienza la vida privada. Es la hora de la desintegración y del individualismo. La desintegración y la anarquía acechan por la noche a la gran sociedad basada en la solidaridad económica, a la sociedad de nuestros grandes Estados modernos. Veamos cómo sigue el texto:

Rav Ami dice: "¿Entonces, según lo dicho por Rabí Iosi, si alguien estudió un capítulo por la mañana y un capítulo por la noche, ha cumplido con el mandamiento que exige 'que el libro de la Torá nunca se aparte de tu boca' (Josué, I, 8)?".

Rav Ami se pregunta: "De la postura de Rabí Iosi respecto del mandamiento que ordena la permanencia de los panes sobre la mesa del santuario, ¿es posible extraer alguna conclusión relativa al mandamiento que versa sobre la permanencia de la Torá en los labios del israelita? ¿Hay alguna analogía entre la permanencia del pan sobre la mesa y la permanencia de la Torá 'que nunca abandonará tus labios'?". ¿Vale acaso el razonamiento por analogía cuando cambiamos de registro? La Torá no es el pan. Su corona es diferente. Se encuentra al alcance de quien quiera alcanzarla. La corona real pertenece a David y a su descendencia; la liturgia es dominio de Aarón y de su descendencia. La corona de la Torá, en cambio, se encuentra al alcance de todo aquel que se entregue a su estudio. Estudio, ejercicio cotidiano del intelecto, no intuición instantánea y definitiva. Al alcance de todos, pues, pero al precio de la constancia y de innumerables luchas.

Aquí aparece, sin embargo, un nuevo modelo de la permanencia: ni la continuidad en el tiempo, ni la unidad alrededor de una obra realizada por seres que pueden ignorarse entre sí. Permanencia de la regularidad cotidiana y permanencia del estudio. Ya no hay necesidad de preocuparse por la noche en la que los miembros de las comunidades corren el riesgo de evadirse en lo privado disolviendo la sociedad. Pero Rav Ami, a diferencia de Rabí Iosi, no exige una permanencia nocturna. ¿Las partes de la Torá conducen acaso por sí mismas a toda la Torá? Veremos más adelante que Raba sugiere algo similar. Se trata de un "siempre" conquistado a través del estudio; de una continuidad de tiempo que no surge de las relaciones sociales entre hombres unidos por una obra; de una permanencia derivada del saber de la Torá, de la unidad de lo verdadero.

Pero ese "siempre" de la regularidad cotidiana del estudio de la Torá, ¿no se acerca acaso del "siempre" del culto, de la virtud de la obligación litúrgica cotidiana, que un doctor del Talmud llegó incluso a considerar como la enseñanza más elevada de la Torá, más importante incluso que la de el amor al prójimo –el cual, sin la constancia litúrgica, corre el riesgo de reducirse a una mera formulación retórica?–. Según Ben Anas, aprobado por su maestro, el versículo más sublime del Pentateuco dice simplemente: "Sacrificarás un cordero por la mañana y otro durante el crepúsculo". Nos encontramos en el punto de articulación entre la liturgia y el estudio, rasgo único de Israel, en donde la vida intelectual puede convertirse en culto y en forma suprema de la vida espiritual. De ahí la opinión de Rabí Iojanán:

Rabí Iojanán, en nombre de Rabí Shimon ben Iojai...

–Rabí Shimon ben Iojai es el padre de la mística judía–

...dice: "Aún si alguien lee sólo el *Shemá* de la mañana y el *Shemá* de la noche, cumple con el mandamiento 'que la Torá nunca se aparte de tus labios', pero está prohibido enseñar eso al hombre inculto [al *am-haaretz*]". Pero Raba ha dicho: "Es un mérito [una *mitzvá*] enseñar a un inculto".

La lectura del *Shemá* dos veces al día forma parte del rezo. Según la tradición rabínica esa plegaria expresa la aceptación del "yugo celeste", la sumisión a la Ley. Sumisión a la Ley, permanencia del servicio, aceptación del rito que se interpone entre el hombre y sus instintos naturales. Es un despertar: ¡Escucha Israel! Pero este "Escucha Israel" es un texto de la Escritura. La liturgia cotidiana, en su permanencia, coincide con la permanencia de una verdad. Esa es la enseñanza del monoteísmo judío en todo su rigor: Elohim-Dios, potencia creadora y principio de justicia, y por ende expansión de esa potencia y de esa autoridad en la criatura, el Señor-Elohim es la unidad absoluta del Tetragrama ¡Ninguna "diferencia" puede alterar la unidad del Uno! Rito cotidiano y verdad permanentemente reasumida; rito enraizado en la verdad. De ese modo, el curso adormecedor de la vida natural es alterado. Ese es el secreto de la vida de Israel, el secreto de su conciencia de "siempre": el "no dormir", como el guardián de Israel, "que no duerme ni dormita". Gracias al retorno regular de esos instantes soberanos –en los que la corona de la Torá se agrega a la corona de la liturgia– la dispersión del tiempo se reúne, se reanuda, y forma una permanencia.

¿Pero por qué no decir eso al inculto? Tal vez Rabí Iojanan tema haber enseñado el "mínimo" con el que el inculto podría llegar a conformarse. Quizá tema que el rito y la verdad, a pesar de su capacidad para sacudir del sopor, tengan también "propiedades dormitivas" que se activan al toparse con una inteligencia inculta. Pero, por otro lado, ¿por qué decírselo al inculto? Pareciera que Raba confía en el carácter dinámico del rito y del estudio, y pretende darle al inculto la posibilidad de empezar a revertir su situación. Para él la santidad se eleva siempre, por sí sola, un poco más.

Ben Dima, hijo de la hermana de Rabí Ishmael, preguntó a Rabí Ishmael: "Un hombre como yo, que ha estudiado toda la Torá, ¿qué relación debiera entablar con la sabiduría griega?" Rabí Ishmael le respondió leyéndole el siguiente versículo: "Que el libro de la Torá jamás se aparte de tu boca y que la medites día y noche" (Josué, I, 8). "Encuentra una hora que no sea ni la noche ni el día y en esa hora estudiarás la sabiduría griega."

¿Se trata de decir que no hay espacio para esa lectura y que la sabiduría griega debe ser erradicada del universo judío? ¿Es una forma de rechazar el modelo de Occidente? ¿O es, por el contrario, una alusión a las horas crepusculares, a las horas de incertidumbre en las que el recurso a la sabiduría griega sería posible y tal vez, incluso, necesario? Esta opción debiera ser considerada. Calificaría a toda una época de la historia judía. Hasta cabría decir que capta la esencia misma de la sabiduría griega. Esta quedaría excluida en los momentos en los cuales Israel, o bien domina su exigente sabiduría, o bien es pura ceguera sometida a su tradición. En cambio se volvería indispensable en los momentos de vacilación, por su capacidad para reducir los problemas pluridimensionales a la sencilla pregunta: "¿sí o no?". Y la seducción ejercida sobre toda una época de la historia judía por ese racionalismo del "sí o no", ¿no da cuenta, acaso, de nuestras incertidumbres judías?

Pero podemos preguntarnos también si la exclusión pronunciada por Rabí Ishmael no es una forma de disimular a Ben Dima la opinión de Rabí Iojanán, conforme a la prudencia que este recomienda. Ciertamente sorprenderá que Ben Dima sea un hombre inculto. ¿No conoce acaso toda la Torá? A menos que también existan los sabios incultos. ¿Cuál es el sentido profundo del *am-haaretz*? El inculto es aquel que considera que la cultura o la Torá tienen un tiempo asignado que es limitado, que la Torá se deja encerrar en una agenda y que deja ratos de ocio para la sabiduría griega. El *am-haaretz* es aquel que cree que existe una sabiduría griega para llenar las horas muertas en vacaciones o para pasar el domingo. Rabí Ishmael recuerda al *am-haaretz* una permanencia de la Torá en el sentido de una continuidad que no admite ninguna interrupción.

Pero podemos preguntarnos, por último, qué debiéramos entender por sabiduría griega en este diálogo entre Ben Dima y Rabí Ishmael. Claro está que no es por sus logros científicos y artísticos que esta puede ser cuestionada. Otro pareciera ser el significado de la "sabiduría griega" en los textos talmúdicos. Si comparamos aquellos pasajes en los que ese término aparece, caemos en la cuenta de que alude a un cierto lenguaje, al lenguaje que se habla en la corte de los reyes, al lenguaje de la cortesía y de la diplomacia. Los textos talmúdicos parecen referirse a todo lo que la civilización griega tiene de seducción y encantamiento, a todo aquello que nos atrae del modelo occidental. A la retórica, a la "virtud" de ilusión que posee un cierto lenguaje. A eso que hoy, con desconfianza, llamamos humanismo, con su capacidad de abusar y de traicionar. A la sabiduría griega capaz de adoptar la elocuencia humanista. Los textos aluden a lo que en ella no es precisamente matemáticas (aunque la perfección de las matemáticas en un mundo imperfecto tenga un aspecto retórico).

Pero hay también otro aspecto. Retomemos el siguiente pasaje de *Sota* 49 *b*: "Cuando los reyes hasmoneanos se libraban batallas entre ellos, Hircan se encontraba afuera (fuera de Jerusalem) y Aristóbulo adentro (en Jerusalem). Cada día, [los de Jerusalem] bajaban unos dinares en una canasta y la subían nuevamente con animales para los sacrificios cotidianos permanentes. Entre ellos se encontraba un anciano experto en sabiduría griega. Este logró hacerse entender por los demás gracias a esa sabiduría griega y les dijo: "mientras los de aquí consigan realizar los sacrificios cotidianos, no caerán en sus manos". Al día siguiente, al bajar los dinares, la canasta subió con un cerdo. Cuando la canasta alcanzó el nivel del muro, el cerdo clavó sus garras y la tierra de Israel tembló cuarenta leguas a la redonda. Entonces [los sabios] dijeron: "¡Maldito sea aquel que cría cerdos, maldito sea aquel que enseña a sus hijos la sabiduría griega!". Y el texto de *Sota* precisa que la lengua griega es una cosa y la sabiduría griega es otra; y hace una excepción con Raban Gamliel, al que autoriza esa sabiduría porque "Raban Gamliel se codea con los poderes políticos (reales)".

La sabiduría griega es por lo tanto una apertura, pero es también la posibilidad de hablar con signos que no son entendidos por todo el mundo y que, en tanto signos de complicidad, pueden llegar a traicionar. La sabiduría griega es por lo tanto un arma de astucia y de dominación. En filosofía, es el hecho de poder caer en la sofística. En ciencias, de ponerse al servicio de la fuerza y de la política. Una sabiduría estrictamente humana correría siempre el riesgo de invertirse en mentira e ideología. Eso explicaría la radicalidad de la exclusión de la sabiduría griega en la respuesta a Ben Dima. Exclusión de la sabiduría griega no en tanto que saber, sino en tanto que saber puramente humano, saber sin Torá. En el humanismo puro se filtra ya esa desviación hacia la retórica y todas las traiciones contra las que el propio Platón luchaba ya. Quizás el estilo talmúdico, cuya interpretación nos resulta tan trabajosa, sea también producto de esa lucha contra la retórica. El Sr. Hansel les ha hablado ayer de la oposición de la sabiduría judía contra la brujería. Yo agregaría que la sabiduría judía se opone ante todo a la brujería del lenguaje.

Toda brujería es poder de las palabras. Frente a los peligros de la retórica hemos de mantenernos alertas. ¿Pero cabe acaso ignorar la ciencia y el arte, y todo lo que la sabiduría griega aporta a la ciencia y al arte? ¿Es lícito aislar al judaísmo de las fuentes de Occidente? Si avanzamos en la lectura del texto, encontramos una respuesta a Rabí Ishmael que parece ir en esa dirección, o que al menos atenúa su rigorismo: a condición de que no sea realizada por un inculto, por un *am-haaretz*, esa lectura no habrá sido arbitraria.

Existe sobre ese punto una respuesta de Rav Shmuel bar Najmani. Porque Rav Shmuel bar Najmani dice, en nombre de Rav Jonathan: "Ese versículo no es ni una obligación ni un mandamiento. Es una bendición. El Santo, bendito Sea, ha visto que Josué se sentía profundamente concernido por las enseñanzas de la Torá, ya que se dice (Éxodo, XXXIII, 11): "Pero Josué hijo de Nun, su joven servidor, nunca abandonaba el interior del tabernáculo". El Santo, bendito Sea, le dijo: "¡Amas tanto las enseñanzas de la Torá que el libro de la Tora nunca abandona tus labios!" (Josué, I, 8).

Primera significación de este texto: no se puede prohibir la sabiduría griega. En el versículo Josué I, 8 el verbo no está en imperativo sino en indicativo. Aquel que conoce la vocación de la Torá está en condiciones de interpretar ese indicativo como una bendición. ¡Los estudiosos del helenismo ya no son infieles! Pero hay más. Aquel que no es inculto, lleva a su verdadero sentido los valores diseminados por doquier. La Torá es la bendición de todo lo que nos viene de afuera; las cosas que vienen de afuera son admisibles.

Pero el hecho de que la permanencia del estudio de la Torá no sea una obligación, sino una bendición, puede sugerir un nuevo modelo de la permanencia hacia el cual nos conducen las últimas líneas de nuestro texto. Que la permanencia de la Torá sea una bendición y no una orden significa ciertamente que la permanencia no debe ser entendida en el sentido de la continuidad temporal. Pero esa enseñanza sólo puede ser transmitida al alumno que no es inculto. Está destinada sólo a aquellos que aman la

Torá. La forma en que la Torá cubre la totalidad de una vida depende de una sobreabundancia, de la fecundidad de la Torá. Aquello que ingresa al espíritu durante el tiempo que se dedica a su estudio, da frutos durante los intervalos que separan a una lección de la siguiente: recompensa gratuita que la razón obtiene más allá de su ejercicio efectivo. Noción de bendición que se expresa en otro pasaje notable del Talmud: las profundidades de la Torá se dan a su estudio como exceso. *Sanedrín* 99 *b* –recortando ciertamente de una forma muy libre un versículo de Proverbios XVI, 26– enseña: "El hombre se fatiga aquí para estudiar la Torá, y la Torá que estudia se fatiga allí". Lo que Rachi comenta de la siguiente manera: "La Torá que el hombre estudia se preocupa por él y le pide al Maestro de la Torá que le conceda al hombre los "porqué" de la Torá y su organización interna". ¡Más en menos! Un más allá de la razón dado a la razón; un más allá de la razón cuya presencia es quizá de un orden distinto al de un tema por el cual nos interesamos. Reencontraremos esa propiedad maravillosa hacia el final de nuestro texto. La Torá no sería un género literario entre otros, sino el lugar preciso en el que, a partir de las letras, de las proposiciones y de los verbos, comienza una vida. Dinamismo que quizás, a su vez, está inscripto en la fórmula acerca de la elevación de las "cosas santas".

¿Pero es la bendición, a pesar de su fecundidad, menos que una obligación? ¿No es, acaso, más que un deber? Y llegamos así al pasaje que ofrece, a mi entender, la visión más elevada acerca de la permanencia de la Torá:

> Se dijo frente a Rabí Ishmael: "Las palabras de la Torá no son una deuda para ti, ya que nunca estarás en condiciones de haber saldado tu deuda con ellas".

Las palabras de la Torá no son una deuda porque una deuda puede saldarse. Rachi, en su comentario, introduce aquí la categoría más original de nuestro texto; a la sobreabundancia de la bendición agrega un más allá del deber, que no es una simple liberación del deber. La Torá encarna una modalidad de la permanencia porque es una deuda impagable, siempre vigente. Cuanto más se paga la deuda, más endeudado se está, es decir, se ve con mayor claridad la extensión de lo que queda por descubrir y por hacer. Categoría que debe ser extrapolada a la relación con el otro hombre que la Torá enseña: cuanto más nos acercamos al prójimo, más crece nuestra responsabilidad por él. Lo infinito del deber –que es tal vez la modalidad misma de la relación al infinito–. Una vez más, movimiento hacia la altura...

Y nos acercamos al texto final. Este pareciera interrumpir la exposición de esos modelos de la permanencia:

'Hezkia dice: "¿Qué significa el texto (Job, XXXVI, 16): 'Te apartará de la boca de la angustia, hacia un lugar espacioso, libre de todo apuro y te preparará una mesa llena de manjares'?".

Se trata de un versículo que comienza en hebreo con las palabras *veaf hesitija*. La segunda palabra podría significar el acto de extraer, de arrastrar de un lugar a otro; pero también el hecho de persuadir, de hacer creer, de seducir por medio de una idea, de incitar. Tal es la hermenéutica de 'Hezkia:

Nota hasta qué punto el modo de Dios difiere del modo de la carne y de la sangre. El modo de la carne y de la sangre: un hombre incita a su prójimo...

–el *hesitija* es utilizado en este caso por el hebreo de la *Guemará* en el sentido de "te incitará"–

[...] es para conducirlo de las vías de la vida a las vías de la muerte; El Santo, bendito Sea, incita al hombre: es para llevarlo de las vías de la muerte a las vías de la vida, ya que se dice…

El Sr. Hansel les ha explicado ayer el modo de proceder del talmudista. Este utilizará la cita de Job en un sentido que en apariencia es totalmente distinto del sentido obvio. Aquí –¡es el colmo!– leerá juntos dos versículos diferentes tomados de libros diferentes: comentará, a un tiempo, un versículo de Isaías y un versículo de Job. El versículo de Job XXXVI, 16 deviene:

¡Te he incitado a pasar fuera de la boca estrecha! fuera del infierno cuya boca [la entrada] es estrecha para que el humo se junte

¡No para dificultar el ingreso, sino para que el humo no se escape!

[…] Y si dices: "como es estrecha su boca, el infierno también es estrecho", el texto

–¡otro texto! El de Isaías XXX, 33–

[…] dice (porque desde hace tiempo el Tofet está listo; él también ha sido dispuesto): "profundo y ancho…". Y si dices: "Eso no ha sido preparado para el Rey", el texto (Isaías, XXX, 33) dice: "con su caldera encendida, en donde la madera abunda". Y si dices: "Esa también es la recompensa", el texto…

–de Job esta vez, XXXVI, 16–

[…] dice: "La mesa estará cubierta de manjares".

Habría aquí una amenaza de ir al infierno. Nada nuevo en términos de homilía. La palabra de Dios lleva al paraíso; la palabra del hombre, la incitación del hombre, conduce siempre al infierno. Intentaré poner un poco de orden –o tal vez algo más de desorden– en este texto. Creo que lo central es el verbo *hesitija*: persuadir, seducir a alguien recurriendo a planteos amables, antes que a buenas razones, algo que recuerda la retórica. La *Guemará* parece aplicar ese término a Dios: Dios no enseña dirigiéndose a la razón, enseña y conduce hacia esa mesa "cubierta de manjares" seduciendo. Cuando el hombre incita todo termina mal. Pero Dios también incita, Dios seduce también, como si Dios tuviese su propia retórica. ¿En qué consiste esa incitación divina? ¿Hay acaso una incitación no engañosa, una palabra que, sin ser razón pura, constituya sin embargo una verdadera revelación? ¿Todo lo que no es razón, se encuentra acaso por debajo de la razón? ¿No hay un después de la razón, un más allá de la razón? La incitación divina es la Torá.

Este pasaje sugiere que, en la Torá, hay un elemento perteneciente a un "después de la razón". Un más allá de la razón que no sería una creencia, una fe. Un más allá de la razón en la verdad razonable: una relación personal en lo universal y en la verdad. En la Torá nos aproximamos a aquel que nos habla a título personal. ¡Sin las ideas de malignidad, de malicia, de engaño! La Torá aparece aquí como una pura verdad, como una verdad universal, como algo único en su género, único en el mundo. Realiza la categoría irreductible de una enseñanza que lleva más allá de la filosofía, hacia la presencia personal, hacia lo personal que tal vez sólo puede aparecer en toda su pureza originaria a través de este texto. Un saber que lleva a una relación con una persona, a una relación que ya no es un saber. De ahí, quizá, las extrañas palabras de ciertos talmudistas que, como Rabí Jaim de Volozin, sostienen que la Torá es Dios. La Torá sería el texto que

nos conduce, a través de la verdad, hacia lo personal por excelencia, a Dios. Comporta un elemento de seducción sin engaño,
una retórica que es santa, opuesta a la retórica humana del humanismo puro a la que se oponen precisamente los pasajes antes citados de nuestro texto.

A partir de allí, el resto del texto se deja comprender con relativa facilidad. Resulta curioso ese infierno en el que probablemente hay fuego, pero donde los condenados al infierno no su-
fren por la hoguera sino por el humo. Esta existencia infernal a
la que nos conduce el humanismo puro, el humanismo sin Torá,
es puro humo. Infierno sobre la tierra. Las ciudades están llenas
de humo, la cultura comunicada es asfixiante. La metáfora del
humo utilizada aquí para evocar el infierno es notable. No se trata de un martirio eterno por el fuego, es la polución; polución
entendida, no como un problema local, contingente, sino como
una modalidad de la vida social en la que no podemos seguir viviendo. Hay mucha madera, hay todo el petróleo deseado, pero
todo eso sólo sirve para llenar de humo a la humanidad. Y no
hay excepciones ¿Qué hay del rey? El rey también pasa. Ninguna condición nos pone por encima de esa existencia insalubre.
¿Es necesario, pues, creer en lo absurdo? No, no todo es absurdo. No todo es vano. La mesa que alimenta a los justos está servida. La mesa del comienzo de nuestro texto reaparece al final,
confiriéndole como una realización circular.

Bien, he terminado. Dos palabras más: la única parte del texto que no llegué a incluir en mi lectura, es el pasaje del final de
la *Mishná* que menciona al carnero de *Kipur* que había que consumir crudo cuando *Iom Kipur* caía un viernes. Tampoco pude
decir nada hoy acerca de la tierra de Israel. Hoy en día *Kipur* ya
no puede caer un viernes. Tenemos calendarios y hemos podido
arreglarlo todo. Pero en otros tiempos, la salida de *Kipur* podía
coincidir con la entrada del *Shabat*. Entonces, el carnero de
Kipur, que se come por la noche, al finalizar *Kipur*, no podía co-

merse, porque la entrada de *Shabat* prohibía su cocción. Entonces se llamaba a ciertos sacerdotes que llevaban el nombre de babilonios. Ellos consumían el carnero crudo. Soportaban eso. La *Guemará* vuelve sobre esa historia y dice:

Rava bar Jana, en nombre de Rav Iojanán, dice: "No eran babilonios, eran alejandrinos. Pero es porque los babilonios son detestados que los llamamos babilonios".

Tenemos una *baraita* que lo enseña: Rav Iosi dice: "No son babilonios, son alejandrinos, y es por causa del odio que inspiran los babilonios que los llamamos babilonios". Rav Iehuda le dice: "Que estés en paz, porque me has tranquilizado".

Rav Iehuda era babilonio y se alegró al enterarse de que no pertenecía a la categoría de los que comen animales crudos. Quienes comían carne cruda eran los alejandrinos, probablemente los griegos que venían de Egipto. ¿Pero por qué eran tan detestados los babilonios? Cuando, al regreso del exilio de Babilonia, tuvo lugar la gran *Aliá* de Babilonia, algunos de los sacerdotes en el exilio no querían regresar al país en el que se construía la nueva Judea. Quienes no hicieron *Aliá* fueron detestados. ¡Ya en esa época! Y la palabra "babilonio" siguió siendo una palabra peyorativa, una injuria. A los alejandrinos, que comen carne cruda, se los llama babilonios.

De este modo –¿pero no se trata acaso de una forma meramente retórica?– la tierra de Israel es homenajeada al final de mi discurso.

Las ciudades-refugio
(Fragmento del tratado de *Makot*, 10 a)

[…] [las ciudades refugio] no pueden ser sino ciudades medianas, ni pequeños pueblos, ni grandes metrópolis; son instaladas en sitios en los que hay agua; y si no se cuenta con agua suficiente, se la hace llegar; sólo se fundan en lugares en los que hay espacio suficiente para los mercados, allí donde la circulación es importante; si la circulación es escasa se la incrementa; y si el número de habitantes disminuye, se llama a los *cohanim*, levitas e israelitas; y no se venden ni armas ni trampas –ello según Rav Nejemia, aunque los doctores las autorizan–; pero todos están de acuerdo en que no deben instalarse trampas ni cuerdas para evitar que "el vengador de sangre" se acerque.

Rav Itzjak se pregunta: "¿cuál es el versículo sobre el cual se funda esto?". Es Deuteronomio, IV, 42: "para que refugiándose en una de esas ciudades pueda salvar su vida" –"salvar su vida": hay que hacer todo lo necesario para que pueda vivir [una verdadera vida]–.

Tenemos una *baraita*: cuando un discípulo se exilia [en las ciudades-refugio], su maestro se exilia junto a él; se dice: "para que pueda salvar su vida" –hay que hacer todo lo necesario para que pueda vivir [una verdadera vida]–. Rav Zera dice: "De allí se deduce que no debemos enseñar [Torá] a un alumno poco confiable".

Rabí Iojanán dijo: "Cuando un maestro es condenado al

exilio, su escuela [su *Yeshiva*] se exilia junto a él". ¿Pero cómo es esto posible? ¿Acaso Rabí Iojanán no había dicho: "sabemos que las palabras de la Torá son un refugio"? Es que está escrito (Deuteronomio IV, 43): "Betzer en el desierto [es el sitio elegido por Moisés]", y (Deuteronomio, IV, 44): "Esta es pues la Torá de Moisés". –No se trata de una objeción: [la Torá protege] mientras nos ocupamos de ella, pero la Torá no protege mientras no nos ocupamos de ella. Incluso podría decirse: las palabras de la Torá sólo son un refugio contra el ángel de la muerte. Así Rabí Jisda, sentado en una casa de estudios, se dedicaba a estudiar y el ángel de la muerte no pudo acercársele ya que su boca no dejaba de recitar la lección. Entonces el ángel de la muerte fue a sentarse sobre un cedro que crecía frente a la casa de estudios y el cedro crujió. En el momento en que Rabí Jisda dejó de recitar su lección, la muerte lo arrebató.

Rav Tanjum bar Janilai dijo: "¿Por qué mencionamos a Rubén en primer lugar, para el refugio?". Porque es quien realiza el primer gesto para salvar a [José]. Está escrito (Génesis, XXXVII, 21): "Cuando Rubén oyó esto, intentó salvarlo de sus manos".

Rabí Simlai enseñó: "¿Qué significa el texto (Deuteronomio, IV, 41): 'Entonces Moisés designó tres ciudades de este lado del Jordán, del lado del sol naciente'?". El Santo bendito-sea-Él dijo a Moisés: "Deja que el sol brille para los asesinos involuntarios". Y algunos sostienen que el Eterno dijo a Moisés: "Has dejado que el sol brille para los asesinos por imprudencia".

Rabí Simlai dijo: "¿Qué significa el texto de Eclesiastés, V, 9: 'el que ama la plata, nunca se sacia; el que ama a la multitud, obtiene la cosecha'?". Aquel que ama la plata y nunca está satisfecho es Moisés, quien sabía ciertamente que las tres ciudades de Transjordania [que designaba] no servirían de refugio hasta que las tres ciudades-refugio de Canaán fueran designadas, pero se dijo: "he recibido un mandamiento, debo cumplirlo". Y "aquel que ama la multitud y obtiene la cosecha" es digno de enseñar en público a aquel a quien pertenece toda la riqueza [del saber]. La misma enseñanza en palabras de Rabí Eleazar: "¿Qué significa (Salmo CVI, 2): '¿Quién será capaz de decir la omnipotencia del Eterno, quién será capaz de expresar toda Su gloria?'. Sólo es digno de decir la omnipotencia del Eterno aquel que es capaz de relatar toda su gloria". Y los doctores, y según otros Rabba ben Mari, declaraban: "Aquel que ama la multitud obtiene la cosecha, y aquel que ama [al maestro] que enseña a la multitud obtiene la cosecha". Entonces los doctores dirigieron sus miradas hacia Raba, hijo de Rabba.

Rav Ashi dijo: "Aquel al que le gusta estudiar entre la multitud obtiene la cosecha". Esto coincide con lo que había dicho Rabí Yosi bar Janina: "¿Qué significa (Jeremías, L, 36): 'Espada contra los aislados, se vuelven más tontos', espada que debe precipitarse sobre el cuello de los enemigos de Israel [es decir, sobre el cuello de los 'doctores de la Ley' designados por antifrase] que estudian la Torá aislados; peor aún, que se vuelven más tontos. Aquí dice: 'se vuelven más tontos' (venoalu) y allí (Números, XII, 11): 'no nos imputes el pecado de haber actuado tontamente' (noalu). Y tomo esta enseñanza de Isaías, XIX, 13: 'Los príncipes de Zoan se desvanecen' (noalu). Ravina explicaba: 'Aquel que ama estudiar entre la multitud, obtiene la cosecha'. Es lo que dijo Rabbi: 'He aprendido mucha Torá de mis maestros, más de mis colegas, y más aún de mis alumnos'".

Rav Ioshua ben Levi dijo: "¿Qué significa (Salmo CXXII, 2): 'Nuestros pies se detienen en tus pórticos, oh Jerusalem'. ¿Cuál es la causa de que nuestros pies se resistan al combate? Son los pórticos de Jerusalem, en donde se estudió la Torá".

Y Rav Ioshua ben Levi dice: "¿Qué significa (Salmo CXXII, 1): 'Cántico gradual de David. Yo me alegré con los que me

decían: a la casa del Eterno iremos'?". David decía frente al
Eterno: "Señor del mundo, he oído decir: '¿cuándo morirá este anciano y cuándo vendrá Salomón a construir la Casa de la
Elección; y cuando ascenderemos en peregrinaje?' y me ale-
gré". El Eterno le respondió (Salmo XXIV, 11): "Seguramente un día frente a tus puertas vale más que mil días". Prefiero
un día que pasas estudiando Torá frente a tus puertas, a mil
holocaustos que tu hijo me sacrifique sobre el altar.

1. Jerusalem terrestre, Jerusalem celeste

En el texto que voy a comentar, el nombre de Jerusalem
aparece sólo hacia el final. Ese final remite a los dos primeros
versículos del salmo CXXII, en el que el salmista celebra la alegría de encontrarse en las puertas de Jerusalem, lugar de peregrinaje y de tribunales de justicia. Desea, como todos nosotros,
paz y prosperidad para la ciudad. "¡Qué la paz reine entre tus
muros y la seguridad en tus palacios!" Es el salmo cuyo tercer
versículo –versículo que no es mencionado a lo largo de nuestro texto– suena tan misteriosamente cuando se lo traduce literalmente: "Jerusalem construida como una ciudad unida a sí
misma para formar un todo". Versículo enigmático que el rabinato francés traduce de la siguiente manera: "Jerusalem, construida como una ciudad de armoniosa unidad" (*"Jérusalem qui
est bâtie comme une ville d'une harmonieuse unité"*).

La *Gu·mará, Taanit,* 5 a, comenta ese versículo intentando
encontrar su sentido oculto. Todo esto se encuentra fuera del texto que les ha sido distribuido, pero la digresión es importante.
Dediquémosle algunos minutos. Rav Nahman dice a Rav Itzjak:
"¿Qué significa (Oseas, XI, 9): 'No ejecutaré el ardor de mi ira,
ni volveré para destruir a Efraín, porque soy Dios y no mortal.
Soy el Santo en medio de ti, y no entraré en *bair*'?". Según Ra-

chi, esa última palabra significaría "en la ira": "no entraré en la ira". Y según los doctores talmúdicos, cuya libre traducción se basa en el parecido de la ortografía, *bair* significaría: "en la ciudad", "no entraré en la ciudad". Y según esos mismos doctores, el final de ese versículo: "Soy el Santo que reside en medio de ti, y no entraré en la ciudad", se separa del comienzo del versículo. ¿Pero cuál es el sentido de esa traducción, de esa escansión ("Soy el Santo que reside en el medio de ti, y no entraré en la ciudad")? ¿De qué ciudad se trata? Rabí Iojanán propone la siguiente interpretación: "No acudiré a la Jerusalem de arriba sin ir antes al medio de ti, a la Jerusalem de abajo". Habría entonces, también, una Jerusalem de arriba. Ciertamente, está escrito –y citamos, traduciéndolo, nuestro versículo del salmo CXXII, 3: "Jerusalem construida como una ciudad unida (*accouplée*)"–.

Se trata de uno de los orígenes de la noción de Jerusalem celeste que ha sido evocada anoche. Toda esta compleja hermenéutica convierte a la Jerusalem terrestre en la antesala necesaria de la Jerusalem celeste, y eso es lo que importa. ¿Por qué? En primer lugar porque, como decíamos anoche, Dios habrá seguido a Israel durante su exilio y sólo volverá a entrar en sí mismo una vez que, de regreso del exilio, haya atravesado la Jerusalem terrestre. Esto a su vez querría decir: no hay plenitud espiritual para Israel sin un retorno a la Jerusalem terrestre. Lectura rigurosamente sionista del decir talmúdico.

Hay sin embargo otra interpretación posible. Si el decir talmúdico resulta tan oscuro, ello no se debe al gusto por expresar de manera complicada aquello que podría ser enunciado de un modo más simple. Es, en cambio, porque deja una multiplicidad de sentidos a su decir, porque invita a múltiples lecturas. Nuestro rol consiste justamente en buscar esas múltiples lecturas. He aquí una segunda lectura posible: Jerusalem es una ciudad excepcional, única, porque se encuentra en relación directa con la ciudad de Dios, ciudad de todas las religiones, porque está vin-

culada a su ideal, unida a su modelo. Conciencia de un judaísmo que es esencial al mundo. Afirmación de la esencia religiosa de la ciudad judía.

Hay incluso un tercer sentido posible, que nos introduce de
lleno en el tema del que nos ocuparemos a continuación: la imposibilidad para Israel –o después de Israel– de una salvación
religiosa sin justicia en la ciudad terrestre. No hay dimensión
vertical sin dimensión horizontal. Justicia-etapa ineludible de
toda elevación. Es preciso realizar una Jerusalem terrestre –lo
que en términos talmúdicos significa: estudiar y aplicar la Torá
o la justicia de la Torá y elevarse, gracias al estudio, a un nivel
superior en términos de conciencia y atención prácticas, conciencia y atención prácticas que definen la ciencia llamada
Torá– para colmar la Jerusalem celeste de presencia divina. La
única vía de acceso a la salvación es la que pasa por el hogar de
los hombres. Allí radica el simbolismo esencial de esa ciudad.

Comenzar por el final del texto, e incluso por un pasaje que
se encuentra más allá de ese final, referirse de entrada a Jerusalem como a la puerta del cielo (*shâar hashamaim*) puede resultar sorprendente. Puede conducir a considerar a Jerusalem como
un mero símbolo teológico, mientras que nuestra intención es,
precisamente, como acabamos de señalarlo, recordar que se trata de una ciudad real, en la que viven hombres reales, hombres
atravesados por preguntas concretas relativas a sus vínculos con
los demás hombres.

Al menos el comienzo del fragmento talmúdico que hemos
seleccionado transmite el sentido de los problemas que se plan-
tean en ciudades habitadas por hombres como nosotros. Se trata,
como intentaré mostrarlo a continuación, de ciudades inspiradas
por un auténtico humanismo, ciudades altamente civilizadas. Sin
embargo la espiritualidad que nos iluminará al entrar en la Jerusalem de la Torá –a la que quizá debamos definir como una conciencia más consciente que la conciencia– es de otro orden, tiene

otro potencial. Es una nueva atención prestada a lo humano, una atención ubicada como por encima de todo humanismo. Que la Jerusalem de la Torá, con cuya evocación se cierra el pasaje que hemos seleccionado, irrumpa en el contexto de ese urbanismo humanista de las ciudades-refugio, será extremadamente significativo para la noción misma de Torá.

2. Las ciudades-refugio

Nuestro fragmento trata en efecto de las ciudades-refugio, institución bíblica que aparece en Números XXXV.

Cuando alguien comete un asesinato bajo la forma de un homicidio involuntario, cuando por ejemplo –se trata de un ejemplo bíblico– durante el trabajo del leñador el cabezal de su hacha se desprende del mango e impacta sobre la cabeza de un transeúnte quitándole la vida, el asesino no puede ser denunciado como tal frente a un tribunal. Ese asesinato "objetivo" ha sido cometido sin intención alguna de hacer un mal. No obstante, un pariente cercano a la víctima, llamado "vengador de sangre" –o más exactamente *goel hadam*, redentor de la sangre derramada, y cuyo "corazón está enardecido" por el asesinato cometido (*ki hijam levavó*)– tiene derecho a vengarse. Se reconoce un cierto derecho, por encima del derecho público del tribunal, al "corazón enardecido". ¡Un cierto derecho es concedido a un simple estado de ánimo! Pero un cierto derecho solamente. Contra ese derecho marginal, el derecho a secas protege al asesino involuntario. La ley de Moisés designa ciudades-refugio en las que el asesino involuntario se refugia o se exilia. Se refugia *y* se exilia. El "vengador de sangre" no puede perseguir a un asesino albergado en una ciudad-refugio. Pero para el asesino involuntario, que es también asesino por imprudencia, la ciudad-refugio es también un exilio, una sanción. El exilio dura hasta el final del pontificado del gran Rabino contemporáneo del asesinato –no es pues un exilio eterno para aquellos que tienen la suerte de vivir muchos años–. Al morir el gran sacerdote, el asesino involuntario puede regresar a su ciudad de origen. De este modo, la ciudad-refugio protege al inocente y sanciona al "objetivamente" culpable. A un tiempo protege y sanciona. Este hecho deriva del derecho a venganza del vengador de la sangre, pero también de la afirmación –que aparece en las líneas que siguen al fragmento talmúdico que comentamos hoy y a las que este hace una alusión– de que no hay ruptura absoluta entre la raza de los asesinos involuntarios y la de los asesinos a secas. ¿La imprudencia, la falta de atención, limita acaso nuestra responsabilidad? ¿Somos lo suficientemente conscientes, estamos lo suficientemente despiertos, somos hombres lo suficientemente hombres? En todo caso, se necesitan ciudades-refugio para que esos semi-culpables, esos semi-asesinos, esos semi-inocentes puedan estar a salvo de la venganza.

3. Las ciudades-refugio y nosotros

Antes de leer el texto con el que tuve la singular idea, o la singular audacia, de introducir a Jerusalem en el contexto de esas ciudades-refugio, o por oposición a esas ciudades, quisiera evocar aquello que la institución de esas ciudades, y el reconocimiento del "vengador de sangre", pueden significar hoy para nosotros, más allá del mero recuerdo de costumbres pintorescas y perimidas.

¿Esos asesinatos cometidos "a pesar de" los propios asesinos, no se producen acaso, hoy en día, bajo nuevas formas, distintas del hacha que se desprende del mango que manipula el leñador viniendo a impactar sobre la cabeza del transeúnte? ¿En la sociedad occidental, libre y civilizada, pero sin igualdad social, sin justicia social rigurosa, es acaso absurdo preguntarse si las ventajas de las que disponen los ricos respecto de los pobres –y quién no es rico en relación a otro individuo en Occidente– no son la causa de la agonía de alguien, en algún sitio? ¿No hay acaso guerras y matanzas que son la consecuencia de esa situación de desigualdad, sin que nosotros, habitantes de nuestras capitales –capitales sin igualdad, pero bien protegidas y bien provistas– le hayamos deseado el mal a nadie? ¿El vengador, el redentor de sangre, no merodea acaso alrededor nuestro bajo la forma del enojo popular, del espíritu de revuelta o aun de delincuencia en nuestros suburbios, como resultado del desequilibrio social en el cual estamos instalados?

La protección que nos brindan las ciudades en las que vivimos, la protección que legítimamente, en virtud de nuestra inocencia subjetiva, nos proporciona nuestra sociedad liberal (aún si esta protección pareciera ser cada vez más frágil) contra tantas amenazas de venganza sin fe y sin ley, contra tantas fuerzas indignadas y enardecidas, ¿no es acaso la protección de una semi-inocencia o de una semi-culpabilidad, que es inocencia pero que también es culpabilidad? ¿Todo esto no convierte acaso a nuestras ciudades en ciudades-refugio o en ciudades de exiliados? ¿Y la civilización, nuestra civilización greco-romana, brillante y humanista, nuestra sabia civilización, sin dejar de ser una defensa necesaria contra la barbarie desencadenada por la ira, contra peligrosos estados de ánimo, contra el desorden amenazante, esta civilización no es a su vez un tanto hipócrita, demasiado insensible al enojo del vengador de sangre e incapaz de restablecer el equilibrio? Cabe preguntarse si la espiritualidad que se expresa en nuestra forma de vivir, en nuestras buenas intenciones, en nuestras buenas voluntades, en nuestra atención a lo real, está siempre lo suficientemente despierta.

4. El urbanismo de las ciudades-refugio

Comencemos con la lectura de nuestro texto. Este empieza narrando la manera en que estas ciudades-refugio están acondicionadas para que los hombres "subjetivamente inocentes" puedan escapar a la sanción ilegal pero comprensible del vengador de sangre. Admiremos en primer lugar –no voy a leer todo el texto– la calidad de este urbanismo y reconozcamos el genio, o la fuente del genio, de los constructores de Israel, de esos europeos capaces de convertir desiertos en jardines y tan abiertos, en ese campo al menos, a las enseñanzas de Occidente que les llegaron a través de los libros.

... esas ciudades, no pueden ser pequeños pueblos

porque en los pequeños pueblos el vengador de sangre podría penetrar y tentarse sin encontrar resistencia. Tampoco se las instala en

grandes metrópolis

porque el vengador de sangre podría mezclarse entre la multitud y pasar inadvertido. Se las ubica

en las ciudades medianas; sólo pueden ser instaladas en lugares en los que hay agua; y si no se cuenta con agua suficiente, se la hace llegar; sólo se fundan en lugares en los que hay espacio suficiente para los mercados

para que a los asesinos por imprudencia no les falte nada. Y se buscan

lugares de mucha circulación

una vez más, para proteger al asesino involuntario: para que, contra el vengador de sangre dispuesto a intentar perpetrar su venganza, quien es atacado, pueda pedir auxilio (suponemos en nuestro texto que la gente que transita por esas calles de gran circulación lo defenderán de su agresor)

allí donde la circulación es escasa se la incrementa; y si los habitantes disminuyen, se traen *cohanim*, levitas e israelitas

para garantizarle al refugiado una sociedad que conserve la estructura de una sociedad judía normal

y no se venden ni armas ni trampas

para que en las ciudades-refugio el vengador de sangre no pueda conseguir sus armas ni pueda traerlas sin llamar la atención;

según Rav Nejemia

dice nuestro texto: Rav Nejemia es extremadamente prudente

pero los doctores autorizan

la venta de armas y de trampas, probablemente porque una ciudad necesita armas contra las bestias salvajes que pueden aparecerse y contra cualquier otro tipo de agresores.

Pero todos están de acuerdo para que no se instalen trampas ni cuerdas

para que el vengador de sangre no tenga la posibilidad de atrapar al hombre refugiado al que busca, utilizando trampas instaladas de forma permanente. Todo esto para evitar que "el vengador de la sangre" se acerque

a la ciudad-refugio.

5. Urbanismo humanitario

Terminamos pues con la descripción de las ciudades-refugio. Pero, y esta es una pregunta que suele plantearse en la *Guemará*, ¿cuál es el versículo que debe citarse sobre el cual se funda esta descripción? No sólo para no afirmar algo sin fundamento, sino también para que el versículo nos permita echar un poco de luz sobre estas instituciones.

Rav Itzjak se pregunta: "¿cuál es el versículo sobre el cual se funda esto?". Es Deuteronomio, IV, 42: "para que refugiándose en una de esas ciudades pueda salvar su vida" –"salvar su vida": hay que hacer todo lo necesario para que pueda vivir [una verdadera vida].

Vida no puede significar sino una vida plena, una vida digna de ese nombre; exilio ciertamente, pero no prisión, ni campo de concentración. Humanismo o humanitarismo de las ciudades-refugio. Principio que aparece un poco más adelante en el texto de nuestra *Guemará*:

Rabí Simlai enseñó: "¿Qué significa el texto (Deuteronomio, IV, 41): 'Entonces Moisés designó tres ciudades de este lado del Jordán, del lado del sol naciente?'".

El sentido de ese versículo parece claro. Sin embargo Rav Simlai agrega

El Santo bendito-sea-Él dijo a Moisés: "Deja que el sol brille para los asesinos involuntarios".

La palabra sol no figuraría en el versículo para ubicar el lugar o la orientación de la ciudad, sino para afirmar que la vida en aquellas ciudades también necesita del sol.

Algunos pretenden que el Eterno dijo a Moisés: "Has dejado que el sol brille para los asesinos por imprudencia".

"Has actuado correctamente." Según la primera versión, hacía falta una orden de Dios para preocuparse por ese sol vital para los exiliados. De acuerdo con la segunda versión, en cambio, Moisés pensó en el sol por su propia cuenta y fue aprobado. Pero la segunda versión no contradice la primera: ¿el movimiento espontáneo del alma profética no es acaso la vía que sigue la palabra divina?

Vida plenamente vida. Necesidades satisfechas, luz del sol, pero también Torá:

Tenemos una baraita: cuando un discípulo se exilia [a las ciudades refugio], su maestro se exilia junto a él, ya que se dice: "para que pueda salvar su vida", hay que hacer todo lo necesario para que pueda vivir [una verdadera vida].

¿Es posible vivir sin cultura? ¿Es posible vivir sin Torá? De este modo la Torá irrumpe en la ciudad-refugio. Torá por necesidad cultural quizás, aunque esta no sea su verdadera esencia, aquella que se manifestará, como veremos más adelante, en Jerusalem.

Rav Zera dice: "De allí se deduce que no debemos enseñar [Torá] a un alumno poco decente".

Enseñar Torá a un alumno poco decente implica asumir el riesgo de encontrarse un día exiliado por el asesinato que ese alumno habrá cometido. Punto importante que nos enseña lo siguiente: aquel que comete un asesinato por imprudencia no es un asesino; pero tampoco es un hombre decente. Parentesco entre la raza de los asesinos involuntarios y la raza de los asesinos a secas. Los asesinos por imprudencia suelen ser reclutados entre los jóvenes poco decentes. La continuidad en la gama de los asesinos es afirmada a través de este detalle. Como decíamos antes, esa idea será expresada de modo más directo un poco más adelante: habrá una sola raza de asesinos, sin importar si el asesinato fue cometido involuntariamente o intencionalmente. En otras palabras, nuestra conciencia no es aún plenamente consciente. Es un claro-oscuro. La línea que separa lo no intencional de lo intencional es delgada. No estamos lo suficientemente despiertos.

Exiliamos pues al maestro cuando el discípulo necesita Torá. ¿Pero qué ocurre cuando un maestro es exiliado?

Rabí Iojanán ha dicho: "Cuando un maestro es condenado al exilio, su escuela [su *Yeshiva*] se exilia junto a él".

La relación de maestro a alumno es una estructura social firme. El discípulo tiene el derecho de exigir que su maestro lo acompañe a la ciudad-refugio y el maestro puede exigir lo mismo de sus discípulos. La relación espiritual de maestro a alumno es tan fuerte como la relación conyugal.

6. La Torá y la muerte

Pero, ¿cómo es posible que un maestro de Torá tenga la necesidad de exiliarse para protegerse contra el vengador de sangre? ¿Acaso la Torá misma, a cuyo estudio dedica su vida, no le brinda ya esa protección? ¿No es la Torá una ciudad-refugio? No es acaso lo que afirma la "dudosa" hermenéutica de las siguientes líneas:

¿Pero cómo es esto posible? ¿Rabí Iojanán no había dicho acaso: "de donde sabemos que las palabras de la Torá son un refugio"? Está escrito (Deuteronomio IV, 43): "Betzer en el desierto [es el sitio elegido por Moisés]", y (Deuteronomio, IV, 44): "Esta es pues la Torá de Moisés".

Por el hecho de que los versículos 43 y 44 de Deuteronomio, IV se siguen y empiezan de manera análoga y en tanto aquel indica la primera ciudad que Moisés elige como ciudad-refugio, este, se concluye, debiera indicar otra ciudad-refugio. Sin embargo, el sentido obvio del versículo IV, 44 consiste en nombrar la Torá de Moisés. La hermenéutica de la *Guemará* deduce que la Torá de Moisés es una ciudad-refugio. ¿Pero si la Torá es un refugio, cómo se explica que aquel que se dedica a su estudio y comete un homicidio involuntario deba exiliarse? ¿No se encuentra a salvo en la Torá misma? Esta pregunta tiene sentido independientemente de la sucesión de versículos de la que una hermenéutica compleja pareciera extraerla. La Torá, considerada en las ciudades-refugio como una forma de satisfacer nuestras necesidades culturales, análoga al sol y al agua exigidos por nuestra condición física, ¿se reduce a eso? ¿No es acaso también la vida eterna misma, acto puro del intelecto y por ende indiferencia a la muerte? ¿No es la Torá, en ese sentido, más fuerte que la muerte? ¡Vigilia absoluta del alma! Vida que no se encuentra nunca en el mismo plano que en el que acontecen las violencias de este mundo. Y así, tal vez, más allá de la protección contra el vengador, ya imposibilidad del asesinato. Pero quizás esa vigilia no sea una vigilia ininterrumpida.

–No se trata de una objeción: [la Torá protege] mientras nos ocupamos de la Torá, pero la Torá no protege si no nos ocupamos de ella.

Estamos protegidos, estamos por encima de la muerte y del asesinato durante la lección, o cuando planteamos la preguntas y escuchamos las respuestas. Pero hay interrupciones. Nadie es puro espíritu. ¡La Torá de la diáspora, la Torá de la dispersión, la que se enseña el domingo y el miércoles! Dispersión desde todos los puntos de vista: los mil pensamientos que interrumpen la lección mientras la recitamos. Torá del exilio, Torá de los hombres aislados. ¿Sigue siendo, a pesar de todo, más fuerte que la muerte? Y si ampliamos la noción, si entendemos por Torá un pensamiento que supera la mera "actividad cultural", ocupación entre otras, si entendemos por Torá un pensamiento que se dirige hacia la verdad y que exige una conciencia sin fisuras por parte de los alumnos, habrá que reconocer que, de hecho, el estudio de la Torá suele verse interrumpido. Somos vulnerables. El asesino por imprudencia, aún si estudia Torá, debiera apresurarse en encontrar asilo en una ciudad-refugio, en lugar de esperar de nuestra Torá descuidada una protección contra la muerte.

7. Más fuerte que la muerte, menos fuerte que el vengador justo

Pero hay otra respuesta posible para la pregunta: ¿por qué el hombre de la Torá busca la protección de una ciudad-refugio si la Torá es más fuerte que la muerte?

Incluso podría decirse: las palabras de la Torá sólo son un refugio contra el ángel de la muerte.

... y no contra el vengador de sangre. Como si el escándalo del asesinato, aún de aquel cometido inocentemente, fuese más fuerte que el poder de la propia muerte. Aquel que busca refugiarse en la Torá para olvidar esa falta involuntaria, pero objetiva, permanece expuesto al vengador de sangre. Debe pues buscar reparación –y expiación– en la ciudad-refugio. Todo transcurre como si nada pudiese acallar la exigencia de la justicia. El intelecto, el acto puro de la razón no se dejan intimidar por la muerte. Pero no esperen refugiarse en la vida espiritual para hacer olvidar un homicidio, aunque este fuere involuntario. El vengador de sangre es más fuerte que el ángel de la muerte.

8. El acto puro

Intelecto, acto puro del espíritu más fuerte que la muerte. Leamos cómo sigue el texto.

Así Rabí Jisda, sentado en una casa de estudios, se dedicaba a estudiar y el ángel de la muerte no pudo acercársele ya que su boca no dejaba de recitar la lección.

Pero el ángel de la muerte encuentra un subterfugio:

Entonces el ángel de la muerte fue a sentarse sobre un cedro que crecía frente a la casa de estudios y el cedro crujió. En el momento en que Rabí Jisda dejó de recitar su lección, la muerte lo arrebató.

El estudio de la Torá será recompensado: el carácter edificante de este texto es evidente. Pero también podemos comprender este pasaje de la siguiente manera: la Torá es un acto en el sentido cabal del término, su estudio no es un estado de conciencia cualquiera. No hay allí pasividad, y aquel que se une a ella en el estudio no morirá. En el mundo violento en el que vivimos, la vida intelectual representa un modo de ser que se mueve en un plano distinto al de la causalidad mundana. La violencia de la muerte es incapaz de alcanzarla.

Puede que estas líneas signifiquen también lo siguiente: la espiritualidad del verdadero estudio de la Torá excluye la inadvertencia y la distracción. Idea importante para el resto del comentario y para toda esa temática del homicidio involuntario, de la ciudad-refugio y de Jerusalem, de la que trataremos más adelante. La Torá es justicia, justicia integral que supera las situaciones ambiguas de las ciudades-refugio. Justicia integral porque sus formas y sus contenidos son un llamado a una vigilancia absoluta. Es el gran despertar que excluye toda desatención, aún aquella del homicidio involuntario. Esa Torá es la que definirá a Jerusalem, ciudad de la conciencia extrema. Como si la conciencia de nuestra vida habitual fuese aún una modalidad del sueño, como si todavía nos mantuviésemos ajenos al mundo real.

Nos aproximamos a las puertas de Jerusalem. El texto habla ya del verdadero estudio de la Torá y de la nueva atención al prójimo.

9. La ciudad-refugio y la fraternidad humana

¿Por qué, al mencionar las ciudades-refugio en Deuteronomio, IV, 43, Moisés menciona en primer lugar una ciudad situada en tierras de la tribu de Rubén:

> Rav Tanjum bar Janilai dijo: "¿Por qué mencionamos a Rubén en primer lugar para el refugio?". Porque es quien realiza el primer gesto para salvar a [José]. Se dice (Génesis, XXXVII, 21): "Cuando Rubén oyó esto intentó salvarlo de sus manos".

Nos remontamos al Génesis, XXXVII, 21, a Rubén, hijo de Jacob, quien se apiadó de José, amenazado de muerte por sus hermanos. Este acercamiento trasciende, claro está, el sentido literal del texto. La ambigüedad del crimen que no es un crimen sancionado por una sanción que no es una sanción, es puesta en relación con la ambigüedad de la fraternidad humana que es fuente de odio y de piedad.

¿No se trata acaso dar cuenta de otra humanidad posible, de una humanidad que empieza a aparecer en el horizonte de nuestro fragmento y a través de la cual se definen Jerusalem y la Torá? La Torá de Moisés, libro que contiene precisamente la noble lección de las ciudades-refugio, de su indulgencia y de su perdón.

10. La verdadera Torá

Jerusalem está cerca. En el párrafo siguiente, nuestro texto explica, a su modo, en qué consiste el verdadero estudio de la Torá –estudio que no se limita a la asimilación de un saber–. Según la tradición judía –a la que no confundimos con una práctica mística– el verdadero estudio de la Torá constituye el nivel más elevado de la vida, aquel en el que el conocimiento no se distingue de los imperativos y de los impulsos prácticos, el punto en el que coinciden ciencia y conciencia, el momento en el que justicia y realidad ya no pertenecen a dos órdenes diferentes. Con el verdadero estudio de la Torá, pareciera que lo humano se eleva hasta alcanzar una nueva condición, una nueva modalidad de la espiritualidad del espíritu.

Rabí Simlai dijo: "¿Qué significa el texto de Eclesiastés, V, 9: 'el que ama la plata, nunca se sacia; el que ama a la multitud, tiene la cosecha'?". Aquel que ama la plata y nunca está satisfecho es Moisés, quien sabía ciertamente que las tres ciudades de Transjordania [que designaba] no servirían de refugio hasta que las tres ciudades-refugio de Canaán fueran designadas, pero se dijo: "un mandamiento llega a mí, debo cumplirlo".

¡Una vez más, una insólita interpretación de un versículo bíblico "mal" traducido! El paralelismo entre los dos hemistigios es anulado. La traducción correcta, la traducción obvia sería: "el que ama la plata nunca se sacia; el que ama la opulencia no obtiene el beneficio (la cosecha)". Sin embargo en el segundo hemistigio, la negación enunciada por la palabra hebrea *lo* escrita con *alef* es leída como si estuviese escrita con *vav* y significase "a él". El *Midrash* se deja guiar por la forma física de los vocablos –modalidad de lectura que se asemeja a los procedimientos de la "diseminación" utilizada hoy en día en ciertos círculos de vanguardia–. El *Midrash* obtiene así dos hemistigios asimétricos. "El que ama la plata nunca se sacia con plata" significaría: la observancia de los mandamientos de la Torá, en lugar de ser vivida como un yugo padecido de la Ley, se vuelve deseo, deseo de hacer más de lo que ella manda. Ese noble deseo es comparado con la pasión, con la avidez insaciable del avaro, con el infinito que abre el vicio por encima de la tendencia natural. Carácter gratuito del impulso sugerido por la imagen de la plata. Carácter fecundo de la *mitzvá*: Moisés crea ciudades-refugio antes de que puedan ser utilizadas. Se habría dicho a sí mismo: apenas recibes un mandamiento divino, debes tomarlo y cumplirlo.

La segunda parte modificada del versículo del Eclesiastés: "el que ama la opulencia obtiene el beneficio", anunciaría la metodología del verdadero estudio. Enumeremos rápidamente algunos de sus rasgos.

Y "aquel que ama a la multitud tiene la cosecha" es digno de enseñar en público a aquel a quien pertenece toda la riqueza [del saber]. La misma enseñanza en palabras de Rabí Eleazar: "¿Qué significa (Salmo CVI, 2): '¿Quién sabrá expresar las poderosas obras del Eterno? ¿Quién expresará toda su gloria?'. Sólo es digno de decir la omnipotencia del Eterno aquel que es capaz de relatar toda su gloria".

Para enseñar Torá es preciso conocerla en su totalidad. Es importante que la enseñanza no quede en manos de ignorantes o de meros aficionados. Pero también, en contrapunto con el acceso personal a la verdad y a la Escritura –que es probablemente la razón de ser de la multiplicidad misma de las personas humanas suscitadas por el infinito centellear de la verdad *una*– recurso a la tradición que se renueva allí donde es recibida.

Y los doctores, y según otros Rabba ben Mari, declaraban: "Aquel que ama a la multitud tiene la cosecha, y aquel que ama [al maestro] que enseña a la multitud tiene la cosecha". Entonces los doctores dirigieron sus miradas hacia Raba, hijo de Rabba.

El maestro enseñando a la multitud: excelencia de la enseñanza universal, de la enseñanza que se adapta a un público numeroso, o, mejor aún, de una enseñanza capaz de responder a la unicidad de cada alma frente a una multitud de alumnos. Y excelencia del discípulo capaz de amar al maestro de la multitud; capaz de un *tête-à-tête* en medio de la multitud; capaz de un *tête-à-tête* con la persona del maestro –capaz de amarlo– a través de la universalidad de lo verdadero. Se trata de una universalidad estructurada de un modo diferente al de la universalidad de lo general y abstracto.

Rav Ashi dijo: "Aquel al que le gusta estudiar entre la multitud obtiene la cosecha". Esto coincide con lo que había dicho Rabí

Yosi bar Janina: "¿Qué significa (Jeremías, L, 36): 'Espada contra los aislados, y se volverán más tontos', espada que debe precipitarse sobre el cuello de los enemigos de Israel [es decir, sobre el cuello de los 'doctores de la Ley' designados por antifrase] que estudian la Torá aislados; peor aún, que se vuelven más tontos". Aquí dice: "se vuelven más tontos" (*venoalu*) y allí (Números, XII, 11): "no nos imputes el pecado de haber actuado tontamente" (*noalu*). Tomo esta enseñanza de Isaías, XIX, 13: "Los príncipes de Zoan se vuelven más tontos" (*noalu*).

Según Rav Ashi, el carácter fecundo del estudio "entre la multitud", significaría que el estudio no ha de ser un ejercicio solitario. El verdadero pensamiento no es un "diálogo del pensamiento consigo mismo", sino una discusión entre pensadores. El versículo Jeremías, L, 36, cuyo sentido obvio vendría a ser: "Espada (o guerra) a los traficantes de mentiras (a quienes inventan), pierden la cabeza", es leído –de acuerdo con esa modalidad que hemos denominado "diseminación"– de modo tal que en donde dice *badim* (traficantes de mentiras o inventores) se entienda *bodedim* (aislados): "Espada (o guerra) a los aislados, se vuelven más tontos" (o pierden la cabeza). ¡Sustitución de "mentiroso" por "pensador aislado"! El sentido de "se vuelven más tontos", en hebreo *ve-noalu*, es obtenido a partir del acercamiento entre diversos versículos. La conjunción *ve* ("et") en *venoalu* significaría una gradación: "Peor aún, se vuelven más tontos". Nuevamente es afirmado el carácter plural de la verdad que es sin embargo *una*: "¡cuidado con los extravíos de los aislados que no verifican sus 'ideas geniales' consultando al prójimo!". ¡Cuidado con el embrutecimiento del aislado y con su pecado de orgullo!

Ravina explicaba: "Aquel que ama estudiar en multitud obtiene la cosecha". Es lo que dijo Rabbi: "He aprendido mucha Torá de mis maestros, pero más de mis colegas, y más aún de mis alumnos".

El pluralismo no es sólo enseñanza entre pares. El discípulo fecunda mejor que un colega el pensamiento del maestro. La enseñanza es un método de investigación. Es lo que nos recuerdan las palabras de Rabí Yehuda Hanasi, Rabenu Hakadosh, nuestro Santo Maestro, el redactor de la *Mishná*: "He aprendido mucho de mis maestros, más entre mis colegas, pero más aún con mis discípulos".

11. Ingresamos a Jerusalem

Rav Yoshua ben Levi dice: "¿Qué significa (Salmo CXXII, 2): 'Nuestros pies se detienen en tus pórticos, oh Jerusalem". ¿Cuál es la causa de que nuestros pies resistan el combate? Son los pórticos de Jerusalem, en donde se estudió la Torá.

La Torá, que ni siquiera protegía contra el vengador de sangre, hace que aquí, en Jerusalem, "nuestros pies resistan el combate". ¿Se trata acaso de la guerra en la que la Torá haría posible la victoria? Sin duda la justicia vencerá, y la ciencia de la justicia, en Jerusalem, incluye la justicia de los actos. Pero en el contexto de las ciudades-refugio esto también puede leerse de otro modo. Hay ciudades-refugio porque tenemos suficiente conciencia como para tener buenas intenciones, pero no como para no traicionarlas a través de nuestros actos. De ahí los homicidios involuntarios. La realidad no nos resulta diáfana. Confundimos sentimientos con conciencia y odios con fraternidad. Ante a la indefinición de las cosas nos perdemos. Pero Jerusalem, ciudad de la Torá auténtica, es la ciudad de la conciencia más consciente, lucidez total, es el gran despertar. Ya no estamos sumergidos por los acontecimientos, ya no tememos al vengador de sangre, ya no hay vengador de sangre. Ya no corremos el riesgo de cometer los homicidios que suscitan a los vengadores de sangre. Salimos del desorden en el que cada existente se preocupa tan sólo por su propia existencia, para ingresar en un orden en el que el otro hombre se vuelve por fin visible.

Y Rav Ioshua ben Levi dice: "¿Qué significa (Salmo CXXII, 1): 'Cántico gradual de David. Yo me alegré con los que me decían: a la casa del Eterno iremos'?". David decía frente al Eterno: "Señor del mundo, he oído decir: '¿cuándo morirá este anciano y cuándo vendrá Salomón a construir la Casa de la Elección; y cuando ascenderemos en peregrinaje?' y me alegré".

Me alegré al oír que la gente deseaba que yo muriera, dice David, porque lo que "los llevaba a desear mi muerte, era la alegría de venir al Templo, a la Casa de la Elección que mi hijo construirá".

El Eterno le respondió (Salmo XXIV, 11): "Seguramente un día frente a tus puertas vale más que mil días". Prefiero un día que pasas estudiando Torá frente a tus puertas, a mil holocaustos que tu hijo me sacrifique sobre el altar.

La ciencia y la cultura de la Torá serían pues más importantes que la liturgia. La excelencia de Jerusalem es su Torá. ¡Esas alturas, la luz y el azul de ese cielo sin igual! La iluminación. La ciencia.

Estudio de la Torá. ¿No hemos llegado acaso, después de tantas y tan sutiles distinciones –y oscuridades– a una conclusión banal? ¿Era necesaria una lectura talmúdica para definir a Jerusalem a partir de los valores de la ortodoxia y de la tradición? ¿No es esta acaso la Jerusalem folklórica, la Jerusalem del imaginario popular? En realidad, a través de todos sus movimientos el texto nos lleva simplemente a encontrar esa noción que se ha vuelto banal por la usanza y por nuestras experiencias, convertida en una materia escolar entre otras, en un saber entre saberes, capaz de satisfacer una necesidad intelectual y de conferir mayor sagacidad a nuestra lógica, pero que en última instancia responde, como una satisfacción entre satisfacciones, como el sol y como el aire, a necesidades vitales. Recuerden que, en nuestro texto, la promesa de la Torá en las ciudades-refugio se inserta entre la promesa de agua y la de sol. Pero es en los pórticos de Jerusalem, más allá de los refugios donde, según nuestro texto, la Torá alcanza su verdadera esencia. Allí resiste a la violencia: "permite que nuestros pies soporten la guerra" como en la imagen del salmista. Se trata de la salvación del mundo; del retorno del hombre a su verdadera humanidad.

Así, por oposición a las ciudades-refugio, se comprende esa pretensión de la Torá que define a Jerusalem. La ciudad-refugio es la ciudad de una civilización o de una humanidad que protege la inocencia subjetiva y perdona la culpabilidad objetiva y todas las desmentidas que los actos infligen a las intenciones. Civilización política "mejor" que el estado dominado por pasiones y deseos presuntamente libres, los cuales abandonados a la contingencia de sus desencadenamientos desembocan en un mundo en el que, según una sentencia de los *Pirké Avot*, "los hombres están dispuestos a comerse vivos los unos a los otros". Civilización de la ley, pero civilización política, hipócrita en su justicia y por donde merodea, amparado por un derecho innegable, el vengador de sangre.

Jerusalem, en cambio, promete una humanidad de la Torá. Jerusalem habrá podido superar las contradicciones profundas de las ciudades-refugio, instaurando una humanidad nueva, mejor que un Templo. Nuestro texto, que parte de las ciudades-refugio, nos recuerda que la aspiración a Sión, el sionismo, no es un nacionalismo o un particularismo más; que no es tampoco la simple búsqueda de un refugio. El sionismo es la esperanza de una ciencia de la sociedad y de una sociedad plenamente humana. Y todo esto en Jerusalem, en la Jerusalem terrestre y no en el no-lugar de los meros pensamientos piadosos.

¿Quién juega último?

(Tratado de *Ioma*, 10 a)

Rav Ioshua ben Levi dice en nombre del Rabí: "Roma acabará por caer en manos de Persia, pues está escrito (Jeremías IL, 20): 'Escuchad entonces el plan que el Eterno ha tramado contra Edom y contra los habitantes de Temán: los más humildes líderes de manada (o, según otra tradición, los animales más pequeños), los llevarán por la fuerza; sobre ellos se desplomarán sus moradas'".

Raba ben Ula hizo la siguiente objeción: "¿Cómo sabemos que los animales más jóvenes mencionados en Jeremías IL, 20 remiten a los persas?". En Daniel VIII, 20, está escrito: "el carnero que tú has visto, provisto de dos cuernos, designa a los reyes de Media y Persia". Aunque podría ser Grecia. ¿Acaso el final de la frase no dice: "El chivo velludo, es el rey de Grecia"? Cuando vino Rav Javiva Bat Surmaqui, un joven alumno de rabinos le planteó esa pregunta. Su respuesta fue: "¡Aquel que no sabe comentar un versículo de la Escritura, hace objeciones (al Rabí)!". Por "el más pequeño de los animales", hay que entender el joven hermano, y Rabí Iosef enseñaba: "Tiras, es Persia".

Raba bar Jana, en nombre de Iojanán, profiere una enseñanza recibida de Ioshua ben Rabí Eleai: "Roma terminará por caer en manos de Persia". El argumento es el siguiente: si en el caso del primer Templo, construido por los hijos de Sem y destruido por los caldeos, resultó que los destructores-caldeos cayeron en manos de los persas, ¿no resulta más justo que, en el caso del segundo Templo, reconstruido por persas y destruido por los romanos, los destructores-romanos caigan en las manos de los persas? Rav dijo: Persia acabará por caer en manos de Roma. Rav Kahana y Rav Asi dijeron a Rav: "¿Es posible que los constructores caigan en manos de los destructores?". Su respuesta fue: "Sí, es una decisión real (*royale*)". Hay quienes dicen que les respondió: "Aquellos (los persas) también destruían las casas de culto". Existe una *baraita*: "Persia acabará por caer en manos de Roma. Primera razón: ellos destruían casas de culto. Razón suplementaria: existe una decisión del rey según la cual los constructores caerán en manos de los destructores".

Rav Iehuda dijo en nombre de Rav: "El descendiente de David no vendrá antes de que el Estado canalla de los Romanos se extienda, durante nueve meses, sobre el mundo entero, pues está dicho (Miqueas V, 2): 'Él los abandonará hasta el día en que de a luz aquella que debe dar a luz y en que el resto de sus hermanos venga al encuentro de los hijos de Israel'".

1. El tema

Este breve fragmento del tratado de *Ioma*, 10 a, que voy a comentar a continuación, habla de Persia y de Roma; hace referencia a la inminente guerra entre estos dos imperios, guerra que habría de poner fin a la Historia.

Más allá de las reflexiones que los hechos de la actualidad puedan llegar a despertar en contrapunto con mi exposición, lo cierto es que el fragmento talmúdico que voy a comentar ha sido elegido hace varios meses antes de que estalle el conflicto del que actualmente se ocupan diarios y noticieros. No creí que este hecho fuera una razón suficiente para cambiar el tema de mi exposición, ni para rehacer un trabajo que ya estaba esbozado. Aquellos que me conocen saben que considero al Talmud como un pensamiento muy elevado, pero no como un oráculo. Este fragmento, simple en su construcción, despliega una reflexión sobre el fin de la historia política del mundo, desenlace que conlleva una guerra –una guerra final– entre grandes imperios. El resultado de esta guerra con la que se cierra la historia –cierre que nuestro texto analiza sin imponer, en rigor, una determinada conclusión–, así como los imperios que se mencionan, sugieren, quizás, una cierta idea acerca del sentido de la vida política y de sus relaciones con la religión. Vida política que, ciertamente, no siempre es una guerra, pero que puede volverse rivalidad, competencia y pura emulación, aun durante los períodos de coexistencia pacífica entre las potencias, momentos en los que estas potencias mantienen la guardia en alto.

Los grandes imperios mencionados en este texto, imperios con pretensiones hegemónicas o universales, son los de la Antigüedad: Persia y Roma. El nombre de Grecia, que parece designar, en el marco de la tradición talmúdica, el imperio de Alejandro Magno; evoca el helenismo en general. Se encuentra mencionado en el texto, pero como al pasar. Trataremos de encontrar una explicación para ello.

Ciertamente, no se trata de realizar un estudio histórico y geográfico de Persia, de Roma y de Grecia a partir del comentario de esta media página. Podría realizarse, pero no es nuestro propósito. Estas naciones de la Antigüedad no aparecen en nuestro fragmento en su realidad histórica concreta. Hay evidentemente una alusión a la humanidad mediterránea. Pero estos nombres propios representan más bien ciertas nociones del poder y del Estado en el marco del pensamiento político de los doctores rabínicos, que son los interlocutores del diálogo reproducido. Hay que tomarlos como conceptos, como categorías; en esa medida el fragmento citado puede resultar interesante. La dimensión conceptual atribuida a todos estos nombres de Estados no excluye la alusión a ciertos rasgos característicos de las naciones desaparecidas. Pero tal como ocurre en varios textos talmúdicos, estos rasgos históricos no son lo esencial. Los nombres propios sirven más bien para precisar las concepciones políticas del pensamiento tradicional.

Finalmente, por fuera de Persia, de Roma y de la fugaz alusión a Grecia, aparece hacia el final de nuestro fragmento una cuarta entidad ajena al conflicto bélico que nos ocupa: se trata del pueblo judío que, a lo largo de todo el texto, permanece al margen del combate. Está a la espera del descendiente de David, es decir del Mesías; llegada que habrá de marcar el fin de la historia política de los grandes imperios pero que, como tal, pertenece aún a la Historia.

El texto concluye con la previsión del triunfo del Mesías, acontecimiento religioso e histórico. A él corresponderá la última palabra. A través suyo habrá de comenzar un orden distinto al de las naciones guerreras y al de la política determinada por los conflictos. Pero el momento de este acontecimiento, he aquí lo interesante, no es políticamente indiferente o indeterminado. Contrariamente a la opinión recibida, tanto nuestro fragmento como varios pasajes que le hacen eco, parecen sugerir que la llegada del Mesías no se produce en cualquier momento. Nuestro texto refiere, de manera casi explícita, a una cierta situación política que condicionaría el fin mesiánico de la Historia –aun si esta tesis no es común a todos los doctores rabínicos; algunos de ellos piensan el mesianismo independientemente de toda condición histórica–. En este sentido, nuestro comentario buscará desarrollar uno de los aspectos de la relación entre política y religión.

2. El plan

El texto, en su conjunto, parece sencillo. Pero como de costumbre, se trata de un texto alusivo y significativo por sus pequeñas singularidades, y que, en consecuencia, exige una interpretación.

Los cuatro párrafos de mi traducción describen o reflejan tres momentos de la reflexión o de la dialéctica que propone el texto. Los párrafos uno y dos representan el primer momento de la reflexión, el tercero corresponde al segundo momento, y el cuarto al tercero y último.

Los párrafos uno, dos y tres anuncian la victoria de Persia sobre Roma, como último acontecimiento de la historia política del mundo.

Leamos el comienzo del primer y del tercer párrafo:

Rav Ioshua ben Levi dice en nombre del Rabí: "Roma acabará por caer en manos de Persia" […] y Raba bar Jana, en nombre de Iojanán, profiere una enseñanza recibida de Ioshua ben Rabí Eleai: "Roma terminará por caer en manos de Persia".

Roma acabará por caer en manos de Persia: el acontecimiento es el mismo. ¿Pero por qué dos versiones y dos tradiciones diferentes? ¿En qué difiere la tesis de Rav Ioshua ben Levi, de la de Raba bar Jana?

En el último párrafo, finalmente, la tesis es revertida: Roma conquista Persia.

Rav dijo: "Persia acabará por caer en manos de Roma".

Ignoro a qué país corresponde exactamente la Persia de nuestro texto en la actualidad, lo que es seguro es que Roma ya no se encuentra en Roma.

3. La victoria de Persia: la fuerza animal

Retomemos la lectura:

Rav Ioshua ben Levi dice en nombre del Rabí

–es decir en nombre del compilador de la *Mishná*, maestro de gran autoridad–

Roma acabará por caer en manos de Persia.

¿Cómo lo sabe? Lo sabe por un versículo de Jeremías:

pues está escrito (Jeremías IL, 20): "Escuchad entonces el plan que el Eterno ha tramado contra Edom y contra los habitantes de Temán: ciertamente, los más humildes líderes de la manada (o, según otra tradición, los animales más pequeños), los llevarán por la fuerza; ciertamente, sobre ellos se desplomarán sus moradas".

Persia no parece figurar en el texto de Jeremías, aun si Edom, que en la Biblia se refiere a Esaú, hermano de Jacob, debía simbolizar a Roma, símbolo que también se asocia a Temán, que es el nombre del nieto de Esaú (Génesis, XXXVI, 15) según una convención tradicional de la exégesis rabínica.

¿Por qué entonces Persia? Roma ya ha sido identificada, ¿pero por qué Persia? Es la pregunta con la que se abre el segundo párrafo. En efecto,

Raba ben Ula hizo esta objeción: "¿Cómo sabemos que los animales más jóvenes mencionados en Jeremías II, 20 remiten a los persas?".

Respuesta: lo sabemos por un versículo de Daniel, que permite desencriptar el versículo IL, 20 de Jeremías.

En Daniel VIII, 20, está escrito: "el carnero que tú has visto, provisto de dos cuernos, señala a los reyes de Media y Persia".

¡El fin de Roma está predicho, a pesar de todo, de manera muy singular! El profeta Jeremías y Daniel habrían elegido un simbolismo zoológico: es el ganado pequeño y apacible el que "arrastrará por la fuerza" a las feroces legiones romanas. ¡Qué derrota para Roma! Y son los refugios de las manadas los que, al desplomarse, aplastarán a la ciudad eterna, ¡a la gran metrópoli de Occidente! El carnero de dos cuernos, visto en un sueño profético, es identificado con Persia y con Media, y es él quien se hará cargo de vencer a la potencia romana.

Hay que leer este comienzo con atención: no dice nada acerca de las razones que justificarían la destrucción de Roma, ningún motivo viene a explicar la victoria y a legitimar el poder definitivo obtenido que habrá obtenido Persia. El hecho de que un versículo o una combinación de versículos permitan predecir el acontecimiento, indica ciertamente que, para los autores del texto, los hechos no se desarrollan a espaldas de la providencia. Pero el enunciado inicial, sobre todo si se lo compara con la segunda versión de la tesis que anuncia el fin de Roma, impacta por su neutralidad moral: la voluntad divina se mantiene trascendente respecto de aquellos acontecimientos a los que permite que se desarrollen según su propia naturaleza. No habría ninguna razón interna para la superioridad prevista de Persia.

A menos que –y esta es mi hipótesis– la propia animalidad de los símbolos utilizados para predecir los acontecimientos exprese, por añadidura, la naturaleza de los mismos. La animalidad de los símbolos podría sugerir, en efecto, una filosofía de la guerra: la guerra sería una confrontación de fuerzas puramente biológicas, de la brutalidad de los animales; su desenlace estaría predeterminado por el desequilibrio entre la vitalidad de las energías iniciales de los seres en pugna; la política estaría inscripta desde el comienzo en los cromosomas.

Ciertamente, podríamos intentar explicar la simbología zoológica a partir de la persistencia de recuerdos totémicos en la Biblia y en el Talmud. Pero no adoptaré ese camino. Entiendo que la Biblia y el Talmud, la profecía y el espíritu crítico, significan, precisamente, una ruptura con las mitologías. La alusión al totemismo sólo puede tentar, creo yo, a jóvenes obnubilados por lo que suelen llamar "modernidad", y que, tal como lo dirá más adelante Rav Javiva Bat Surmaqui, a pesar de que "no saben todavía comentar un versículo de las Escrituras", se atreven a descalificar a la tradición.

Pienso más bien que el recurso al simbolismo animal significa que, para Rabí Ioshua ben Levi, que habla en nombre del Rabí, la política pura que se desarrolla entre los pueblos de la tierra no es más que el despliegue de las energías animales de la sujeción al ser, con vistas a la mutua represión. Energía depositada en los genes de la vida, energías vitales. Energías repartidas de forma definitiva, pero desigual, injusta, entre razas débiles y razas fuertes. Energías cuyo enfrentamiento significa precisamente un enfrentamiento hostil a toda nivelación. Energía de la que las teorías, culturas o ideologías de los hombres serían tan sólo una apariencia.

La energía animal regiría secretamente lo social, lo político, la lucha, la derrota y la victoria; a esa energía nos conducirían, paulatinamente, el rigor de la lógica y la fuerza del razonamiento. ¡La vida de los Estados predeterminada en forma animal y sin interrogantes morales! La persistencia de lo animal en el ser, el *conatus*, es en efecto indiferente a toda justificación y a toda acusación. Es sin cuestionamiento posible.

Esta idea de las fuerzas biológicas triunfando en la victoria de

Persia sobre Roma se encuentra también subrayada por la insistencia sobre la juventud. Releamos el final del segundo párrafo:

Por "el más joven entre los animales", hay que entender el joven hermano y Rabí Iosef enseñaba: "Tiras, es Persia".

Los animales que destruirán a los romanos vencidos serán los más jóvenes de la manada y Tiras –nombre evocado en Génesis X, 2 y que Rabí Iosef identifica con el antepasado mitológico de Persia– es el más joven.

Me pregunto, en efecto, si en el espíritu de Rabí, quien vislumbra este triunfo de un imperio sobre el otro, sin poder invocar ninguna razón que legitime al vencedor –visión bien sombría de la política universal–, me pregunto, decía, si el judaísmo y su vocación mesiánica no significan para Rabeinu Hakadosh, nuestro santo Rabí, el cuestionamiento o la pérdida de su núcleo por parte de estos átomos de vida de peso atómico variable, repartidos en forma desigual o injusta. Cuestionamiento de inequidades naturales que puede ser llamado, precisamente, religión, creación de una sociedad en la cual estas inequidades, de existir, son compensadas. Me pregunto si no es esta concepción del judaísmo lo que justamente se opone a la visión política de Rav Ioshua ben Levi, si la revelación inicial del judaísmo no es un cuestionamiento del derecho incontestable del *conatus* propiamente dicho, del derecho a la perseverancia en el ser, sin otra razón de ser que la mera causalidad. Hay spinozistas eminentes en la sala. Yo sé el escándalo que significa a sus ojos el cuestionamiento del *conatus*. ¡Enfrentamiento con la naturaleza, contra la propia naturalidad de la naturaleza! Pero la perseverancia en el ser, analíticamente, salvajemente inherente al ser, exigencia natural y sin justificación, exigencia de espacio vital, ¿es acaso justicia? Una justicia que implica, antes que la idea de una "ley" abstractamente obligatoria, jurídica o matemática, la revelación previa del rostro humano, del rostro del prójimo y la responsabilidad por el otro hombre. La Ley misma deriva de esta responsabilidad; Ley contra una política de la "fuerza que va", de la fuerza que se despliega por sí sola.

Propongo aquí algo cercano a lo que sugiere el libro de Bernard-Henri Lévy, *El testamento de Dios*, libro sombrío como el primer párrafo de nuestro texto, que propone observaciones notables acerca de la Ley, de la dura Ley que no nos aporta de entrada la alegría de las "albas nacientes", como lo prometen algunos jóvenes de fácil optimismo. Ley dura para nosotros, pueblo de la Ley justa. Sin embargo me pregunto si B.-H. Lévy no es demasiado severo con Grecia, con la que vaticina, a título de concesión, un diálogo posible. Yo pediría más que eso, por respeto por la ciencia y por Platón. Yo pienso que, más allá del diálogo con Grecia, su hablar resulta indispensable ya en nuestro discurso interior. ¡Tentación de Grecia aún no plenamente superada! Pero me pregunto también si la postura de Bernard-Henri Lévy no es atinada frente a todos los que buscan apropiarse de una herencia tan brillante y que ven en esa herencia una excelencia de fuerzas vitales que serían capaces de ofrecernos enormes delicadezas sin perder un ápice de su soberbia impiadosa.

Grecia aparece a partir del segundo párrafo de nuestro fragmento talmúdico, aunque de forma episódica. Leemos:

> Raba ben Ula hizo esta objeción: "¿Cómo sabemos que los animales más jóvenes mencionados en Jeremías II, 20 remiten a los persas?". Podrían remitir a Grecia. ¿Acaso el final del versículo [...]

ese famoso versículo de Daniel que permite decodificar el texto

[...] no dice: "El chivo velludo, es el rey de Grecia"?

Por lo tanto, esos jóvenes animales del versículo de Jeremías IL, 20 también podrían remitir a los griegos. Nada nos obliga a identificar a los pequeños animales con el carnero con cuernos, antes que con el chivo velludo.

Grecia, el imperio de Alejandro, la civilización filosófica y artística que heleniza la cuenca mediterránea, uno de los momentos esenciales de la historia de Occidente, también puede ser obra de los jóvenes animales. Las fuerzas vitales, en su juego irresponsable, serían susceptibles de convertirse en delicadeza y refinamiento, sin que ello presuponga ninguna intención ética. Pueden devenir "victoria del espíritu", superar el nivel de violencias groseras. Pero, lógicamente, la superioridad de quienes alcanzan este nivel respecto de aquellos que poseen menos "fuerza vital" no deja de resultar insuperable. Hay quienes aseguran que los "espíritus animales" no son motores groseros, que su violencia es sutil. Pueden incluso vencer sin combates violentos ni armas mortíferas. ¿Acaso Roma, que había vencido a Grecia, no fue a su vez vencida por Grecia? Sin duda, es a esta filosofía actual –o a esta filosofía que siempre renace– a la que se refieren Raba ben Ula y este "joven alumno de rabinos" que figura en nuestro texto y que pide confirmación de su tesis a Rav Jabiba bar Surmaqui, sin disociar la gloria de Grecia de su vitalidad de chivo velludo. Rav Jabiba bar Surmaqui rechaza la hipótesis presentada:

¡Aquel que no sabe comentar un versículo de la Escritura hace objeciones (al Rabí)!

La hipótesis de una Grecia vencedora de Roma anunciaría, ciertamente, una situación menos sombría que Roma vencida por la fuerza bruta y sin justificación alguna. La conquista lograda por la civilización, por la excelencia de las artes, de las letras, de la ciencia, implica al menos el triunfo de ciertos valores. Resulta comprensible que el joven prefiera Grecia a Persia en esta lucha final. Si Rav Jabiba bar Surmaqui rechaza prontamente la hipótesis del joven, es porque no acepta una Grecia susceptible de ser expresada en símbolos zoológicos. Reprocha a su interlocutor su ingenuidad hermenéutica: todo lo que un texto sugiere no cabe por entero en ese texto, no puede ser remitido ni a la literalidad del texto, ni a la tradición. Pero la firmeza de Rav Jabiba bar Surmaqui es aún más significativa. La Grecia sugerida por el símbolo del chivo velludo no difiere mucho de Persia. Si los conceptos culturales, tal como lo sugieren estas imágenes zoológicas, se apoyan sobre el mero despliegue de las fuerzas biológicas, si prescinden de la moral de una ley que viene de afuera a controlar estas fuerzas, terminarán por recaer en su brutalidad primigenia. La victoria de Grecia así entendida será equivalente a la victoria de Persia. La cultura sin moral no habrá sido más que una apariencia ilusoria, unas superestructura frágil y engañosa, mistificación y camuflaje. La estética por sí misma, no resulta finalmente ni seria ni suficiente. Puede reducirse –los talmudistas siempre lo pensaron de esta manera– a la retórica, a la mera cortesía, a un "lenguaje de corte" que esconde crueldades y malevolencia. Fragilidad extrema de todo este refinamiento capaz de terminar en Auschwitz.

Quizás haya otra razón para rechazar la hipótesis del "joven". La delicadeza de una cultura basada en la potencia de los jóvenes animales mejor dotados debe ser condenada porque llevará a una sociedad en la que reinará la desigualdad. La excelencia de unos los separará del resto. La desigualdad de los dones naturales es, de por sí, una violencia que sólo puede ser reabsorbida por una socialidad que remita a fuentes no biológicas. Es a partir de esta socialidad, capaz de mantener la sociedad a pesar de los ciegos determinismos de la naturaleza, que debemos pensar la idea de religión. La conquista de Roma por una Grecia incapaz de ser por sí misma una sociedad de paz, equivale a una conquista de guerreros.

4. La moral en la Historia

Hemos interpretado los dos primeros párrafos que ven a Roma vencida por Persia, en oposición al tercero, que enuncia la misma tesis, pero que encuentra una razón moral que justificaría la victoria. El segundo enunciado de la misma tesis no cita versículos sino que habla de Historia. Invoca la superioridad moral de Persia sobre Roma. Hasta el momento no había aparecido en el texto comentado ni una sola referencia a la moral. Allí reside la novedad de la segunda tesis. La irrupción, a esta altura del texto, de una motivación moral, subraya de algún modo la ausencia de una motivación semejante en los dos primeros párrafos, ausencia que nos condujo a atribuirles un significado propio.

Con Raba bar Hana aparecen, más allá de las fuerzas vitales y de su juego, los justos y los injustos. ¡Concluye así una historia meramente política! En adelante, ¡los justos triunfarán sobre los injustos!

Raba bar Jana profiere, en nombre de Iojanán, una enseñanza recibida de Ioshua ben Rabí Eleai: "Roma terminará por caer en manos de Persia". El argumento es el siguiente: mientras que en el caso del primer Templo, construido por los hijos de Sem y destruido por los caldeos, resultó que los destructores-caldeos cayeron en manos de los persas, ¿no resulta más justo que, en el caso del segundo Templo, reconstruido por persas y destruido por los Romanos, los destructores-romanos caigan en las manos de los persas?

Los caldeos –o los babilonios– destruyeron el primer Templo construido en Jerusalem por el rey Salomón. El reino de Babilonia es derrotado por los persas. Por lo tanto, Persia hace justicia sobre los destructores del Templo que no había construido.

Ciro, rey de los persas, tiene pues todo el mérito del retorno del exilio de Babilonia y de la construcción del segundo Templo. ¿No es él quien debe sancionar a Roma, destructora del segundo Templo construido por los persas? Esta victoria le corresponde a Persia. De este modo la destrucción de Roma por Persia, anunciada por los Profetas, encuentra su justificación.

¡Qué importan entonces las fuerzas en juego si la moral dirige los acontecimientos! Al menos, en última instancia. Habría entonces una justicia inmanente a la política. ¡Nueva visión de la política! Sin embargo, la visión religiosa que se anuncia aquí, ¿resulta suficiente? ¿No tiene acaso nada que esperar de una política irreductible a la moral? Abordaremos esta cuestión más adelante, cuando lleguemos a la última parte de nuestro texto.

Destaquemos por el momento que, en el pasaje comentado, no es Israel el actor de esta política gobernada por la moral. Israel no participa aquí activamente, en tanto que Israel, aún si, en cierto modo, sigue siendo el criterio de la moralidad de una política: es en función de la actitud adoptada en relación al Templo de Jerusalem –constructores o destructores del Templo– que las potencias políticas son juzgadas. "Es bueno lo que es bueno para Israel"; o, de manera menos trivial, la distinción entre el bien y el mal en el plano social y político se basaría en la capacidad de un cierto orden socio-político, de coexistir con las exigencias éticas de Israel. No cabe hablar aquí, prematuramente y a la ligera, de nacionalismo. El Templo de Jerusalem es, en el pensamiento judío, un símbolo significante para toda la humanidad. No se trata de una simple institución nacional. El mensaje bíblico y la historia de un pueblo de sobrevivientes, la Pasión de Israel a lo largo de la historia que evocan, todo esto pertenece a la Historia Santa. Esta última no triunfa de entrada por sobre la Historia universal que se despliega inexorablemente, pero permite juzgarla.

5. La victoria de Roma

Examinemos el último párrafo: Roma triunfará sobre Persia.

Rav dijo: "Persia terminará por caer en manos de Roma".

Pero, de ser así, la gestión moral de la Historia, que parecía garantizada según la tesis de Raba bar Hana, ¿no está siendo brutalmente cuestionada? Escándalo que expresa la intervención de Rav Kahana y de Rav Asi:

Rav Kahana y Rav Asi dijeron a Rav: "¿Es posible que los constructores sean derrotados por los destructores?".

Rav responde afirmativamente. El texto ofrece dos versiones de su respuesta. Según la primera versión, Rav habría invocado una "voluntad real" (*royale*) que decide en favor de Roma. ¿Se trata de una decisión divina? ¿O más bien de la realidad inexorable que, indiferente al bien y al mal, se despliega soberanamente y exige, por su causalidad intrínseca, el triunfo de Roma, es decir del más fuerte?

Su respuesta fue: "Sí, es una decisión real".

¡La gestión y el desenlace éticos de la historia humana serían por lo tanto utópicos! ¿Pero de qué manera la ética puede llegar a imponerse por sobre un orden natural indiferente y plenamente determinado, o arbitrariamente decretado por un Dios todopoderoso que se afirma en un *sic volo, sic jubeo*? ¿Puede la ética llegar a torcer la causalidad de la naturaleza social, la necesidad propia de los acontecimientos fundada sobre la perseverancia de los seres en su propio ser, cuyo derecho no plantea dudas y de donde la política extrae su técnica y su arte?

Pero es poco probable que Rav esté tomando en este sentido la noción de voluntad real a la que hace alusión. Si bien esta acepción de la expresión resulta perfectamente plausible en sí misma, difícilmente puede articularse con el universo espiritual de Rav. Por otra parte, el texto ofrece una segunda versión de la respuesta de Rav a la pregunta de Rav Kahana y de Rav Asi:

Hay quienes dicen que su respuesta fue: "Aquellos (los persas) también destruyeron las casas de culto".

Rav no pondría en duda la atención que un Dios moral presta a la historia humana. Pero, para él, Persia no tiene las manos lo suficientemente puras como para cumplir con la voluntad divina. Si, por un lado, Persia contribuyó a la reconstrucción del Templo, por el otro destruyó los lugares en los que el espíritu de la voluntad divina se despliega. ¡No se puede esperar nada de la política en tanto que violencia pura! El rol acordado a la política en la economía de la salvación humana no consistiría pues en extirpar el mal a través de la guerra. El mesianismo no consiste en delegar a ciertas naciones, a su vez culpables, la función de castigar a otras naciones.

Pero la decisión real (*royale*) no contradice la moral. Quizás, en función de la finalidad moral, tenga una intención política completamente diferente. Veamos la cita de una *baraita* en la cual encontramos las dos versiones de la respuesta de Rav, reunidas, como dos motivos, en una misma respuesta; sólo su orden ha sido invertido. La de la segunda versión figura como primer motivo, y viceversa.

Existe una *baraita*: "Persia acabará por caer en manos de Roma. Primera razón: ellos destruían casas de culto. Razón suplementaria: existe una decisión del rey según la cual los constructores caerán en manos de los destructores".

¿Cuál puede ser la intención del rey al tomar esta decisión favorable a Roma? La palabra de Rav Iehuda, que habla todavía en nombre de Rav, pone en relación la extensión universal del poder romano y la llegada del "hijo de David". No dice mucho más al respecto:

> Rav Iehuda dijo en nombre de Rav: "El descendiente de David no vendrá hasta que el Estado de los romanos no se extienda, durante nueve meses, sobre el mundo entero, pues ha sido dicho (Miqueas V, 2): 'Él los abandonará hasta el día en que dé a luz quien deba dar a luz y en que el resto de sus hermanos venga al encuentro de los hijos de Israel'".

¿Acaso la intención del rey es que el vencedor final de la historia política sea precisamente Roma? Estado ruin, pero Estado perfecto, acabado. Logro excepcional de la violencia que consigue alcanzar un equilibrio. Estado que no habría alcanzado la ley ética, aquella por la cual la vida de un hombre es para el otro hombre; pero que sí habría conocido una ley capaz de atravesar la animalidad, de desembocar dialécticamente en la universalidad formal de la ley a partir de una condición en la cual "el hombre es lobo para el hombre". Mera apariencia de ley moral pero, al menos, ley, a pesar de su apariencia y de su formalismo. Es probablemente lo que se expresa en un *midrash* (*Breshit Raba* LXV, 1) al comparar Edom, es decir Roma, con un puerco cuyas pezuñas están partidas sin ser un rumiante y, por lo tanto, impuro y no apto al consumo según la Torá; puerco que, "al acostarse, extiende sus patas y muestra sus pezuñas para decir: 'Miren, soy puro'. De esta manera, el poder canalla roba y saquea y se da aires de instaurar un tribunal". Modo singular de esconder y de cobijar su "maldad" en el ropaje de la ley, preocupándose por la igualdad.

Se abren pues dos posibilidades. Primera hipótesis: la potencia universal de Roma precedería la llegada del "hijo de David", ya que sería necesario que su severa ley, de origen y esencia pérfidos, se extienda al mundo entero. Sería preciso que los hombres beban hasta reventar de la copa del sufrimiento. El Mesías irrumpirá en un mundo desesperado. Tema que aparece también en otros pasajes del Talmud (aunque mezclado con puntos de vista totalmente opuestos). En este sentido, he aquí un pasaje característico del tratado de *Sanedrín* 98 a, en donde pueden leerse los signos de la liberación inminente en la extrema miseria de los hombres: "Dice Rav Eliezer: 'No hay signo más claro del fin que este (la profecía de Zacarías VIII,10): En este tiempo, ya no hay salario para el hombre, ya no hay salario para el animal; ni para los que van, ni para los que vienen, ya no hay paz ante el enemigo'. ¿Qué significa: 'ni para los que van, ni para los que vienen, nada de paz ante el enemigo'?". Rav explicaba: "Incluso los estudiosos de la Ley, de quienes ha sido dicho (Salmos CXIX, 165): 'Gran paz a los que aman la Ley', aun estos no tendrán la paz". Y Samuel explica: "Todos los precios subirán hasta el mismo punto". Rav Janina dijo: "El hijo de David no vendrá hasta que la penuria se encuentre en tal grado que no se pueda encontrar (en el mercado) un pescado necesario para un enfermo".

Pero también podemos arriesgar otra hipótesis: el juicio final y la destrucción del mal sólo pertenecen al descendiente de David. Para este triunfo de la justicia se requiere un acto religioso que es precisamente la llegada del Mesías. Pero, ¿por qué la decisión cruel del rey, de entregar anticipadamente Persia a Roma y de extender el Imperio Romano hasta los confines de la tierra? La extensión de Roma al mundo sería necesaria para la justicia y para la propia paz mesiánica. El Orden de Occidente comienza con la perfidia de Roma. Su imperio vale más que el despliegue de fuerzas guerreras y que la realización del ser en su vitalidad salvaje. "Durante los nueve meses en los que, aquella que debe dar a luz, dará a luz", dice nuestro texto. Nueve meses, o nueve años, o nueve siglos de preparación para la llegada del Mesías. ¡Un mundo henchido de un porvenir nuevo! La política, tal como la representa Roma, es una gestación preliminar de la propia generosidad mesiánica. Habrá de entregar el ser a la ley que, fruto de la animalidad, interrumpe la animalidad de las hordas humanas. El legalismo romano es el efecto positivo de su negatividad. "Rezad por el Estado; sin él, los hombres se comerían vivos unos a otros", declara una venerable *Mishná* del tratado *Pirké Avot*, enseñado en plena opresión del Imperio Romano. He aquí, en el mismo sentido, otro sorprendente texto de *Breshit Rabá*, IX, 13: "¿Podemos decir que el Imperio Romano es eminentemente bueno? Ciertamente, ya que Roma exige ley y respeto de esa ley por parte de todas las criaturas".

Roma, es el gran orden que comenzó a reinar en el Mediterráneo y que luego se convirtió en Occidente. Es la Roma cuyo ruido, oído ya desde lejos, ha perturbado a los grandes entre los grandes, a Rabí Akiva y a sus compañeros de ruta, en la bella parábola que concluye el tratado de *Makot,* 24 a.

Occidente político sobre el cual no cabe depositar ninguna ilusión. Pero la llegada del hijo de David requiere tal vez que, previamente, se realice la unión occidental. Unión que no estará estructurada de entrada según la ley inspirada por el amor del otro hombre. Pero sí, a título preparatorio, según una ley en la que el mal se habrá dado el aspecto del bien. Necesidad de un Occidente planetario para la llegada del Mesías.

El pacto

(Tratado de *Sota* 37 a-37 b)

[...] Dirigían su mirada hacia el monte Garizim y comenzaban por la bendición [...], etc. Existe una *baraita*: bendiciones en general y bendiciones en particular, maldiciones en particular y maldiciones en general; y ha sido dicho: "Para aprender, para enseñar, para cuidar y para practicar, he aquí cuatro; dos veces cuatro da ocho, y dos veces ocho, dieciséis. Como en el Sinaí y como en el desierto del Moab, pues está escrito (Deuteronomio, XXVIII, 69): 'Estas son las palabras del pacto que El Eterno ordenó a Moisés que entablara con los hijos de Israel en la tierra de Moab', además del pacto que había sellado con ellos en Joreb; y, más adelante (Deuteronomio, XXIX, 8): 'Observaréis pues las palabras de este pacto y las cumpliréis [...]'. Por cada mandamiento se concluían cuarenta y ocho pactos de alianza".

Rabí Shimón excluye la alianza del monte Garizim y del monte Ebal y le sustituye la de la tienda de asignación en el desierto. Se trata del mismo desacuerdo que había enfrentado a los Tanaítas. Pues tenemos una *baraita*: Rav Ishmael decía: "Los principios eran enunciados en el Sinaí y los detalles particulares en la tienda de asignación". Rabí Akiva dijo: "Los principios y las particularidades fueron dichos en el Sinaí, reiterados en la carpa de asignación y dichos por tercera vez en la planicie de Moab, de manera que no existe mandamiento escrito de la Torá sobre el cual no hubiesen sido concluidos cuarenta y ocho pactos de alianza". Rabí Shimón ben Yehuda, de Kfar Acco, dijo en nombre de Rabí Shimón: "No tienes en la Torá ningún mandamiento escrito, sobre el cual no se hayan concluido, no cuarenta y ocho pactos, sino cuarenta y ocho pactos de alianza, en tanto que cada uno de ellos comprende 603.550 alianzas". Rabí dijo: "Según la opinión de Rabí Shimón ben Yehuda, de Kfar Acco, hablando en nombre de Rabí Shimón, no existe ningún mandamiento en la Torá sobre el cual no se hayan concluido cuarenta y ocho pactos de alianza, de donde resulta que para cada israelita existen 603.550 pactos de alianza multiplicados por 48". ¿Cuál es la diferencia (entre las dos opiniones)? Rav Mejarjeia respondió: "Es la diferencia que hay entre la responsabilidad, y la responsabilidad de la responsabilidad".

1. La ley formal

El problema de la comunidad, que nos convoca en el marco de este coloquio, es sin duda un problema actual. El hombre contemporáneo participa de una sociedad, en cierto sentido, planetaria, en la que, gracias a los modernos medios de comunicación y de movimiento, gracias a la dimensión mundial de la economía en la era posindustrial, cada uno tiene la impresión de estar en relación con la humanidad entera y, a la vez, solo y perdido. De ahí su profundo malestar. De ahí, también, la actualidad del problema de la comunidad. Frente a cada programa de radio, frente a cada ejemplar del diario, uno se siente ciertamente implicado en los hechos más lejanos y en relación con personas de todos los rincones del planeta; pero cada uno de nosotros percibe también que su destino personal –libertad o felicidad– se encuentra a merced de causas cuya energía golpea inhumanamente. Se percibe que el propio progreso de la técnica –por retomar un lugar común– que pone a los hombres en relación unos con otros, conlleva necesidades que condenan a los individuos al anonimato. Las formas directas de relación –los "*rapports courts*" (relaciones cercanas), según la expresión de Paul Ricoeur– pierden terreno frente a modalidades impersonales en un mundo excesivamente planificado. El marco de los Estados y las naciones es ciertamente menos abstracto que el del planeta. Pero sigue siendo demasiado amplio. Los lazos universales de la ley garantizan el lado-a-lado (*côte-à-côte*) de los hombres, pero no su cara-a-cara. Aun en la familia, las relaciones humanas resultan menos vívidas y menos directas a partir de la multiplicidad de sistemas en la que cada uno se ve involucrado. Pero puede que el marco parental nunca haya respondido plenamente a la vocación social de los hombres. De allí surge la búsqueda de una sociedad restringida cuyos miembros se conozcan entre sí, para lo cual estos han de frecuentarse, han de verse. ¿Pero es esa una verdadera solución? Esta sociedad concreta pero marginal se constituye en los márgenes de una sociedad real que, a pesar de sus estructuras impersonales, está fundada en el "orden de las cosas". ¿Nuestra sociabilidad podrá acaso verse realizada en el marco de una sociedad de domingo y de entretenimiento, en la sociedad provisoria del club?

Para que estos marcos de una vida social más estrecha aporten a las personas la estimulante conciencia de una vida comunitaria en el reconocimiento de unos por otros, ¿no resulta de hecho necesario que estos marcos no sean artificiales? La sociedad normal es aquella en la que se refleja y en la que se respira una humanidad en contacto con el mundo. La vida profesional, hoy en día, con las concentraciones que ella determina, con sus ciudades, su industria y sus multitudes –pero también con su dispersión intercontinental– encarna la seriedad de las cosas que importan. No es el resultado de alguna torpeza o error. Es la forma esencial de la modernidad. Las relaciones distantes propias de la solidaridad del mundo moderno, solidaridad planificada a través de la Ley y del reglamento, marcan actualmente el modo de funcionamiento de lo real. Esas relaciones nos llevan a marchar juntos, pero no promueven el hecho de que cada hombre vuelva su mirada hacia el rostro de los demás hombres. Volvemos de este modo al problema del cual hemos partido.

2. Nuestro fragmento talmúdico

Pero quizá no hayamos sopesado aún todas las implicancias de la Ley, implicancias que se han perdido en una sociedad occidental que la considera de manera demasiado formal. Esto nos conduce nuevamente al Talmud. El texto talmúdico elegido es relativamente simple aunque, como siempre, insólito. Trata del problema de las alianzas. Las interpreta a su manera, que consiste en no abordar la cuestión superficialmente. Interpreta la alianza establecida entre El Eterno y los hijos de Israel. Alianza que lleva a la instauración de la sociedad de Israel por medio de la legislación, de la Torá. He titulado el pasaje propuesto: "El pacto". Está extraído del tratado del Talmud de Babilonia *Sotá*, páginas 37 a-37 b. Se trata de un fragmento breve, de apenas media página.

Es importante restituir su contexto. La secuencia de la *Guemará* de la que está extraído, prolonga una *Mishná* relativa a un tema totalmente diferente. Esta *Mishná* se pregunta si en el caso de ciertas formas litúrgicas, como las "bendiciones", los "sermones", etc., conviene utilizar la lengua hebrea o las lenguas profanas. La *Mishná* es seguida por varias páginas de *Guemará*. De estas páginas ha sido extraída la pequeña secuencia que les ha sido distribuida. Esta secuencia es apenas una digresión respecto de la temática de la lengua, donde se plantea siempre el problema del griego. El tema de la lengua –que no constituye un problema menor– aparecerá en un determinado momento en nuestro fragmento. En él se anuncia –o se disimula– el problema de la relación entre el particularismo de Israel y la universalidad de los hombres. Volveremos a toparnos con esa cuestión en el comentario de nuestro texto.

3. De la Biblia al Talmud

El texto se presenta como un comentario del capítulo XXVII del Deuteronomio, pero se refiere también al capítulo VII de Josué. Al evocar estos textos y al remontarnos también al pasaje de la *Mishná* al que alude nuestro fragmento, podremos medir la distancia que puede llegar a separar a la Ley escrita de la Ley oral.

El capítulo XXVII del Deuteronomio expone las recomendaciones que Moisés dicta a Israel para una ceremonia que habrá de celebrarse más adelante, una vez que él haya muerto, que las peregrinaciones en el desierto hayan concluido y que el pueblo entre finalmente a la Tierra Santa. He aquí algunos versículos. El final de versículo 2 y comienzo del 3: "Erigirás, al atravesar el Jordán, grandes piedras que cubrirás con cal, e inscribirás sobre ellas todas las palabras de la Torá". Versículo 4: "Habréis de erigir estas piedras como os lo ordeno hoy sobre el monte Ebal". Se designa el lugar en el que se desarrollará la ceremonia; hay dos montañas: de un lado el monte Ebal, del otro el monte Garizim. Después de haber elevado allí las piedras y de haber inscripto la Torá, viene la segunda recomendación, versículo 5: "Allí construirás un altar para el Eterno, un altar de piedras que no hayan sido tocadas por el hierro". Apreciemos el símbolo sugestivo: piedras enteras, piedras intactas, piedras que no habrán entrado en contacto con el hierro. El hierro, probablemente principio de toda industria, marca, en todo caso, el comienzo de toda guerra. Se ofrecerán holocaustos sobre el altar y sacrificios remuneratorios. Y el versículo 8 retoma el tema inicial de la inscripción de la Torá sobre las piedras, pero precisa la manera en que ha de escribirse. No se plantea el problema de la lengua, sino, por el momento, el de la calidad gráfica de la inscripción: "Escribirás 'muy claramente' (*baer hetev*) sobre las piedras todo el contenido de esta doctrina". A partir del versículo 11 llegan las recomendaciones de Moisés relativas a la disposición del pueblo sobre los montes Ebal y Garizim, "durante la ceremonia de la Alianza". Seis tribus tomarán posición sobre el monte Garizim "para bendecir al pueblo" y otras seis "se ubicarán para las maldiciones sobre el monte Ebal". El pueblo entero, bendito o maldito, resulta así visible para todos. A lo largo de esta ceremonia programada los miembros de la sociedad se ven entre sí. Dato relevante para el tema de nuestro coloquio, dedicado al problema de la comunidad. A partir del versículo 14: "Los levitas tomarán la palabra y dirán en voz alta, dirigiéndose a todos los hombres de Israel", versículos de maldiciones que sancionan la transgresión de ciertas prohibiciones, "y todo el pueblo dirá: Amén". Del versículo 15 al 26, se enumeran las prohibiciones en cuestión –son once en total– a las que se agrega la prohibición general de transgredir la "presente doctrina" (versículo 26). Estas prohibiciones representan ciertamente los principios esenciales del pacto, pero sólo coinciden en algunos puntos con los Diez Mandamientos del Sinaí. Encontramos allí la prohibición de la idolatría, la de tratar con desprecio al padre y a la madre, la de desplazar los límites del campo (de avanzar sobre la propiedad del vecino), la orden de no permitir que un ciego se extravíe de su camino, la de no violar el derecho del extranjero, de la viuda y del huérfano; encontramos también la prohibición de las diversas variantes del incesto, la interdicción de "golpear al prójimo clandestinamente" (de este modo la calumnia queda vedada), la de dejarse corrom-

per para dejar perecer una vida inocente. Se trata ciertamente de
principios fundadores de la sociedad. Sin embargo estos principios no agotan el contenido de la Torá. Es por eso que el último
versículo del capítulo alude a todas las palabras de la Torá. Sin
duda, la evocación de las maldiciones y bendiciones en los primeros versículos de este capítulo XXVII de Deuteronomio significa bendición para aquel que respeta la interdicción, y maldición
para quien no lo respeta. Pero de hecho este pasaje sólo retoma
el aspecto negativo de esos versículos, los correspondientes a la
maldición. Todo el pueblo, una vez concluida la maldición de los
levitas, responderá: "Amén". La palabra de los levitas llega hasta el oído de cada uno: todo el pueblo está presente frente a todo
el pueblo. Cada uno dirá "Amén". Se trata por lo tanto de un verdadero pacto que se concluye en presencia del pueblo entero, de
una sociedad –no me canso de subrayarlo– donde todo el mundo
mira a todo el mundo.

Hay que reconocer que el texto de Deuteronomio deja sin
precisar varios aspectos relativos a la escenificación de la ceremonia del pacto al cual hace referencia la primera frase del texto
talmúdico que estoy comentando.

En efecto, la frase: "Ellos dirigían su mirada hacia el monte
Garizim y comenzaban por la bendición", habla de una "bendición" cuya fórmula no está presente en Deuteronomio. La frase
se refiere a otra presentación de la escena, que se desarrolla entre los montes Ebal y Garizim, según el resumen que se encuentra en el Libro de Josué (capítulo VIII, versículos 30 a 35). Voy
a leerlo deteniéndome sobre las diferencias entre ambas versiones. Este segundo relato es más preciso, más corto también.
Ofrece una suerte de descripción de la ceremonia tal como la hubiera realizado Josué, fiel a la recomendación de Moisés en Deuteronomio XXVII. "Josué construyó entonces un altar al Señor,
Dios de Israel, sobre le monte Ebal, según lo que Moisés, servidor de Dios, había ordenado a los hijos de Israel, como está es-

crito en la Torá de Moisés: un altar de piedras brutas, nunca holladas por hierro alguno. Y allí se ofrecieron holocaustos a El Eterno, y se hicieron sacrificios remuneratorios. Allí fue trazada sobre las piedras una copia de la Torá que Moisés había escrito para los hijos de Israel. Luego, de los dos lados del Arca de la alianza del Señor, frente a los sacerdotes, hijos de Levi, que la portaban, todo Israel, con sus ancianos, sus jerarcas y sus jueces, todos, tanto extranjeros como nativos, se alinearon, la mitad hacia la montaña de Garizim, la otra mitad hacia la montaña de Ebal, de modo tal que, según la orden de Moisés, servidor de Dios, tuviese lugar, en primera instancia, la bendición sobre el pueblo israelita. A continuación se leyeron todas las palabras de la Torá, bendiciones y maldiciones, conforme a lo que está escrito en el libro de la Ley." ¡A cada prescripción del libro de la Ley, correspondía una fórmula de la maldición y una fórmula de la bendición! "Ni un solo detalle, de todo lo que fue ordenado por Moisés, fue omitido por la lectura de Josué, y ello en presencia de toda la asamblea de Israel, incluyendo a mujeres y niños, así como a los extranjeros que vivían entre ellos."

Las doce tribus estaban presentes allí, con mujeres e hijos, incluso con los extranjeros, los *guerim*, que se encuentran entre nosotros. El sentido de este pacto se amplía respecto de la primera descripción que hemos encontrado en el Deuteronomio. El cuadro no es exactamente igual, se precisa un poco la disposición de los actores, la "puesta en escena" no es idéntica; sin embargo siguen presentes las piedras que no fueron tocadas por el hierro, piedras pertenecientes al orden de la paz y no al de la guerra; y sobre todo se insiste sobre la asistencia de todo el pueblo a la ceremonia, mujeres, niños y extranjeros incluidos. Se insiste también sobre la totalidad del texto mosaico, que es leído más allá de los once versículos mencionados en Deuteronomio XXVII. Se insiste por último sobre la fidelidad rigurosa a la palabra de Moisés, servidor de Dios: todo lo que aquí difiere respecto de Deuteronomio XXVII pertenece sin embargo a Moisés. Quisiera ofrecer ahora la última versión de esta escena. Esta está tomada de la *Mishná* (32 a) a la que se refiere la *Guemará* de la que ha sido extraído nuestro texto y a la que pertenece la proposición que figura encabezando mi traducción, con su "*et caetera*". Como ya lo hemos anticipado, esta *Mishná* se ocupa de las lenguas autorizadas o prohibidas en ciertas fórmulas rituales o litúrgicas, que sirven de lejano pretexto a nuestra exposición sobre el pacto. Su texto: "Seis tribus subieron a la cima de la montaña de Garizim y seis tribus subieron a la cima de la montaña de Ebal, los *cohanim* (los sacerdotes), los levitas y el Arca estaban ubicados abajo" (como en Josué), y los sacerdotes en el medio rodeaban el arca. Los levitas rodeaban a los *cohanim* y todo Israel estaba ubicado de un lado y del otro, tal como está escrito en Josué (la *Mishná* dice precisamente que esta exposición es conforme al relato que se encuentra en Josué); todo Israel, con sus ancianos, sus autoridades y sus jueces, se ubicaba de ambos lados del Arca. Ellos dirigían su rostro hacia la montaña de Garizim (texto de Josué VIII) y comenzaban por las bendiciones: Bendito sea el hombre que no habrá hecho una imagen tallada o fundida en un molde, y unos y otros responden "Amén" (cita del Deuteronomio). Ellos dirigían su rostro hacia el monte Ebal y enunciaban la maldición: "maldito sea el hombre" que haga una imagen tallada o empleando un molde, y unos y otros responden "¡Amén!". Y así hasta completar la lista de las bendiciones y de las maldiciones. Entonces se llevaban las piedras y, al erigir el altar, se las enduía con cal y se inscribían todas las palabras de esta Torá en setenta lenguas. Pues fue escrito: "muy claramente", *baer hetev*. ¡Ya no es una cuestión de escritura, es una cuestión de lengua! Esta tercer versión del pacto se refiere al relato de Josué pero retoma las fórmulas de Deuteronomio; y aquí el pacto alcanza su universalidad. Ese pacto que en Deuteronomio es sellado con todas las tribus frente a un altar cuyas piedras no han sido tocadas por el hierro. Pacto que, en Josué, engloba a mujeres, niños y extranjeros, pero cuya doctrina, según el texto de la *Mishná*, es anunciado en setenta lenguas. ¡Mensaje dirigido a toda la humanidad! Pensada hasta el final, esta peculiar ceremonia de un pueblo cuyos miembros se ven los unos a los otros, comunidad concreta que puede ser abrazada por la mirada, hace participar a la humanidad entera de la legislación en nombre de la cual fue concluido el pacto.

Destaco este pasaje del hebreo a la universalidad –que yo suelo llamar griega–. La fórmula *baer betev*, "muy claramente", que ordena la claridad y la distinción de la Escritura, pasa a significar la traducibilidad integral. Liberación y universalización que deben perpetuarse. Aun no hemos terminado de traducir la Biblia. Tampoco hemos terminado de traducir el Talmud. Apenas hemos comenzado. Se trata de una tarea delicada. Lo que solía ser un patrimonio reservado a la enseñanza oral pasa, quizá demasiado apresuradamente, a las lenguas extranjeras, sin perder un ápice de su aspecto insólito.

Esta universalidad nace entonces, en cierto modo, a partir de una sociedad que es enteramente visible a sus miembros reunidos sobre dos montañas. Visible como si estuviera ubicada sobre un escenario. Esa sociedad que se siente íntima entre doce tribus que se miran, esa sociedad comunitaria, se hace presente frente a toda la humanidad, se abre a toda la humanidad.

Hemos visto, a través de un ejemplo preciso, cómo se desarrolla una idea que pasa de la Ley escrita a la Ley oral. La Ley oral pretende hablar de lo que dice la Ley escrita. Pero la Ley oral sabe más. Trasciende el sentido obvio del pasaje estudiado, sin traicionar el sentido global de la Escritura.

4. Las diversas dimensiones de la Ley

Regresemos a nuestro texto. Éste va a desplegar, a partir del pacto de la Torá, aquellas dimensiones que debieran contribuir a que una comunidad cuyos miembros se encuentran prácticamente cara a cara, conserve ese tipo de relación interpersonal cuando sus miembros dirijan sus miradas hacia la humanidad. La distinción entre comunidad y sociedad daría cuenta de un pensamiento social aún inmaduro. La adopción de la Ley sobre la cual se asienta esta sociedad conllevaría, para quienes la adoptan adecuadamente, la posibilad de mantenerse los unos frente a los otros, de no renunciar al cara-a-cara.

Existe una *baraita*: Bendiciones en general y bendiciones en particular, maldiciones en particular y maldiciones en general; y está dicho: para aprender, para enseñar, para cuidar y para practicar, he aquí cuatro; dos veces cuatro, da ocho, y dos veces ocho, dieciséis.

¡Aritméticamente incuestionable! ¿Pero de qué estamos hablando acá? En el texto de Deuteronomio, las mismas leyes son anunciadas como seguidas de maldiciones para quien las transgrede, y de bendiciones para quien las observa. Maldición y bendición, esto implica, para quien se compromete, dos adhesiones a la misma Ley. En la alianza concluida sobre los montes Ebal y Garizim, hubo entonces dos actos de la voluntad adherente, dos "sí" dados a la misma Ley. Por otro lado, en el texto de Deuteronomio XXVII podemos constatar que las prohibiciones son enunciadas de manera particular; pero en el último versículo aparecen nuevamente, incluidas en la alusión a la "doctrina completa". La Torá se enuncia entonces bajo una forma general y bajo una forma particular. Una vez más, dos actos de adhesión. Dos actos de adhesión en el consentimiento dado a las maldiciones y dos actos de adhesión en el consentimiento a las bendiciones. He aquí cuatro actos de adhesión. Cuatro, no como dos más dos, sino como dos veces dos.

Pero nosotros sabemos por otro lado –referencia a Deuteronomio V, 1 y a Deuteronomio XI, 19– que la Torá comporta cuatro obligaciones generales: hay que estudiarla (*lilmod*), hay que enseñarla (*lelamed*), hay que cuidarla (*lishmor*), hay que cumplirla (*laasot*). Cuatro alianzas son incluidas en la Alianza. Ahora bien, venimos de ver que cada adhesión a la Alianza comporta cuatro modos de adhesión; hay entonces dieciséis alianzas en la Alianza, dieciséis pactos en el Pacto. Aritmética que puede sorprender. Volveremos sobre ese punto más adelante. Notemos por ahora que, en aquello que nosotros solemos llamar sencillamente "adhesión a la ley", los doctores rabínicos distinguen dieciséis dimensiones.

Dieciséis dimensiones. ¡Pero hay aún más! La Torá habría sido enseñada tres veces: según el Exodo, la primera vez en el Sinaí; la segunda vez, según Deuteronomio, en las planicies del Moab; y la tercera vez –como acabamos de verlo– entre Ebal y Garizim. Y en cada una de esas ocasiones habría que contar dieciséis adhesiones: eso da, por el momento, cuarenta y ocho.

Voy a intentar explicar el significado de estas distinciones y de estos cálculos. Sin duda algunos deben haberse sorprendido por el hecho de que, en la adhesión a una ley que implica una bendición para quien la obedece y una maldición para quien la transgrede, podamos discernir dos actos distintos, como si la bendición y la maldición no fuesen las dos caras, la positiva y la negativa, de la sanción que comporta toda ley. Pero la diferencia entre estas dos caras es real. Al admitir una ley, cabe esperar el perdón en caso de transgresión. ¡Uno puede decirse que de algún modo todo se va a arreglar! Gracias a Dios, el perdón no es ajeno a Israel. Sin embargo, en Israel, no es tenido en cuenta en el momento en el que la Ley es adoptada. Para que el perdón pueda tener un sentido, es preciso que no haya sido aún admitido al momento de la adhesión a la Ley. Sabemos de la desconfianza del judaísmo para con el perdón adquirido por anticipado.

La adhesión a la Ley como un todo, a la Ley en su tenor general, ¿se distingue acaso del "sí" a los enunciados de cada ley en particular? Lógicamente, se requiere una adhesión general. Es preciso captar el espíritu general de una legislación. ¡La filosofía no está prohibida, la intervención de la razón nunca está de más! Este procedimiento de generalización es indispensable para que haya una verdadera adhesión interior. ¿Pero por qué distinguir el acceso a las expresiones particulares de este espíritu general? Se ignora el sentido de una legislación en su espíritu general, si previamente no se han reconocido las leyes que abarca. Tenemos aquí dos enfoques y su distinción se justifica desde diferentes puntos de vista. Todo el mundo es sensible al judaísmo cuando este es reducido a ciertos principios "espirituales". ¿Quién no es seducido por lo que podríamos llamar, la esencia angelical de la Torá? Esta "interiorización" de la Ley resulta atractiva para nuestra alma liberal, que a su vez nos lleva a rechazar todo aquello que parece oponerse a la "racionalidad" o a la "moralidad" de la Torá. El judaísmo siempre ha sido consciente, y la literatura rabínica puede dar testimonio de ello, de la presencia en él de elementos que no se interiorizan de una vez –se trata ciertamente de un rasgo propio de toda gran espiritualidad–. Junto a los *mishpatim*, leyes de justicia en las que todos se reconocen, están las *jukim*, leyes injustificables que hacen las delicias de Satán cuando se burla de la Torá. Se considera como insensato y tiránico el ritual "vaca roja" que aparece en Números XIX. ¿Y qué puede pensarse de la circuncisión? ¿La explicaremos con un poco de psicoanálisis? ¡Seguramente semejante explicación no había sido prevista! Además habría que ver si funciona. ¿Qué pensar de unas cuantas disposiciones rituales o ceremoniales de la Torá? En la ley de Israel, existen ciertos puntos que, más allá del consentimiento al espíritu general o "profundo" de la Torá, exigen una aprobación especial. Me refiero sobre todo a ciertas disposiciones que pueden llegar a parecer transitorias. Existe constantemente en nosotros una lucha entre nuestra adhesión al espíritu y la adhesión a lo que se denomina la letra. Que esta sea condición de aquella, he aquí lo que significa el doble acto distinto de aceptación de la Torá. La lucha de Jacob con el ángel remite a esto mismo: a la necesidad de superar, en la existencia de Israel, el angelismo de la pura interioridad. Es notable el esfuerzo que exige aquí la victoria. Es más, en rigor nadie se impone como vencedor, y la religión de Jacob queda afectada, cuando mengua el asedio del Ángel. Esta lucha nunca termina. El Ángel no es la cima de la creación: un ser puramente espiritual no reúne las condiciones que presupone una vida regida por la Torá: no come, no puede recibir ni puede dar, no puede trabajar ni dejar de trabajar en *Shabat...* El Ángel entraña un principio de generosidad, pero se trata de un mero principio. Ciertamente la generosidad comporta una adhesión. Pero la adhesión al principio no es suficiente y comporta una tentación; implica pues un llamado a nuestra atención y a nuestro combate.

Hay todavía otra razón para que lo particular aparezca en la Ley como principio independiente respecto de la universalidad que toda ley particular refleja. Es precisamente el aspecto concreto y particular de la Ley y las circunstancias de su aplicación, lo que orienta la dialéctica talmúdica: la ley oral es una casuística. Se ocupa del pasaje del principio general encarnado en la Ley a su ejecución posible, a su concretud. Si este pasaje fuese puramente deducible, la Ley, como ley particular, no hubiera requerido una adhesión aparte. Pero resulta –y aquí radica la gran sabiduría cuya conciencia anima al Talmud– que los principios generales y generosos pueden invertirse en el momento de su aplicación. Todo pensamiento generoso está amenazado por su estalinismo. La gran fuerza de la casuística del Talmud, consiste en ser la disciplina especial que rastrea, en lo particular, el momento preciso en que el principio general corre el peligro de convertirse en su contrario; disciplina que vela por lo general, desde lo particular. Esto nos mantiene a resguardo de la ideología entendida como la generosidad y la claridad del principio que no ha tenido en cuenta la inversión a la que se expone al ser aplicado. Y si retomamos la imagen evocada hace un instante: el Talmud es la lucha contra el Ángel. Esta es la razón por la cual la adhesión a la ley particular es una dimensión irreductible en toda obediencia. Vamos a ver que Rabí Akiva no sólo piensa que es tan importante como la de la adhesión a la Ley en su generalidad, sino que además considera el lugar dedicado a su estudio –al fin de cuentas, la *Yeshiva*– como uno de los tres lugares donde el pacto fue sellado. La dignidad de este lugar equivale pues a la del Sinaí, donde la Torá fue revelada, y a la de las planicies del Moab, en donde su enseñanza es reiterada por Moisés.

En el cálculo, en apariencia tan singular, de las cuarenta y ocho alianzas que discierne nuestro texto, hemos hecho intervenir el número cuatro, representando los cuatro compromisos que comporta toda adhesión a la Ley: el compromiso de estudiarla, de enseñarla, de cuidarla y de cumplirla. Sin la actividad teorética del estudio, sin la exigencia de la escucha y de la lectura, sin el *lilmod*, nada puede entrar en nosotros. Pero también es preciso enseñar lo que se ha aprendido para transmitirlo. La transmisión, el *lelamed*, es una obligación distinta de la pura receptividad del estudio. Pues lo humano comporta el riesgo de una petrificación del saber adquirido, susceptible de depositarse como un contenido inerte en la conciencia y de pasar, petrificado, de una generación a otra. Este congelamiento de lo espiritual no es una transmisión. La genuina transmisión, a modo de tradición, de lección enseñada al otro y asumida por el otro al ser reapropiada, se vuelve vida, invención y renovación. Modalidad sin la cual lo revelado, es decir un pensamiento auténticamente pensado, no sería posible. La transmisión comporta por lo tanto una enseñanza que ya se dibuja en la propia receptividad del aprendizaje y que la transmisión venidera prolonga. El verdadero aprendizaje consiste en asimilar tan profundamente la lección, que esta recepción se vuelve necesidad de retransmisión al prójimo. La verdadera lección es la que no puede mantenerse encerrada en la conciencia de un solo hombre. Estalla hacia el prójimo. Estudiar bien, leer bien, escuchar bien, es ya es hablar: ya sea planteando interrogantes y enseñando de ese modo al maestro que enseña, o enseñando a un tercero.

En los cuatro últimos libros del Pentateuco reaparece constantemente un versículo: Y el Eterno dijo a Moisés: "Habla a los hijos de Israel *leemor* ('en estos términos')". Un maestro prestigioso que tuve después de la Liberación aseguraba poder dar ciento veinte interpretaciones diferentes de esta locución, cuyo sentido obvio sin embargo parece no tener misterio alguno. Sólo me reveló una. Yo intenté adivinar una segunda. La que me había revelado consistía en traducir *leemor* por: "para no decir". Lo que daba: "Habla a los hijos de Israel para no decir". Lo no-dicho es necesario para que la escucha se mantenga bajo la forma de un pensar. Se requiere que la palabra sea también un no-dicho, para que la verdad (o la palabra de Dios) no consuma a quienes escuchan. Es preciso que la palabra de Dios pueda ser acogida, sin riesgo para los hombres, en la lengua y en el lenguaje de los hombres. Según mi propia lectura de este versículo, *leemor* significaría "para decir": "Habla a los hijos de Israel para que hablen", instrúyelos tan profundamente como para que se pongan a hablar, para que comprendan al punto de ponerse a hablar. Los otros ciento dieciocho significados del versículo aún deben ser descubiertos. Mi maestro se llevó el secreto a la tumba.

Pasemos a la tercera obligación: cuidar. *Lishmor.* Dos posibilidades: *lishmor* significaría la observancia de los mandamientos negativos, de las prohibiciones. Pero a esta altura, cuando la diferencia entre mandamientos negativos y positivos aún no ha sido introducida, esta interpretación resulta imposible. *Lishmor* significaría entonces lo indispensable una vez que se ha aprendido: no olvidar, es decir repetir las lecciones. Estudio siempre inconcluso, aún en su repetición. Finalmente, *laasot*, "cumplir". Esto no requiere explicaciones. La profundidad de nuestro texto consiste en pensar los cuatro puntos como un conjunto. Cada uno de estos momentos del estudio requiere una adhesión especial, una atención especial. Hubo por lo tanto dieciséis alianzas en cada pacto. Como el pacto fue concluido en estos tres lugares –en el Sinaí, en las planicies del Moab y entre los montes Ebal y Garizim– obtenemos las cuarenta y ocho alianzas alrededor de la Ley. Pero sobre este punto, hubo discusión. Rabí Akiva, según habremos de ver, no está de acuerdo en considerar que la ceremonia entre los montes Ebal y Garizim cuente como una de las tres veces. Me alegra que Rabí Akiva haya introducido una duda en torno a este punto. Más adelante explicaré por qué.

5. Las tres veces

El texto talmúdico que comentamos indica que el pacto de la Alianza ha sido realizado tres veces. Ello aparece en el relato de la ceremonia cerca del monte Garizim y en expresiones como: "sucedió lo mismo en el Sinaí ... sucedió lo mismo en el desierto del Moab...". He aquí el texto completo:

Sucedió de igual modo en el Sinaí y sucedió de igual modo en el desierto del Moab, pues está escrito (Deuteronomio XXVIII, 69): "Estos son los términos del pacto que el Eterno ordenó a Moisés establecer con los hijos de Israel en la tierra de Moab".

–con independencia del pacto que selló con ellos en Joreb–

Observad pues los términos de esta alianza y ponedlos en práctica.

Pero he aquí alguien que cuestiona un punto de este cálculo:

Rabí Shimón excluye la Alianza del monte Garizim y del monte Ebal y la sustituye por la tienda de asignación en el desierto.

Efectivamente, Rabí Shimón también piensa que la alianza se había realizado tres veces pero, para él, la ceremonia que se desarrolló en los montes Garizim y Ebal no cuenta. Para llegar al número tres, Rabí Shimón considera como conclusión de alianza los encuentros entre Moisés y el pueblo a los que se refiere el versículo 7 del capítulo XXXIII de Éxodo: "Moisés tomó su tienda para armarla fuera del campamento, lejos del campamento, y la nombró tienda de asignación (o de la reunión); de manera que toda persona que debía consultar al Señor, tenía que dirigirse a la tienda de asignación, ubicada fuera del campo". El número de las cuarenta y ocho alianzas está pues asegurado. Pero Rabí Shimón no concede la dignidad de conclusión de la Alianza a la simple ceremonia que fue, a su juicio, aquella que solemnemente se desarrolló entre los montes Garizim y Ebal. Atribuye en cambio semejante dignidad a la conversación sobre la Ley del Señor, al estudio de la Ley que se lleva a cabo en la "tienda de asignación, en el desierto", donde Moisés recibe a quienes tienen preguntas o problemas. La Alianza no es una puesta en escena donde todo el mundo ve a todo el mundo; la Alianza son los alumnos interrogando al maestro a título individual. Precisamente era en la tienda de asignación, en la *Yeshiva* de Moisés, donde se escucha la voz de Dios y es allí, después del Sinaí y antes de las planicies del Moab, donde se concluiría la Alianza por segunda vez.

Por lo tanto, para Rabí Shimón, el estudio sustituye a la ceremonia. Decisión importante. Veremos enseguida que coincide con la opinión de Rabí Akiva. ¿Cuáles son los motivos de
Rabí Shimón? Rachi se hace esta pregunta. Rabí Shimón habría
dicho que el texto de Deuteronomio XXVII, el anuncio de la
ceremonia del monte Garizim, sólo enumera algunas leyes de
la Torá. Toda la Torá en tanto tal no figura allí. Por lo tanto, la
ceremonia no puede contar como la de una alianza "completa".
Yo no deseo cuestionar la palabra de Rachi. Pero, me pregunto
si Rabí Shimón no adopta semejante postura por el hecho de
que las leyes mencionadas en Deuteronomio XXVII están
enunciadas sólo de un modo represivo. Sólo aparecen indicadas
las maldiciones; si bien existieron las bendiciones, estas no son
formuladas.

Sea lo que fuere, la intervención de Rabí Shimón, que cuestiona la validez de la Alianza en el monte Garizim, plantea una
pregunta importante. Remite a una discusión que tuvo lugar entre
aquellos gigantes del Talmud que son los tanaítas, Rabí Ishmael y
Rabí Akiva, el maestro de Rabí Shimón. He aquí el texto:

Se trata allí del mismo desacuerdo que ya había enfrentado a
los tanaítas. Pues tenemos una *baraita:* Rav Ishmael decía:
"Los principios eran dichos en el Sinaí y los detalles particulares en la tienda de asignación". Rabí Akiva dijo: "Los principios y las particularidades fueron expresados en el Sinaí, reiterados en la carpa de asignación y dichos por tercera vez en la
planicie de Moab, de manera tal que no existe mandamiento escrito en la Torá sobre el cual no hubiesen sido concluidos cuarenta y ocho pactos de alianza".

El desacuerdo expresado por Rabí Shimón se remonta a una
antigua discusión entre tanaítas, entre Rabí Ishmael y Rabí Akiva. Rabí Ishmael pensaba que, entre las tres ceremonias que

corresponde considerar como instancias de conclusión del pacto, figura la que se desarrolló entre los montes Ebal y Garizim. ¿Qué quería decir con esto? Según él, en la carpa de asignación sólo eran enseñadas las particularidades de la Ley, cuyos principios habían sido enseñados en el Sinaí, de forma tal que el Sinaí y la carpa de asignación contarían como una sola Alianza. En las planicies de Moab tendría lugar la segunda alianza, y en los montes Ebal y Garizim la tercera. Quizá Rabí Ishmael cuestionaba esta presunta igualdad entre el estudio de los principios y el de las particularidades de la Ley. Ciertamente pensaba que tanto lo particular como lo general constituyen dimensiones relevantes –de otro modo no hubiese sido un maestro del Talmud–. Pero estimaba que, a pesar de todo, los principios son más importantes. ¿Es más liberal que Rabí Akiva? Habría que preguntar esto a los talmudistas más competentes que yo que están presentes en la sala. Quizá Rabí Ishmael estimaba que la ceremonia en la que todo el mundo ve a todo el mundo era una ceremonia importante. Quizás él también adhería a aquella distinción entre sociedad y comunidad a la que hemos hecho alusión, y en consecuencia, para él, la experiencia comunitaria debía ser un momento esencial de la revelación.

Rabí Akiva, por su parte, parece oponerse a estas ideas. Según él, lo general y lo particular se encuentran en un pie de igualdad. Rabí Akiva parece excluir la ceremonia en la que todo el mundo ve a todo el mundo. Piensa tal vez que el verdadero cara a cara no pasa por la presencia concreta de los hombres.

Se trata, decíamos, de contar cuarenta y ocho alianzas. Hemos intentado comprender este cálculo como la afirmación de diversas dimensiones de la Ley, dimensiones que la llevan mucho más allá del formalismo de la legalidad anónima, que se encontraría en el origen de la crisis de la sociedad moderna.

6. La Ley y lo interpersonal

Pero hay aún más que cuarenta y ocho alianzas.

Rabí Shimón ben Yehuda, de Kfar Acco, dijo en nombre de Rabí Shimón:

–de este mismo Rabí Shimón que cuestionaba la importancia de la ceremonia en Garizim–

No encontrarás en la Torá ningún mandamiento escrito sobre el cual no se hayan concluido cuarenta y ocho pactos de alianza, cada uno de los cuales comprende 603.550 alianzas.

De modo que el número de alianzas concluidas en estas tres ceremonias llegaría a 603.550 multiplicado por 48. ¿De dónde viene la cifra 603.550? Representa el número de israelitas que se encontraban al pie del Sinaí. ¿Pero por qué este multiplicando? Debido a que la Alianza sellada en torno a la Ley revelada, en lugar de figurar como una abstracción impersonal, producto de un acto jurídico, es recibida como lo que viene a establecer lazos vivos con todos los que adoptan aquella Ley: cada uno se vuelve responsable por cada uno; en cada acto de la Alianza se dibujan más de 600.000 actos personales de responsabilidad. Las cuarenta y ocho dimensiones del pacto se vuelven cuarenta y ocho veces 603.550. Evidentemente esto puede causarnos gracia. Es realmente mucho. Pero todavía no es un número infinito. Los israelitas, o más precisamente los hombres de una humanidad, responden los unos por los otros frente a una ley realmente humana. No-indiferencia frente al prójimo en esta conclusión de la Alianza. ¡Todo el mundo a un tiempo me mira y me incumbe (*me regarde*)! No es necesario reunirse sobre los montes de Ebal o de Garizim y mirarse los unos a los otros a los ojos, para estar en la situación en la que todos importan y miran (*regardent*) a cada uno. Todo el mundo me mira, todo el mundo me incumbe. No olviden las setenta lenguas en las cuales es anunciada la Torá. La Torá es de todo el mundo: todo el mundo es responsable por todo el mundo. La fórmula "Ama a tu prójimo como a ti mismo" presupone aún el amor de sí mismo como prototipo del amor. Si así fuera, la ética significaría: "Sé responsable de tu prójimo, como eres responsable de ti mismo". Aquí en cambio evitamos el presupuesto del amor de sí mismo –del amor propio– que suele ser presentado como la definición misma de lo personal. Pero eso no es todo.

Rabí dijo...

Y el Rabí que habla ahora es Rabeinu Hakadosh, el que dio a la *Mishná* su forma escrita, la más alta autoridad talmúdica luego de, o al lado de, Rabí Akiva.

Rabí dijo: "Según la opinión de Rabí Shimón ben Yehuda, de Kfar Acco, hablando en nombre de Rabí Shimón...".

¡Cuántas referencias! Que esta acumulación no escandalice a quienes asisten por primera vez a una clase de Talmud: El Talmud pone mucho énfasis en precisar quién dijo esto o aquello: se trata de una verdadera enseñanza, en donde la universalidad de la verdad anunciada no debe hacer desaparecer el nombre o la persona de quien la ha proferido. Los sabios del Talmud pensaban incluso que el Mesías llegaría en el momento en que todo el mundo citara lo aprendido en nombre de aquel que impartió la enseñanza. Rabí dice entonces:

No existe ningún mandamiento en la Torá sobre el cual no se hubiesen concluido cuarenta y ocho pactos de alianza, de donde resulta que para cada israelita existen 603.550 pactos de alianza multiplicados por 48.

¿No repite acaso la verdad enunciada un momento atrás? Se lo pregunta la *Guemará*.

¿Cuál es la diferencia (entre las dos opiniones)?

Es Rav Mejarjeia quien detecta la diferencia.

Rav Mejarjeia respondió: "Es la diferencia que hay entre la responsabilidad, y la responsabilidad de la responsabilidad".

No sólo se es responsable de todos los demás, se es también responsable por la responsabilidad de todos los demás. Es preciso, pues, multiplicar 48 por 603.550 y multiplicar nuevamente el resultado por 603.550. Esto es extremadamente importante. Hace unos instantes hemos hecho una alusión al reconocimiento del otro, al amor por el otro. Este amor llega al punto tal de que yo me convierto en garante del otro, de su adhesión y de su fidelidad a la Ley. Su problema es mi problema. ¿Pero mi problema no es, a su vez, el suyo? ¿No es acaso el otro, también, responsable por mí? ¿Puedo entonces responder por su responsabilidad por mí? *Kol Israel arevim ze laze*, "Todo el mundo en Israel responde por todo el mundo": todos los que adhieren a la Ley divina, todos los hombres cabalmente hombres, son responsables unos por otros.

Pero esto también significa que mi responsabilidad se extiende hasta la responsabilidad que puede asumir el otro hombre. Tengo siempre una responsabilidad mayor que el prójimo. Soy responsable por su responsabilidad. Y si él es, a su vez, responsable de mi responsabilidad, yo soy aún responsable de la responsabilidad que él tiene de mi responsabilidad: *en ladavar sof*, "esto no terminará nunca". Detrás de la responsabilidad de cada uno por todos, surge, al infinito, el hecho que yo soy todavía responsable de esa responsabilidad en la sociedad de la Torá. Se trata ciertamente de un ideal, pero de un ideal fuera del cual la humanidad de lo humano resulta impensable. En la Alianza pensada hasta el final, en una sociedad que despliega todas las dimensiones de la Ley, la sociedad es también comunidad.

Del lenguaje religioso y del temor a Dios

Para Paul Ricoeur

Palabra de Dios, palabra dirigida a Dios, palabra sobre Dios y sobre la palabra de Dios –Santa Escritura, plegaria, teología–, las múltiples figuras del lenguaje religioso tienen en común la pretensión de no agotarse en referencias al mundo a partir del cual se construiría el significado de las palabras, de las proposiciones y de los discursos. ¿Cómo abrir al lenguaje las fronteras de la realidad dada en la que habitamos? Paul Ricoeur ha puesto de manifiesto los recursos de la imaginación; esta no es una simple facultad de reproducción, un mero duplicado de la percepción de los objetos a la que la imaginación debería todo, por fuera de sus poderes de ilusión. Por el contrario, explica Ricoeur, la imaginación es la más profunda dimensión del psiquismo humano; opera de entrada en el elemento del lenguaje poético, "raíz misteriosa" de todas las energías del alma: "Sólo el lenguaje poético está en condiciones de restituir nuestra pertenencia a un orden de cosas, pertenencia que precede nuestra capacidad de enfrentarnos a estas cosas como objetos que hacen frente a un sujeto".[1] En la imaginación poética, lo inaudito puede ser escuchado, interpelado y enunciado. Gracias a la imaginación poética, un texto puede abrirse a la hermenéutica

---

1. *La révélation,* publicación de *Facultés unversitaires Saint-Louis,* Bruselas, 1977, p. 40.

y desbordar las intenciones precisas que lo habían fijado inicialmente. Gracias a la imaginación poética la metáfora puede
conducir más allá de las experiencias que parecen haberla en-
gendrado. El símbolo da qué pensar. Lo imperativo o la enseñanza que viene del exterior, cuando lleva la impronta de la persona excepcional del mensajero, estaría en condiciones de dejar
su marca en el alma de quien escucha: este poder de testimo-
niar, ligado al de la palabra poética, sería la profundidad misma
del psiquismo. Lo trascendente no vendría primordialmente a
constreñir la voluntad, sino a seducir y a abrir esta imaginación.
Habría aquí una mediación capaz de articular la libertad a una
cierta obediencia, una "dependencia sin heteronomía" capaz de
reconciliar trascendencia e interioridad.

A continuación comentaremos un breve pasaje del Talmud
de Babilonia. Encontraremos allí una descripción del lenguaje
religioso en la que éste aparece esencialmente relacionado con
un pensamiento que es ya discurso (a través de la lectura y estudio de la Torá) pero que, entre la Torá y el discurso que deja significar la trascendencia, hace intervenir ciertas actitudes de voluntad portadoras de sentido, un psiquismo de la obediencia más
"antiguo" que el pensamiento que vive de la imaginación poética, una disciplina heterónoma al punto tal de depender de una
comunidad educadora, disciplina anterior a las posibilidades
propias del juego de lenguaje.

Nuestro pasaje, extraído del tratado de *Berajot* 33 b, se refiere a las normas que regulan la utilización del lenguaje religioso de la plegaria.[2] Ciertamente, este texto no agota el problema
del que trata. Tampoco es, en el Talmud, único en su género, ni
el más conocido, ni excluye otros textos que abordan el tema

---

2. El comentario de la primer frase de este texto ha sido objeto de una emisión
televisada el 14 de agosto de 1978 en la cadena dos de RTF en el marco del programa: "Leer, es vivir".

desde una perspectiva diferente. El pasaje que hemos elegido es literalmente retomado en otro tratado (*Meguilá* 25 a). Esto demuestra que se trata de un texto importante para la corriente de pensamiento a la que pertenece.

Es preciso acompañar la presentación de este texto de un comentario del mismo; en efecto su estructura, como la de todo texto talmúdico, resulta, a primera vista, particularmente insólita. Texto denso, elíptico, alusivo y como desafiando toda retórica y toda magia de la palabra, al punto tal que su mera traducción exige que se agreguen partículas sintácticas y aún porciones de frases que en el texto original parecen estar sobreentendidas para que la traducción resulte inteligible. El fragmento se compone de tesis, de preguntas y respuestas, de objeciones y de respuestas a las objeciones, cronológicamente separadas entre sí a veces por siglos. El texto muestra una preocupación incesante por atribuir cada proposición a su autor. Por eso, en todo momento, se evocan nombres propios de doctores rabínicos que han hablado o que, en tal o cual circunstancia, han observado cierta conducta; dato que entraña una enseñanza y cuyo interés para el lector no debiera ser meramente anecdótico. Finalmente, la presentación de las discusiones tiene una modalidad tal que estas quedan abiertas; rasgo que debiera sorprender a quienes creen en la falsa reputación de dogmatismo asociada a los tratados talmúdicos.[3]

Nuestro texto, como todo texto talmúdico y como todo comentario de estos textos, por modesto que sea, vale para el pen-

---

3. Los tratados talmúdicos representan la consignación por escrito –entre los siglos II y VI de nuestra era– de lecciones orales de doctores rabínicos y de las discusiones que se dieron entre ellos. Estas lecciones y estas discusiones son, para la tradición judía religiosa, enseñanzas que se remontan al Sinaí, completando o esclareciendo las enseñanzas de la Torá escrita (la Biblia y, más específicamente, el Pentateuco) y que, como Torá oral, significan teológicamente la Palabra y la Voluntad de Dios con tanta autoridad como la Torá escrita.

samiento judío tradicional como discurso religioso y como relación a Dios, relación que es al menos tan íntima como la que depara la plegaria. Cualidad que, en nuestro caso, irrumpiría como por añadidura. De hecho nos propondremos simplemente explicar lo dicho –y lo no-dicho, lo simplemente sugerido– por el texto, en tanto que contribución a la reflexión sobre el lenguaje religioso abierta por Paul Ricoeur.

He aquí el texto.[4]

Mishná

A quien dice "Tu misericordia se extiende hasta el nido de pájaro" o, "Que tu Nombre sea recordado por el bien (que tú realizas)" o a quien repite: "Nosotros (te) damos las gracias", se le hace callar.

Guemará

Se entiende que a quien repite dos veces: "Nosotros damos gracias", se lo silencie, porque pareciera rendir culto a dos deidades. Se entiende también que se acalle a quien dice: "Que tu

---

4. Incluye, como todos los textos talmúdicos, dos partes separadas que se suceden: *Mishná* y *Guemará*. *Mishná* significa "enseñanza" o bien "lección a ser repetida". *Guemará* quiere decir "tradición": aparece como comentario o discusión de la *Mishná*; también es el término con que se designa el conjunto del Talmud (*Mishná + Guemará*), término que podría traducirse como "estudio". El Talmud (o la *Guemará*) representa la Torá oral a través de la cual la Torá escrita –el Pentateuco o el conjunto del Antiguo Testamento– es leída por el judaísmo tradicional. La *Mishná* enuncia enseñanzas prácticas o relativas a la conducta (*Halajá*), atribuidas a los doctores rabínicos de mayor autoridad –los Tanítas– y consignadas por escrito hacia fines del siglo II de nuestra era. La *Guemará*, que por lo general se ocupa de los enunciados de la *Mishná*, se compone de discusiones que tuvieron lugar en las academias rabínicas de Tierra Santa y de Babilonia a partir del siglo III, entre los doctores denominados *Amoraim*; estas discusiones fueron consignadas por escrito hacia fines del siglo VII.

Nombre sea recordado por tu bondad", pues esto significa que se lo alaba por lo bueno mas no por lo malo, y fue enseñado que una persona está obligada a bendecir por lo malo tanto como por lo bueno. Pero, ¿por qué hacer callar a quien dice: "Tu misericordia se extiende hasta el nido del pájaro"? Dos doctores (*amoraim*) discuten al respecto en Occidente:[5] "Rav Iosi bar Avin y Rav Iosi bar Zevida.

Uno dice: "Lo acallamos porque provoca recelo en las obras de la Creación", y el otro dice: "Lo silenciamos porque convierte los preceptos del Santo, Bendito sea, por actos de misericordia, mientras que no son sino decretos, disposiciones de Su voluntad". Un día, delante de Raba alguien rezaba [en estos términos]: "Tú has mostrado misericordia hacia el nido del pájaro, ten compasión y misericordia de nosotros". Al escucharlo Raba dice: "¡Cómo sabe este estudioso de la Torá agradar a Dios!". Abaie le dijo a Raba: "¿No habíamos aprendido que debíamos hacerlo callar?". En realidad Raba sólo había querido poner a prueba la agudeza del espíritu de Abaie. Un día, alguien rezaba delante de Rav Janina [en los siguientes términos]: "Dios grande, valiente, temible, noble, vehemente, temible, fuerte, poderoso, seguro y honrado". Rav Janina esperó a que terminara. Cuando terminó de rezar le dijo: "¿Has agotado todos los elogios [que glorifican] a tu Señor? ¿Para qué todas esas alabanzas? Nosotros, ni siquiera hubiéramos podido pronunciar las tres alabanzas que tenemos costumbre de recitar [en la plegaria], si Moisés, nuestro maestro, no las hubiera dicho delante de la Torá y si los hombres de la Gran Sinagoga no las hubieran instituido [en el ritual]. ¡Y tú dices eso y mucho más! Esto se compara a un rey de carne y sangre que

---

5. En Tierra Santa, que se encuentra en Occidente en relación a Babilonia donde se elabora la presente *Guemará*. Desde el siglo III, las comunidades de Babilonia logran, en el mundo judío, una supremacía considerable y las academias rabínicas de *Sura* y de *Pumpedita* se vuelven célebres.

poseía mil veces mil dinares de oro y al que se alababa [por poseer dinares] de plata. ¿No es esa acaso una manera de deshonrarlo?". Y Rav Janina dijo: "Todo está en las manos del Cielo, salvo el temor al Cielo, pues ha sido dicho (Deuteronomio X, 12): 'Y ahora Israel, lo que el Eterno, tu Dios, te pide, es, únicamente, temer a El Eterno, tu Dios'. ¿Acaso el temor al Cielo constituye un asunto menor?". ¿Acaso Rav Janina no ha dicho en nombre de Rabí Shimón ben Iojai: "El Eterno sólo tiene en su tesorería el tesoro del temor al Cielo, pues ha sido dicho (Isaías XXXIII, 6): 'El temor a Dios, he aquí su riqueza'?". Ciertamente para Moisés era poca cosa, pues Rav Janina dijo: "Similar al caso en que se pide a un hombre un objeto importante y que él posee, es como [si se le pidiera] un objeto sin importancia; si se le pide un objeto sin importancia y que él no posee, es como si se le pidiera un objeto importante". A propósito de "Quien dice dos veces: Nosotros te rendimos gracia, lo haremos callar", Rav Zeira dice: "Quienquiera diga dos veces *Shemá* se parece a quien dice dos veces 'Nosotros te rendimos gracia'". Por eso la objeción a partir de una *baraita*: quien recita el *Shemá* repitiéndolo es ignominioso. Se lo acusa de ignominioso pero no se hace callar a quien lo dice. ¡Ningún dificultad aquí! La *baraita* se refiere a cuando se repite palabra por palabra antes de continuar con la siguiente; mientras que el caso en el que silenciamos es aquel en el que alguien recita versículo por versículo y los repite, como si aceptara la existencia de otros dioses. Se enseña aún: Rav Papa le dijo a Abaie: "Quizá recitó la primera vez sin concentrarse suficientemente en el texto y la segunda vez para fijar el texto en su mente". Abaie le respondió: "¿Acaso existe un espíritu amistoso con el Cielo? ¡Si no se concentra desde el comienzo, se lo golpea con un martillo de herrero hasta que se concentre!".

1. Las tres "prohibiciones"

Nuestra *Mishná* denuncia el carácter inadmisible de tres fórmulas de plegaria, a pesar de su forma piadosa.

La primera alude a Deuteronomio XXII, 6: "Si encuentras en tu camino un nido sobre cualquier árbol o sobre el suelo, con pichones o huevos, sobre los cuales se encuentre echada la madre, no tomarás a la madre con la cría; estás obligado a dejar partir a la madre, y tomarás los pollos para ti; de tal modo, serás feliz, y prolongarás tus días". Dejemos de lado las múltiples explicaciones de este versículo bíblico que propone la hermenéutica rabínica; explicaciones de su texto, de sus detalles, de sus posibles símbolos. En la oración paradójicamente proscripta, este versículo es entendido como una glorificación de la misericordia de Dios, que parece extender su protección hasta el reino animal, reino que sin embargo se encontraría subordinado al hombre (Génesis I, 28).

La proscripción de la segunda fórmula puede parecer aún más extraña: prohibiría invocar el nombre de Dios, cuando su invocación ha sido motivada por los favores recibidos.

La tercer "inconveniencia" –que también resulta sorprendendente– se originaría en la repetición de los términos "Nosotros te damos las gracias", con la que comienza una de las bendiciones que figura en la plegaria cotidiana del ritual israelita denominada "Dieciocho bendiciones".[6]

---

6. La antigua plegaria de las "Dieciocho bendiciones" constituye la base de la liturgia cotidiana de los israelitas, junto con la recitación del *Shemá* que comienza por el célebre "Oye, Israel, el Eterno es nuestro Dios, el Eterno es Único" (Deuteronomio VI, 4-9, seguido de Deuteronomio XI, 13-21, y termina en Números XV, 37-41). La prohibición de repetir los términos "Nosotros te damos las gracias", se refiere a la plegaria de las dieciocho bendiciones. Respecto de la prohibición relativa a la invocación de Dios por los favores recibidos, la *Guemará* se va a referir al *Shemá*. Habría pues, desde un punto de vista formal, un cierto orden en la enumeración de las prohibiciones. La parte final de nuestro texto que co-

"Es preciso acallarlo", esta expresión con la que finaliza la *Mishná* será precisada en la *Guemará*, a partir del relato de la conducta de Raba y de Rav Janina.

2. Del hombre a Dios: confesión de la unidad de Dios y amor a Dios

¿A qué se deben estas tres prohibiciones? ¿Cuál es su cohesión? La *Guemará* explica en primer lugar las dos últimas. El que repite "Nosotros te damos las gracias" parece dirigirse a dos deidades divinas en lugar de confesar el estricto monoteísmo. Extremo formalismo en el respeto del exclusivismo monoteísta y extrema importancia otorgada a los efectos psicológicos del simbolismo de las actitudes, de los gestos y de las palabras. Disciplina característica de la cultura judía y de la cual dependería también un lenguaje verdadero. ¿Pero multiplicar las "acciones de gracia", "extenderse en agradecimientos", otorgar reconocimiento a todos los que nos satisfacen, no es acaso, aún por fuera de la vida ritual propiamente dicha, reconocer o inventarse numerosos cultos, perder la distinción entre los niveles, y como olvidar que Dios –el Más-Alto, *El Elion*– es único?

Pero este culto de lo único, ¿es capaz de resistir al dualismo insuperable del bien y del mal? Tentación: traicionar el monoteísmo, invocando el Nombre de Dios sólo para el bien que viene de él, pensando a las fuerzas del mal como independientes de la voluntad divina. Peligro de una herejía que no apunta a una posición puramente intelectual, sino a la vivencia fundamental

---

mienza con la intervención de Rav Zeira, acerca también el "Nosotros te damos las gracias" al *Shemá*. A lo largo de nuestro comentario intentaremos poner de manifiesto su cohesión interna.

de la relación a Dios. ¿Cuál es entonces la piedad en virtud de la cual es posible el hablar-a-Dios –la plegaria–? Este es el verdadero tema de nuestro texto, texto que a primera vista podía resultar tan formalista. Plantea la cuestión del lugar que corresponde al amor a Dios en esta vivencia, y de la naturaleza de este amor religioso: ¿este amor es acaso reconocimiento por la satisfacción de nuestras necesidades? ¿O consiste más bien en la gratitud por una proximidad? Nuestra *Guemará* evoca en efecto una enseñanza de los Tanaítas, una *Mishná* según la cual "el hombre debe bendecir a Dios por el mal, como lo bendice por el bien" (54 a de nuestro tratado). A continuación propongo una traducción de la traducción que propone la *Guemará* de aquella *Mishná* (60 b), texto que a su vez debe ser interpretado.

La *Mishná* dice: "El hombre debe bendecir a Dios por el mal (que padece), tal como debe bendecirlo por el bien, pues está escrito (Deuteronomio VI, 4-9): 'Amarás el Eterno tu Dios con todo tu corazón, con toda tu alma (*souffle*), con todos tus recursos (o con toda tu fuerza) (*surplus*)'. 'Con todo tu corazón' significa con tus dos inclinaciones, tanto la inclinación al bien, como la inclinación al mal.[7] 'Con toda tu alma (*souffle*)' significa: aun si tuvieras que perder la vida en el intento. 'Con todos tus recursos (*surplus*)' significa: con todo lo que posees.[8] Otra explicación: con todos tus recursos (*surplus*): sea cual fuere la medida que él te aplique,[9] sé agradecido".

---

7. El pretexto para pensar en "dos inclinaciones" es provisto por la palabra hebrea *levavejá* ("tu corazón") que, preferida ante *libeja*, también posible, contiene la repetición de la letra V.
    8. Curiosa y profunda gradación: como si el "dar a" pudiera ser más difícil que el "morir por"…
    9. Hay aquí un juego de palabras intraducible, en torno al misterioso término hebreo *meodeja*, que traducimos por "*surplus*" (excedente), palabra que asociamos –licencia rabínica– con la palabra *midot*, "atributos" o "medidas", para hacer posible la traducción que proponemos.

Veamos a continuación la *Guemará* que "ilumina" esta *Mishná*: "¿Qué significa que: 'una persona está obligada a pronunciar una bendición por lo malo tanto como pronuncia una bendición por lo bueno'? Si dices que así como una persona pronuncia una bendición por lo bueno 'Quien es Bueno y hace el bien', así también pronuncia por lo malo la bendición 'Quien es bueno y hace el bien', es difícil aceptarlo, porque he aquí que se enseñó en nuestra *Mishná*: por las buenas nuevas se dice: 'Bendito eres Tú, El Eterno, nuestro Dios, Rey del Universo, Quien es Bueno y hace el bien' y al recibir malas noticias se dice (solamente): 'Bendito eres Tú, El Eterno, nuestro Dios, Rey del Universo, Juez que hace justicia según la verdad'. Rava respondió: 'La ley pide simplemente que la mala noticia sea recibida con alegría (sea cual fuere la fórmula empleada para expresar la gratitud)'. Rav Aja, en nombre de Rabí Levi, dice: '¿Cuál es el versículo que lo enseña en la Escritura? Es Salmos CI, 1: 'Deseo cantar la bondad y la justicia, a Ti, El Eterno, yo dirijo mi cántico'. Si hay bondad (y la bondad siempre es amable), yo cantaré, si hay justicia (que no siempre lo es), yo (también) cantaré". Rav Shmuel bar Najmani dice: "Yo lo tomo de Salmos LVI, 11: 'Gracias a El Eterno (escrito en Tetragrama) yo puedo celebrar su decisión; gracias a Elohim, yo puedo celebrar su decisión'. Gracias a Dios (escrito en Tetragrama, que significa, según la tradición rabínica, la Misericordia divina), yo celebraré cuando se trate de una dádiva. Gracias a Elohim (que significaría, según la misma tradición, la estricta justicia de Dios), yo celebraré cuando se trate de un castigo". Rav Tanjum dice: "Yo lo tomo de Salmos CXVI, 3-4: 'Yo levantaré la copa de las salvaciones y proclamaré el nombre de El Eterno. Yo había sentido desazón y dolor, pero yo invoqué el nombre del Señor'". Y los Sabios dicen: "La enseñanza surge de Job I, 21: 'El Eterno ha dado, el Eterno ha quitado. Bendito sea el Nombre del Eterno'".

¿Qué hay detrás de esta demostración erudita? Antes que na-

da es importante subrayar que el aparente aferramiento a la literalidad del texto, es en realidad la expresión de una profunda
atención al espíritu del texto bíblico y de una hermenéutica que
ubica un pasaje del Deuteronomio en el marco de la Biblia pensada como un todo. Un verdadero comentario de este comentario debería retomar cada una de las referencias bíblicas y precisar los desplazamientos que introduce cada una de esas citas. Sin
agotar ese trabajo, propongo volver sobre la última opinión, atribuida a los Sabios (atribución que suele introducir la opinión
más autorizada). En efecto, basta con remitirse al contexto de
Job I, 21 para ver que la bendición del Eterno a la hora de la des-
gracia no es la expresión de una insensibilidad, ni de una inversión de la sensibilidad natural. Es, en el dolor, un más-fuerte-
que-el-dolor, un más allá de la sensibilidad.

A nosotros, lectores de la página 33 a de *Berajot*, que obli-
gados a "hacer callar al que agradece a Dios evocando solamente los favores obtenidos", descubrimos el amor en el corazón de
la devoción, la *Mishná* en 54 a y la *guemará* en 60 b nos ayudan
a precisar la noción de este amor. Este trasciende las preferen-
cias de nuestras pulsiones naturales, como si, más allá de los
bienes que, conformes a nuestra medida y a nuestras capacidades, es decir a nuestras necesidades, nos satisfacen, fuese posible el bien de un apego des-interesado –el bien ético– capaz de
conciliar las contradicciones de la naturaleza humana y de orde-
nar el sacrificio de nuestro ser y de nuestros bienes. Apego que
es también una gratitud experimentada a partir de la conciencia
de una proximidad mayor que la intimidad de la satisfacción.
Gratitud por la proximidad misma vivida en la gratitud, como si
el propio sentido de la palabra Dios y la posibilidad de evocarlo
y de invocarlo –el discurso trascendente– surgiese en este apego. Esta proximidad y esta gratitud llamadas amor caracterizan
al monoteísmo. Como si la posibilidad del bien ético por encima de la diferencia entre bienes y males naturales, marcase la

irrupción de la trascendencia y fuese la fuente del lenguaje religioso.

¿Cuál es la vía o el estado de ánimo que conduce a este amor trascendente? Como veremos a continuación, tal es el problema del que trata el resto de nuestro texto. Entretanto, hemos mostrado cómo la inconveniencia de evocar a Dios "únicamente por los bienes recibidos" compromete tanto al monoteísmo como aquella que consiste en hacer proliferar las gratitudes.

3. De Dios al hombre: ¿preferencia o justicia?

¿Pero por qué sería reprehensible la evocación de la misericordia divina que se extiende hasta el nido del pájaro?

Rav Iosi ben Abin teme los celos que esta expresión –o este pensamiento– puede llegar a despertar en la obra de Creación. La criatura está sometida a la justicia estricta. La misericordia privilegia a una criatura. ¿No será en detrimento de otra? La expresión "hasta el nido de pájaro", ¿no supone, a la vez, que esta pequeña criatura no tiene, en principio, derecho a la misericordia y que la preferencia puede reemplazar a la justicia? Una misericordia que no es la misma para todos, despierta la envidia, es decir la guerra. No puede ser adjudicada a Dios. Al amor que el hombre debe a Dios –amor que, como acabamos de ver, no es amor sensible– sólo puede corresponder, en el pensamiento y en el discurso, la idea de una justicia divina más elevada que la misericordia.

4. Obediencia y desinterés humano

Pasemos ahora a las ideas implicadas en las dos prohibiciones ya expuestas, prolongación en la que también se inscribe la opinión de Rav Iosi bar Zevida: ¿cómo pensar la relación de Dios con el hombre? La manera en que él piensa esta relación, permite llevar hasta el extremo el desinterés del amor humano. Según Rav Iosi bar Zevida, la evocación de la misericordia que Dios habría experimentado frente al nido de pájaro es inconveniente, no porque exprese una preferencia, sino porque expresa un sentimiento. Los mandamientos de Dios –relación de Dios con el hombre– son las disposiciones de su voluntad. Dentro de la justicia, ciertamente, pero dentro de una justicia injustificable, en la cual no es posible penetrar a partir de los sentimientos naturales del hombre. Y la misericordia se parece aún demasiado a esos sentimientos. Justicia cuyas leyes revisten la forma de mandamientos puros y exigen, en consecuencia, una obediencia de pura heteronomía. De este modo, el amor del hombre por Dios puede ser descrito positivamente, más allá de su característica negativa de amor no sensible. Obediencia que responde a una voluntad totalmente exterior, en la que el hombre no descubre ni siquiera la universalidad formal del imperativo categórico de Kant. Un poco más adelante el texto señala que esta obediencia, vivida como "temor al Cielo", no está "en las manos" del Cielo. La total exterioridad de la voluntad divina –la absoluta heteronomía de sus disposiciones– no obliga entonces al hombre como una fuerza. ¿Acaso la *Guemará* no sugiere que la excepción de la trascendencia divina adquiere sentido en el fenómeno privilegiado de una obediencia casi ciega a una heteronomía total –pero obediencia cuyo propio desinterés la pone al resguardo de todo condicionamiento, ya sea el de la seducción o el del miedo–? En esta heteronomía, hablar de Dios implica, ciertamente, exponerse a la burla de los seres razonables.[10] Pero es también,

---

10. El tema del valor religioso del *jok*, el mandamiento injustificado que provoca la burla de los racionalistas y del "propio Satán", es familiar al pensamiento rabínico (cf. Comentario de Rachi sobre Éxodo XV, 26). Lo es también el hecho de

para el hombre, una forma de alcanzar la mayor intimidad y el reconocimiento de la altura más elevada o, más precisamente, de acceder al propio sentido de la palabra Dios. Momento esencial de la religiosidad judía. Es por ello que la categoría del temor a Dios irrumpirá en la parte central de nuestra *Guemará*. ¿No aparece acaso como la etapa ineludible –y la más exigente– del propio amor a Dios?

5. Las alabanzas imposibles

Esta parte central de nuestra *guemará* se encuentra precedida por dos breves relatos que son enseñanzas.

Se trata, en primer lugar, de la intervención de Raba. Frente a él, un fiel ("alumno de rabinos") evoca en su plegaria, precisamente, la misericordia de Dios por un nido de pájaro. La intervención del maestro no consiste en la interrupción del rezo, sino en manifestar su desaprobación una vez finalizada esta, para evitar la reproducción de la inconveniencia. Desaprobación irónica y ambigua del aprendiz de rabino, para no herir la susceptibilidad espiritual de otro sabio, Abaie. Todo esto atenúa el rigor de la *Mishná*. Ese rigor sólo se aplica a un lenguaje religioso de alto vuelo que, probablemente, ese joven aprendiz, colega del maestro, no ha alcanzado aún. Importa pues tratar con precaución el sentimiento religioso menos afinado, que recurre a un lenguaje espiritualmente menos casto o menos preciso. Esa sería la primer enseñanza.

---

que Israel haya dicho, al recibir el libro de la Alianza en el desierto: "Nosotros ejecutaremos y comprenderemos" (Éxodo XXIV, 71) ubicando el "nosotros ejecutaremos" antes del "nosotros comprenderemos", estando dispuesto a obedecer antes de comprender el enunciado de la ley (tratado *Shabat* 88 a-88 b). Cf. *Quatre lectures talmudiques*, pp. 91-98.

La segunda intervención relatada es la de Rav Janina instruyendo a un fiel que, durante su plegaria, recurre a una serie de adjetivos hiperbólicos para alabar a El Eterno. También aquí la actitud del maestro consiste en instruir y no en interrumpir, en tener comprensión por un sentimiento religioso ingenuo que recurre a un lenguaje natural, seductor aunque impropio. La altura de Dios no se deja expresar empleando el superlativo de atributos naturales. Pero el segundo texto no es una mera repetición del primero. Pone en un mismo plano la exaltación de Dios a partir de los atributos de la potencia y su exaltación por atributos morales. Es que ambos están tomados del mundo. Una tesorería real que contiene oro es cambiada por piezas de plata. La doctrina de Rav Janina llega entonces hasta la proscripción de las alabanzas en el lenguaje religioso. Pero es la altura del Altísimo, su superioridad respecto de todas las alabanzas lo que, implícitamente, lleva a proscribir estos superlativos particulares. Finalmente, más allá de la tolerancia acordada a la espiritualidad menos cultivada, el relato parece reconocer las necesidades propias de las formas institucionales del culto: en una liturgia se deben admitir las alabanzas que Moisés hizo oír y que los hombres de la Gran Sinagoga han inscripto en el ritual.[11] Si no fuese por las necesidades de estas instituciones, si no fuese por el pequeño número de hipérboles admitidas, si no fuese por la autoridad de estos maestros, las alabanzas a Dios como lenguaje religioso serían inadmisibles.

---

11. "Dios grande, fuerte, temible" son palabras de Moisés en Deuteronomio X, 17; también son retomadas en la primer bendición de la plegaria de las Dieciocho bendiciones, cuya institución es atribuida a los "hombres de la Gran Sinagoga" que habrían vivido en la época posterior al retorno del cautiverio de Babilonia. De estos tres atributos, Jeremías deja de lado "temible" (Jeremías XXXII, 18) y Daniel (IX, 4) deja de lado "fuerte". Véase sobre este punto el tratado talmúdico *Ioma* 69 b.

6. El temor de Dios

Es frecuente que el texto talmúdico, al evocar un dicho de un sabio rabínico, cite también sus otros dichos, incluso aquellos que parecen no guardar relación alguna con el tema en discusión. Pero detrás de esta aparente complicación injustificada hay que preguntarse si entre esos dichos no existe alguna ligazón profunda; ligazón que relanza la discusión, que abre en ella nuevas perspectivas, que proyecta nuevas facetas o que descubre su verdadero objeto. Acaba de hablar Rav Janina. Su nueva afirmación acerca del valor único del temor a Dios en la "tesorería divina", temor que sólo el hombre puede aportar, pues escaparía al poder de Dios, revela en realidad el secreto de la relación a Dios y del discurso religioso, hacia los cuales se dirigía el conjunto de la discusión que estamos comentando.[12]

El tesoro único de la tesorería divina es el temor a Dios. ¡A pesar de todo lo que ha sido dicho sobre el amor! Pero quizá, debido a todo lo que ha sido dicho sobre el amor interesado. El temor a Dios es el punto neurálgico e inevitable de la relación con Dios. Un temor que no sería el simple miedo despertado por la amenaza –¡amenaza que sin dudas se encuentra entre los poderes propios de una omnipotencia!–. Temor que responde, en consecuencia, no a la potencia absoluta pensada a partir de las fuerzas del mundo, sino, primordialmente, a la alteridad del absolutamente Otro. Este sólo puede manifestar su alteridad sin traicionarla, a través de una heteronomía reconocida por la obediencia como superioridad sin violencia, como única, como superioridad específicamente divina: he aquí la verdadera altura del Cielo. ¿Acaso no es esto el temor? Temor libre: reconocimiento en forma de obediencia, pero de obediencia sin servi-

---

12. La metáfora de la tesorería celestial es también sugerida por la parábola del "rey de carne y sangre que posee mil millares de dinares de oro".

dumbre en el descubrimiento de las obligaciones sin necesidad, más allá de las leyes que rigen el ser. Pavor ante el mal implicado en la desobediencia al más Alto. Temor a Dios que se manifiesta concretamente como preocupación por el otro hombre. Pavor que testimoniaría la presencia Dios.[13] Testimonio que sería su significación o su revelación originaria. Pero la posibilidad de adherir a esta alteridad total y única, es decir de dar testimonio del Altísimo mediante esta obediencia, definiría –y justificaría– la humanidad del hombre, y describiría su libertad. El temor del Cielo no depende de la potencia del Cielo, dice Rav Janina, pero dice también que este temor es la única riqueza del Cielo. Respecto de su único tesoro, Dios es demandante. El hombre está llamado a responderle. Esta respuesta no sería nada si sólo fuera el resultado de una amenaza, si fuese del orden de una interacción mundana. A la dependencia sin heteronomía de la que habla Ricoeur, nuestro texto parece oponer una exaltación de la heteronomía y de la obediencia que significaría, precisamente, una independencia.

La economía divina necesita del hombre capaz de dar testimonio de Dios. Curiosamente, el final del versículo de Isaías (XXXIII, 6), que permite a Rav Janina afirmar que el temor a Dios es el único tesoro de la tesorería celestial, mantiene, en su versión hebrea, una cierta ambigüedad respecto del posesivo de "*su* tesoro". El versículo que inicialmente se dirige en segunda persona al hombre, termina con la tercera persona del posesivo. ¿Se trata del tesoro de Dios o del tesoro del hombre? A menos que esta singularidad de la sintaxis en el versículo de Isaías signifique para Rav Janina que el temor a Dios es teso-

---

13. "Vosotros sois mis testigos", dice El Eterno (Isaías XLIII, 10). Cf., de este versículo el comentario del antiguo *Sifri* sobre Deuteronomio XXXIII, 5: "Cuando sois mis testigos, yo soy Dios; cuando no sois mis testigos, yo no soy Dios".

ro de Dios, en la medida en que este estado es lo propio del hombre.[14]

7. Temor a Dios y temor por el hombre

El temor a Dios puede expresarse de otra manera que como el sentimiento banal del miedo provocado por la amenaza –amenaza que pesa sobre nuestro ser o sobre nuestro bienestar–.[15] Es lo que pareciera desprenderse de la continuación de nuestro texto. El Eterno exige "solamente el temor a Dios", lo pide a su pueblo y por boca de Moisés. ¿Exige demasiado poco? ¿Acaso no está exigiendo un valor de la propia tesorería celestial? La respuesta de la *Guemará* consiste en subrayar que la expresión: "solamente el temor a Dios", es precisamente de Moisés. Expresa su punto de vista. El temor a Dios está en su poder. El temor a Dios cuyo precio es, efectivamente, inestimable, cuesta poco a Moisés; a Moisés y a sus discípulos, al maestro de la Torá y al pueblo de la Torá. Se establece así el lazo entre, por un lado, el temor a Dios y, por el otro, el reconocimiento de la Torá –conocimiento y estudio–.[16] Volvemos así al rol fundamental desem-

14. Si estuviese permitido mezclar en el comentario de la *Guemará* un vocabulario que le es completamente ajeno, diríamos que la altura del Cielo recibe un sentido diferente al espacial, a partir de nuestro poder de pensar un *superlativo* absoluto; que este poder de pensar da cuenta de la presencia de la idea de lo Infinito en nosotros; que su propio modo de ser en nosotros es, precisamente, el de la obediencia a una Ley que mantiene su heteronomía; y que esta modalidad, para el Infinito, de ser en nosotros bajo forma de la obediencia humana, es también el modo según el cual el Infinito trasciende lo finito, es decir realiza su propia infinitud.

15. Cf. Salmos II, 11: "Regocijaos temblando", comentado en le tratado *Berajot* 30 b.

16. De manera significativa, la expresión "temer a Dios" aparece en el Pentateuco en una serie de versículos que ordenan especialmente la preocupación y el respeto por el prójimo. Como si la orden de "temer a Dios" no sólo fuese agregada

peñado por un texto, es decir al nacimiento del sentido en el lenguaje; el sentido, aunque fuere el de la obediencia, resultaría inseparable de esa situación. La relación a la trascendencia es inseparable del discurso. Ciertamente, es posible invocar la presencia de la facultad poética –en un sentido amplio del término– en la hermenéutica que guía la escucha y la lectura de ese discurso. Pero ello no quita que las virtudes y la autoridad del maestro, es decir las "violencias" de la tradición y de la comunidad, imponen ciertos límites heterónomos a la espontaneidad de esta "poesía" esencial a la significación.

8. Temor a Dios y educación

La Torá, entonces, es la que educa al hombre en la humanidad del temor a Dios. El estudio de la palabra de Dios establece o constituye la relación más directa a Dios, relación que es quizá más directa que la que depara la liturgia. Razón por la cual, la enseñanza, en el judaísmo, ocupa un lugar central, asegurando la religiosidad del discurso religioso. Pero la educación del temor a Dios no es olvidada. Antes del final, nuestro texto vuelve una vez más sobre la "prohibición" inicial de reiterar la expresión: "Nosotros te damos las gracias". ¿Por qué no asimilar el caso de esta duplicación, al de la repetición (autorizada, a pesar de ser tratada de inelegante por Rav Zeira) de la oración del *Shemá*? La prohibición no apunta a la mera repetición de ciertas palabras (caso del *Shemá*), de ciertos gestos verbales que, al ser dichos

---

para reforzar la orden "de no insultar un sordo" y de "no poner un obstáculo en el camino de un ciego" (Levítico XIX, 14), de no "dañar a otro" (Levítico, XXV, 17), de no aceptar interés ni ganancias de parte "del hermano caído, sea extranjero o recién llegado" (Levítico, XXV, 36), etc., como si el temor a Dios se viera definido por estas prohibiciones éticas; como si "el temor a Dios" fuese el temor por el prójimo.

nuevamente, pierden el sentido que tenían en la proposición. La interdicción sólo se aplica a la repetición de proposiciones dotadas de sentido.[17] El retorno a la "prohibición de duplicar" permite también insistir, en esta conclusión, sobre la idea de disciplina y, en consecuencia, sobre la intervención educativa autoritaria de la comunidad: no cabe intentar justificar la repetición de las expresiones de la plegaria, apelando al pretexto de una primer recitación, puramente mecánica, que exigiría una segunda recitación en aras de poder alcanzar una mayor concentración. Una recitación puramente mecánica expresaría un relajo. El temor y el amor a Dios excluyen estas actitudes "amistosas". Se requiere una educación, y la educación puede convertirse en constricción. Obligación de la comunidad o de la tradición que puede ser la palabra inaugural, de la cual depende todo el resto.

17. Es interesante notar hasta qué punto esta evocación del *Shemá* –cuya importancia en el ritual judío ya hemos señalado– es pertinente a modo de conclusión. En la estructura de la composición de versículos que contiene, podemos encontrar el orden de las ideas que hemos trabajado: afirmación de la unidad de Dios, del amor desinteresado ligado al temor a Dios, a la obediencia, al estudio de la Torá, a la educación.

Teologías

De la lectura judía de las escrituras

No realizaremos aquí un inventario de todas las figuras de la hermenéutica judía de la Biblia. Una recopilación semejante exigiría una investigación muy vasta, que tuviera en cuenta las diversas épocas y tendencias. También habría que fijar la credibilidad de los intérpretes, credibilidad que no depende del consenso logrado por este o aquel intérprete, sino más bien de la inteligencia de cada uno y de su familiaridad con la tradición. Las "Trece figuras de la interpretación de la Torá" del muy citado Rabí Ishmael, o los famosos cuatro niveles de lectura: *peshat* (sentido obvio), *remez* (sentido alusivo), *drash* (sentido solicitado), *sod* (sentido secreto), a partir de cuya sigla vocalizada se obtiene la palabra *pardes* (jardín), llaman, a su vez, a la exégesis y constituyen apenas ciertos aspectos de la relación rabínica con el texto. Sólo una reformulación moderna de este –reformulación que aún no ha sido realizada– permitiría poner fin a las enseñanzas abusivas, que citan las fuentes tradicionales como si, bajo las letras hebreas que las recubren, todas ellas proviniesen de una misma profundidad.

Nuestro proyecto es más modesto: ilustrar por medio de ejemplos ciertas formas de leer, presentando un fragmento talmúdico que propone una exégesis de algunos versículos bíblicos. Esto nos llevará a introducir algunas consideraciones de carácter más general, ya que el fragmento elegido trata precisamente, en su parte final, del alcance de la interpretación de los textos bíblicos. Exégesis de la exégesis, texto privilegiado, aun si no excluye otros abordajes posibles de la misma cuestión, en consonancia con el espíritu pluralista propio del pensamiento rabínico que, paradójicamente, considera dicho pluralismo como compatible con la unidad de la Revelación. Las posiciones múltiples de los doctores constituirían la vida misma de la Revelación, unas y otras serían "palabras de Dios".

El pasaje talmúdico que vamos a comentar nos permitirá introducir la significación que, para la conciencia religiosa judía, puede cobrar el comentario de las Escrituras, como vía hacia la trascendencia. Significación que quizá sea esencial a la formación de la noción misma de exégesis bíblica.

Pero un texto talmúdico que comenta versículos exige, a su vez, una interpretación. Sus intenciones no se desprenden de manera inmediatamente evidente de sus enunciados –enunciados que, a un lector poco experimentado, no pueden sino resultar insólitos–. Los textos talmúdicos poseen distintas dimensiones y admiten varios niveles de lectura. De ahí un tercer grado hacia el final de nuestro comentario: interpretación de la exégesis talmúdica de la exégesis. Creemos que una lectura semejante del Talmud sólo puede realizarse recurriendo a un lenguaje moderno, es decir remitiéndose a problemáticas actuales. Ciertamente, esta lectura no es, tampoco, la única posible, pero tiene valor de testimonio: da cuenta de una de las formas de comprender la hermenéutica judía tradicional, por parte de los judíos contemporáneos, sobre todo cuando buscan allí un aliciente para el pensamiento y enseñanzas acerca de lo fundamental.

1. Consideraciones preliminares

El texto que vamos a comentar ha sido extraído de una de las últimas páginas del tratado de *Makot* del Talmud babilónico. Se trata de un tratado breve, de unas cincuenta páginas, dedicado a las sanciones judiciales, entre las cuales figura, en referencia a Deuteronomio XXV, 2-4, la flagelación (*makot* = golpes dados). El pasaje dedicado a la exégesis de la página 23b tiene por contexto inmediato una discusión teológico-jurídica: ¿es acaso posible exonerar de la sanción de "separación del propio pueblo", decidida, según el Talmud, por "el tribunal celestial", recurriendo a la pena de flagelación, infligida por un tribunal humano? La "separación del propio pueblo", la sanción teológica de mayor gravedad, significa la exclusión del "mundo por venir", que a su vez designa el orden escatológico en sus términos finales, mientras que la "época mesiánica", perteneciente aún a la Historia, constituye un estadio penúltimo respecto del "fin de los tiempos". ¿De qué manera una decisión humana –en el caso en que la flagelación exonerase de la "separación"– puede intervenir en un ámbito que sobrepasa al hombre? ¿Cómo puede asegurarse de estar de acuerdo con la voluntad divina? Estas preguntas suponen la trascendencia y una relación que pasa a través de este intervalo absoluto. Remiten al problema de la posibilidad de una relación de ese tipo, problema que se plantea también ante la exégesis escrutadora del pensamiento divino.

Antes de abordar el texto, es preciso realizar una serie de consideraciones más generales. De hecho, para un lector poco familiarizado con estos temas, el carácter singular o inactual de esta flagelación o de este aislamiento exige algún tipo de aclaración. Toda esta temática de los "golpes", de la transgresión o de la culpabilidad que presupone, puede afectar nuestras almas liberales; del mismo modo en que la referencia a un "tribunal celestial" puede resultar chocante a nuestro entendimiento moderno, por la "visión del mundo", perimida o cuestionable, que implica.

Pero para poder acercarnos hacia un sentido que se conserva a pesar de un lenguaje aparentemente perimido, es preciso asumir pacientemente –como admitimos las convenciones de una fábula o de una puesta en escena– los datos del texto en su propio universo. Hay que esperar a que se pongan en movimiento y así se liberen de los anacronismos y del color local sobre los cuales se levanta el telón. El pensamiento no debe dejarse intimidar por este lenguaje "exótico" o "inactual", por lo que pueda llegar a contener de pintoresco, por el sentido inmediato de las cosas y de los actos que denomina. Todo esto se va a ir cobrando vida. Y con frecuencia, a partir de preguntas en apariencia incongruentes o insignificantes. Las cosas concretamente designadas, sin desertar sus conceptos, se verán sin embargo enriquecidas con nuevos significados, en virtud de la multiplicidad de sus aspectos concretos. Es lo que denominamos la modalidad paradigmática de la reflexión talmúdica: las nociones permanecen continuamente en comunicación con los ejemplos a los que vuelven –mientras que deberían haberlos utilizado simplemente como trampolines para elevarse a la generalización–.

2. Tribunal y amor al prójimo

Retomemos ahora los principales puntos de una discusión acerca de la flagelación, la "separación del propio pueblo", y las sanciones del tribunal humano y celestial. Aceptemos ese modo de hablar y el formalismo jurídico de esas afirmaciones.

Según Rabí Janania ben Gamliel, las personas culpables de ciertas transgresiones que son condenadas a la separación por la Ley del Pentateuco, son eximidas de esta condena si se someten a la flagelación impuesta por el tribunal terrenal. ¿El tribunal humano puede acaso tanto como la misericordia celestial, tanto como la gracia? ¿La gracia se manifiesta en el tribunal? Rabí Janina hace referencia a Deuteronomio XXV, 3: "Cuarenta veces lo azotará y no más; al sobrepasar ese número, se le daría de más y tu hermano sería degradado ante tus ojos". La palabra "hermano" es esencial en este contexto. Se trata de sancionar sin envilecer. Rav Janina rompe con la tenebrosa fatalidad mitológica que indicaría una tiranía religiosa, para proclamar que no existe falta en relación al Cielo que, entre hombres y en la claridad, no pueda ser expiada. El tribunal sería entonces, también, el sitio en el que se manifiesta la voluntad divina en tanto que voluntad regeneradora. Violencia, ciertamente. Pero acto sin venganza, sin desprecio y sin odio. Acto sin pasión. Acto fraternal que procede de una responsabilidad por el prójimo. La posibilidad de ser el guardián del prójimo, contra la visión cainesca del mundo, define la fraternidad. En el tribunal que razona y que sopesa, el amor al prójimo sería posible. La justicia impartida por los justos se hace misericordia, no en la indulgencia incontrolable, sino a través de un juicio. Dios habla a través de una misericordia que nace en el rigor del tribunal. La indulgencia pura, el perdón gratuito, siempre se produce a expensas de un inocente que lo ignora. Esta sólo le está permitida al juez en la medida en que él, personalmente, asuma los costos de esa indulgencia.[1] Pero es conveniente para el juez humano, para el hombre, para el hermano del culpable, reincorporar a los excluidos a la fraternidad humana. Ser responsable al punto tal de responder por la libertad del otro. Heteronomía como condición de la autonomía en la fraternidad humana, pensada en el judaísmo con agudeza a partir

---

1. "El juez ha pronunciado su sentencia, ha liberado al inocente y ha condenado al culpable, se ha dado cuenta de que quien debe pagar es un pobre hombre, y entonces ha devuelto el dinero a este último de su propio bolsillo. Esto es justicia y caridad...", Tratado *Sanedrín*, 6 b (trad. del Gran Rabino Salzer, p. 27).

de la categoría de la paternidad divina.[2] La justicia divina se viste de fraternidad al manifestarse en un tribunal humano. Segundo argumento de Rabí Janania ben Gamliel: un *a fortiori*. Si la transgresión de ciertas prohibiciones "separa a un humano de su pueblo", el cumplimiento de la Ley debería, con más razón, restituirlo a su seno. Ahora bien, someterse a la flagelación decidida por el tribunal, es obedecer a la Ley a la cual un culpable es sometido. ¿Pero por qué "con más razón"? Esto se debe a que la misericordia divina es aun más segura que su rigor. Se trata de un tema del pensamiento rabínico que está siempre presente, al cual Rabí Janania se refiere implícitamente. ¿Acaso no está escrito (Éxodo XXXIV, 7): "El Eterno preserva la benevolencia por miles de generaciones, soporta la iniquidad, el pecado intencionado, y el error, pero no los absuelve. Rememora la iniquidad de los padres sobre los hijos y nietos, hasta la tercera y cuarta generación..."? ¡Y los rabinos interpretan "a miles" como al menos dos mil! Durante al menos dos mil generaciones se transmite el favor acordado al mérito; mientras que durante apenas cuatro generaciones la iniquidad pide justicia: la misericordia es entonces quinientas veces más fuerte que el rigor divino. Detrás de esta aritmética de la gracia, asoma un optimismo moral: la victoria del mal dura apenas un tiempo; mientras que nada se pierde de la victoria del bien sobre el mal.

De ahí la intervención de Rabí Shimón acerca del mérito asociado a la obediencia a las prohibiciones. Intervención que,

---

2. Es contra el paganismo de la noción "complejo de Edipo" que deben ser pensados ciertos versículos, en apariencia puramente edificantes, como los de Deuteronomio, VIII, 5: "Reconocerás entonces en tu conciencia que El Eterno, tu Dios, te castiga como un padre castiga a su hijo". La paternidad tiene aquí el significado de una categoría constitutiva del sentido y no de su alienación. Sobre este punto, al menos, el psicoanálisis atestigua la profunda crisis del monoteísmo en la sensibilidad contemporánea, crisis que no se reduce al rechazo de algunas proposiciones dogmáticas. Amado Levy-Valensi ha insistido, a lo largo de toda su obra, sobre el carácter esencialmente pagano del mito de Edipo.

más allá del significado teológico del enunciado, define una cierta concepción de la vida humana: "aquel que se abstiene de transgredir, es recompensado como aquel que cumple con los mandamientos positivos". La restricción impuesta a la espontaneidad de la vida, tal como aparece en los mandamientos negativos del Levítico XVIII (entre los cuales, las prohibiciones sexuales aparecen como ejemplo privilegiado), es afirmada por Rabí Shimón como garantía de "recompensas". El mandamiento negativo es la restricción por antonomasia; restringe las tendencias (y en particular la ciega profusión del deseo sexual) a través de las cuales la vida es vivida en su espontaneidad como "una fuerza que va". Según Rabí Shimón, el mandamiento negativo prometería recompensas. Ciertamente, podemos esperar de esta promesa lo mismo que espera la fe del carbonero (longevidad, vida eterna o felicidad en la tierra) –tanto como podemos denunciar el espíritu de represión que atormenta al carbonero–. Pero también es posible que esa recompensa de una vida que acepta los límites corresponda a esta vida misma: la limitación de la salvaje vitalidad de la vida permite que esta vida se despierte de su espontaneidad somnámbula, se despoje de su naturaleza, interrumpa sus movimientos centrípetos y se abra así a lo otro de sí. Vida en la cual se reconoce el judaísmo, limitando a través de la Ley esta vitalidad bestial, aceptando esta restricción como la mejor parte, es decir como una "recompensa".[3] La ple-

---

3. Curiosamente, en los últimos párrafos de estas páginas del tratado de *Makot*, se oye el ruido lejano de la vida no reprimida y triunfal, el ruido de Roma. "Un día, Raban Gamliel y Rabí Eliezer y Rabí Ioshua y Rabí Akiva se encontraban en la ruta. Oyeron el ruido de la ciudad de Roma, del Capitolio, a una distancia de 120 millas. Comenzaron a llorar y Rabí Akiva a reír. Ellos le preguntaron: '¿Por qué ríes?'. Él les preguntó: '¿Por qué lloran?'. Le dijeron: 'Los villanos que adoran falsos dioses y rinden honores a ídolos viven en paz y gozan de tranquilidad, mientras que la Casa de nuestro Señor fue quemada, ¿cómo no habríamos de llorar?'. Él les dijo: 'Por eso mismo río. Los que contrarían su voluntad tienen ese destino feliz. Nosotros, con mucha más razón.'" ¿"Con mucha más razón" nosotros seremos recompen-

nitud de sentido de la responsabilidad y de la justicia es privilegiada, a expensas de la vida embriagada por su propia esencia, del furor del apetito desenfrenado del deseo y de la dominación, al cual nada ofrece resistencia, ni siquiera el prójimo.

Rabí Shimón bar Rami deduce la recompensa destinada a aquellos que respetan las prohibiciones, de la promesa realizada en Deuteronomio XII, 23-25 a aquel que se abstiene de consumir sangre: si la abstinencia que responde a una repulsión natural es recompensada, ¡con más razón lo será la abstinencia que contraría el propio deseo! Puede que el horror de la sangre tenga aquí un significado que no es sólo de orden gastronómico. La resistencia a los desbordes sexuales y al gusto por la rapiña sería aún más meritoria. Sin embargo, si damos crédito a los literatos de las grandes metrópolis, ¡es allí donde radicaría la "verdadera vida"! Pero toda esta contabilidad de méritos y de recompensas tiene un significado más amplio. La vida natural comienza quizás en la ingenuidad, en las tendencias y en los gustos aun conformes a la ética; pero si la dejamos librada a su libre curso, termina en el libertinaje sin amor y en el robo erigido en condición social, en la explotación. Lo humano comienza allí donde esta vitalidad, en apariencia inocente pero virtualmente letal, es contenida por las prohibiciones. La auténtica civilización, sean cuales fueren los fracasos biológicos o las derrotas políticas que puedan marcarla, ¿no consiste acaso en retener el impulso de la vida ingenua y en permanecer así en

---

sados algún día? ¿O "con mucha más razón" nuestro destino de justos es, ahora y para siempre el mejor, a pesar de nuestras desgracias? Cuando se está viajando y se está cansado, uno bien puede ser Rabí Gamliel, Rabí Eliezer y Rabí Ioshua –los más grandes entre los más grandes– y aun así el ruido de Roma puede, por un instante, poner en cuestión, en nuestro espíritu y en nuestros nervios, la justicia de la vida justa. Solamente Rabí Akiva es capaz de reírse: no duda, a pesar de las derrotas, acerca de cuál es su mejor parte. Y está seguro de ello, no por la experiencia sensible que es dolorosa, sino por un razonamiento que no funda una promesa, sino un valor.

estado de vigilia, "para la posteridad y hasta el fin de todas las generaciones"?[4] De ahí la reflexión de Rabí Janania ben Acuashia, con la que concluye la *Mishná*: "El Eterno ha querido otorgar méritos a Israel multiplicando sus mandamientos…" y "ha vuelto la Ley grande y gloriosa" (Isaías XLII, 21). Ciertamente, no se trata de crear méritos artificiales o de jugar a la carrera de obstáculos. Sus mandamientos hacen a la grandeza y a la gloria de la justicia, contra una vida vivida como una "fuerza que va" –aún allí donde la naturaleza pareciera mantener a resguardo del mal, como en el horror que uno puede experimentar al consumir o al verter sangre–. No hay tendencia natural lo bastante sana como para no poder ser invertida. La santidad es necesaria para preservar la salud de lo sano.[5]

---

4. Con estas palabras concluye la intervención de Rabí Shimón bar Rami en el texto talmúdico que comentamos: "El que se abstiene habrá adquirido mérito para él y para su posteridad hasta el fin de todas las generaciones".
5. Respecto de las prohibiciones, cabe citar las líneas que figuran a continuación de nuestro texto, en las páginas 23a y 23b del tratado *Makot*: "Rabí Simlai enseñó: 613 mandamientos fueron enseñados a Moisés: 365 negativos correspondientes a los días del año solar y 248 positivos, tantos como miembros hay en el cuerpo humano. Rabí Janina dijo: '¿Cuál es el versículo que nos lo enseña?' – 'Es para nosotros que dictó una Torá a Moisés, ella quedará como la herencia de la comunidad de Israel'(Deuteronomio XXXIII, 4). Torá, de acuerdo al sentido numérico de sus letras hebreas, equivale a 611. Si le sumamos los dos primeros mandamientos del Decálogo enunciado en el Sinaí y a los que oímos directamente de boca del Eterno, eso da 613". ¡Extraña compatibilidad! En realidad, brinda al menos tres enseñanzas:
    a) cada día vivido bajo el sol es una depravación virtual: requiere una nueva prohibición, una nueva vigilancia que la vigilancia de ayer no puede garantizar;
    b) la vida de cada órgano del cuerpo humano, de cada tendencia (poco importan la exactitud o lo arbitrario de la anatomía o de la fisiología que enumeran 248 órganos), es fuente de vida posible. Fuerza que no se justifica por sí misma, sino que debe ser dedicada a lo más alto, a un servicio.
    c) al código que contiene los 613 mandamientos no le alcanza con el número obtenido de la decodificación del valor numérico de las letras que componen la palabra Torá. No se trata de un sistema justificado únicamente por su coherencia: sólo logra instaurar el orden de la vida en la medida en que su origen trascendente se afirma personalmente en él como palabra. La verdadera vida es una vida inspirada.

Pero la grandeza de la justicia evocada por Rabí Janania, y que condiciona una vida de obediencia a múltiples mandamientos, es también la gloria del tribunal y de los jueces. ¡Volver gloriosa la doctrina! Solamente si los jueces observan ellos mismos los múltiples mandamientos, pueden formar la gloriosa asamblea en la que la voluntad de Dios es querida. El juez no es solamente un jurista experto en leyes, él obedece a su vez a la Ley que aplica y ha sido formado por esta obediencia; el estudio de la Ley es en sí mismo la forma esencial de esta obediencia.[6] Una situación semejante es necesaria para que la sanción terrestre pueda reducir la sanción celestial, para tener el derecho de pensar como el salmista, que afirmaba que "Dios se encuentra en la asamblea divina" y que "en medio de los jueces, él juzga" (Salmo LXXXII, 1); para que puedan ser justificados el veredicto del hombre sobre el hombre y la sanción infligida por uno al otro, es decir la responsabilidad de uno por el otro y esa singular estructura ontológica que presupone, en la que uno asume el destino y la existencia del otro, responde por un otro que ni siquiera lo concierne directa o indirectamente. Responsabilidad anterior a la libertad o pertenencia a Dios, que es la única pertenencia que, siendo anterior a la libertad, no destruye la libertad y define quizás el sentido de aquella palabra excepcional: Dios. Dios que aparece *a través de* una asamblea de justos, llamada ella misma divina: Dios como la posibilidad misma de una asamblea semejante. Asamblea de justos que no es la fuente última de su juicio: en ella quiere una voluntad otra, el juicio del juez es un juicio inspirado y sobrepasa o desborda la espontaneidad humana. Es lo que dirá nuestro texto un poco más adelante. La justicia no se resuelve en un orden que ella instaura o restaura, ni en un sistema cuya racionalidad comanda, sin diferencia,

6. Cf. *Quatre lectures talmudiques*.

a hombres y a dioses, revelándose en la legislación humana como las estructuras del espacio en los teoremas de los geómetras, justicia que un Montesquieu llama "logos de Júpiter", recuperando mediante esta metáfora la religión, pero anulando precisamente la trascendencia. En la justicia de los rabinos, la diferencia conserva su sentido. La ética no es un simple corolario de lo religioso, sino que es, de suyo, el elemento en el que la trascendencia religiosa recibe su sentido original.

3. Trascendencia y exégesis

En el fragmento talmúdico que estamos comentando, el texto relativo a la trascendencia sigue a aquel que discute los poderes que tendría un tribunal humano de modificar de algún modo las decisiones del Cielo, estando seguro de no contradecir la voluntad del Tribunal absoluto. He aquí los términos en que está planteado el problema: "Rav Yosef dice: '¿Quién ha estado allí arriba, ha vuelto y ha relatado?'".

La respuesta la proporciona otro sabio, Abaie, en nombre de un maestro tanaíta, Rabí Ioshua ben Levi: "Tres cosas fueron establecidas por los tribunales de aquí abajo, a las cuales el Tribunal de arriba consintió. [Usted dice:] '¿Quién ha estado allí arriba, ha vuelto y ha relatado?' Pero son versículos que se interpretan. Interpretemos por tanto los versículos." Rabí Ioshua ben Levi estaría entonces atribuyendo a la interpretación de los versículos, a aquello que los rabinos denominan *Midrash* (solicitación del sentido), el poder de forzar el secreto de la trascendencia. He aquí las tres "cosas" que habrían sido instituidas por tribunales terrestres, cuya exégesis probaría el acuerdo con la voluntad celestial. En primer lugar, se trata de la institución de la lectura litúrgica del "rollo de Esther", a realizarse durante la festividad de Purim bajo la magistratura de Mardoqueo y de Esther. Esta quedaría justificada por un versículo bíblico (Esther IV, 27): "Los judíos reconocieron y aceptaron". ¿A qué se debe la presencia en este versículo de dos verbos que son casi sinónimos? Es que hubo un reconocimiento distinto de la aceptación: aceptación acá abajo, reconocimiento en el Cielo. En segundo lugar, se trata de la autorización de proferir el nombre de Dios al saludar a una persona humana: en Ruth II, 4, Booz (a quien los rabinos ubican entre los jueces) saluda a los campesinos: "Que el Señor esté con vosotros"; y en Jueces (VI, 12), el ángel dice a Gedeón: "El Eterno está contigo, hombre valiente". Por último, se trata de la prescripción de aportar el diezmo (destinado a los levitas) en el muro del Templo, institución de Esdras, según Nejemías (X, 40). A su vez confirmada por el profeta Malaquías (III, 10): "Aportad el diezmo al depósito para que haya provisiones en mi casa y esperadme, dice el Eterno Tzevaot. (Habréis de ver) si no abro en vuestro favor las cataratas del Cielo, si no derramo sobre vosotros la bendición más allá de toda medida". El Talmud agrega: "¿Qué significa 'más allá de toda medida'? Rami bar Raba dice: 'Hasta que vuestros labios se cansen de decir: suficiente'".

¿Estas "pruebas" no suponen acaso el origen inspirado de todo el canon bíblico? ¿No se dan acaso como evidentes las nociones de altura y de trascendencia, como clara y distinta la idea misma de Dios?

A menos que la pregunta de Rav Yosef, en su aparente ingenuidad, implique en realidad una audacia extrema, al poner en cuestión la significación mitológica de la trascendencia y de la revelación que parece confesar. A menos que su cuestionamiento del "ascenso" de alguien "allá arriba" concierna al gran interpelado del versículo XXIV, 12 del Éxodo: "Sube hacia mí sobre la montaña y quédate ahí, te daré las tablas de piedra, la doctrina y los preceptos". Interpelación cuya realidad no sería, a fin de cuentas, atestiguada sino por un texto que pertenece ya, él mismo, al enunciado de la verdad que debería permitir establecer: petición

de principios que anticiparía toda la crítica histórica de hoy en día.
Pero Abaie, en su respuesta, ¿no está ya tratando a su interlocutor
como uno que pregunta desde este nivel superior? Y esta respuesta, en lugar de fundar la exégesis sobre un dogmatismo cualquiera, propio de la metafísica tradicional adoptada como truísmo, ¿no
consiste acaso justamente en fundar una nueva significación de la
trascendencia y de los demás términos del viejo vocabulario, sobre la estructura del Libro de los libros en tanto que este admite la
exégesis, sobre su privilegio de contener más que lo que contiene
y de ser, en este sentido, un texto inspirado?

Los procesos de lectura que acabamos de ver en funcionamiento sugieren, en primer lugar, que el enunciado comentado
excede el querer-decir del que proviene, que su poder-decir sobrepasa su querer-decir, que contiene más de lo que contiene,
que un exceso de sentido, tal vez inagotable, queda encerrado
en las estructuras sintácticas de la frase, en sus grupos de palabras, en sus vocablos, fonemas y letras, en toda esta materiali-
dad del decir, virtualmente siempre significante. La exégesis
vendría a liberar, de estos signos, una significancia que reposa
bajo los caracteres o que se escabulle en toda esta literatura de
las letras.[7] La hermenéutica rabínica suele ser tomada a la ligera como un olvido del espíritu, como si la remisión del significante al significado fuese la única modalidad de la significancia. Según estas otras modalidades, la significancia del
significante sólo responde al espíritu que la solicita, de modo

---

7. La palabra de los "sabios rabínicos", la palabra que enuncia o comenta la
Torá, se compara a la "brasa ardiente" según un dicho del *Pirké Avot*, del *Tratado
de los Principios* del Talmud de Babilonia. Un notable talmudista, discípulo del
Gaón de Vilna (uno de los últimos grandes maestros del judaísmo rabínico, en las
vísperas del siglo XIX, siglo judío "de las Luces"), Rabí Jaim de Volozin, interpretaba más o menos así este dicho: la brasa se anima bajo el efecto del aliento, el ardor de la llama que recobra vida de esta manera depende del alcance del aliento
(*souffle*) de quien la interpreta.

tal que ese espíritu pertenece al proceso de significación. La interpretación comporta esencialmente esta solicitación, sin la cual lo no-dicho, inherente a la textura del enunciado, se extinguiría bajo el peso de los textos y se perdería en las letras. Solicitación que proviene de las personas, oídos y ojos al acecho, tan atentas al conjunto de la escritura de la cual proviene el fragmento como a la vida misma: la ciudad, la calle, los otros hombres. Solicitación que emana de las personas en su unicidad, susceptibles de arrancar, a los signos, sentidos siempre nuevos e inimitables. Solicitación que emana de las personas que, a su vez, pertenecen al proceso de la significación de aquello que está dotado de sentido. Afirmar esto no equivale a identificar la exégesis a las meras impresiones y reflejos subjetivos que produciría el verbo oído. Lo antedicho apunta simplemente a que la propia pluralidad de las personas sea considerada como una instancia ineludible en la significación del sentido y como justificada de algún modo por el destino de la palabra inspirada, en tanto permite que la infinita riqueza de lo no-dicho pueda ser expresada, que el sentido de su decir pueda, según la expresión técnica de los rabinos, "renovarse". Israel, pueblo del Libro, para el cual la exigente lectura de las Escrituras pertenece a la liturgia más elevada, ¿no sería acaso el pueblo de la revelación continua?

Pero entonces el lenguaje, capaz de contener más de lo que contiene, sería el elemento natural de la inspiración, a pesar o antes de ser rebajado al rango de utensilio al servicio de la transmisión de pensamientos y de información (aún si esa reducción nunca es total). Cabe preguntarse si el hombre, el animal dotado de palabra, no es, ante todo, animal capaz de inspiración, animal profético. Cabe preguntarse si el libro en tanto que libro, antes de convertirse en mero documento, no es la modalidad bajo la cual lo dicho se expone a la exégesis y la llama, y donde el sentido, inmovilizado en los caracteres, rasga ya la textura que lo sostiene. A través de ciertas proposiciones que no son aún –o que ya no son más– versículos, y que suelen ser versos o simplemente piezas literarias, retumba entre nosotros una voz otra, una segunda sonoridad que cubre o fisura la primera. Vida inagotable de los textos, que viven a través de la vida de los hombres que los leen y los interpretan. Exégesis primordial de los textos catalogados como literaturas nacionales, sobre las cuales se desarrolla la hermenéutica de las universidades y de las escuelas. Más allá del sentido inmediato de lo allí dicho, su decir es un decir inspirado. El hecho de que el sentido llegue a través del libro, da la pauta de la esencia bíblica de ese sentido. La comparación entre la inspiración conferida a la Biblia y la inspiración hacia la cual tiende la interpretación de los textos literarios no busca comprometer la dignidad de las Escrituras, sino realzar aquella de las "literaturas nacionales". ¿Pero qué es lo que hace que un libro se instituya como el Libro de los libros? ¿Por qué hay un libro que se vuelve Biblia? ¿Cómo es señalado, en la Escritura el origen divino de la Palabra?

Inspiración: un sentido distinto que irrumpe por debajo del sentido inmediato del querer-decir, sentido diferente que remite a un entendimiento que escucha más allá de lo que es oído, a una conciencia extrema, a una conciencia despierta. Esta voz otra que resuena en la primera, adopta la forma del mensaje. En su pureza de mensaje, no constituye simplemente una forma más del decir, sino que además ordena el contenido del mismo. El mensaje, como mensaje, despierta la escucha a un inteligible irrecusable, al sentido del sentido, al rostro del hombre.[8] El des-

---

8. Libro del sentido por excelencia. Aún sin hacer valer el testimonio de un pueblo varias veces milenario, entregado a este libro, ni la interpenetración de su historia y de este libro, y aun si una comunicación semejante entre historia y libro forma parte de la esencia de las verdaderas escrituras.

pertar es precisamente esta proximidad del prójimo.[9] El mensaje considerado como lo que sacude, lo que despierta, es la modalidad misma de la ética, que altera el orden establecido del ser –ser que lleva, impenitente, su tren de ser (*son train d'être*)–.[10] ¿Y no es acaso esta figura referida a la lectura, al libro –pero no por ello menos maravillosa–, la figura original del más-allá, libre de toda la mitología de los verdaderos mundos?[11]

Que no es la pura elevación del cielo estrellado lo que determina a la *ética* en su elevación; que toda altura deriva su sentido trascendente de la ética y del mensaje que rompe sin cesar –a través de la hermenéutica– la textura del Libro por excelencia, es, sin duda, la enseñanza –o al menos una de las enseñanzas– que emerge del pasaje que estamos comentando.

Curiosamente, el primer texto bíblico citado por Rabí Ioshua ben Levi en favor del acuerdo entre el tribunal humano y el tri-

9. Cf. Nuestro estudio "Conscience et éveil", en *Bijdragen* 35, 1974, pp. 235-249.

10. La ética –que aparece aquí como lo profético– no es una "región", una capa o un adorno del ser. Es, de por sí, el des-interés (*des-inter-esse-ment*) mismo, el cual sólo es posible bajo un traumatismo en el que la "presencia", en su imperturbable igualdad de presencia, es perturbada por "el otro". Aterada, despertada, trascendida.

11. En efecto, en los textos citados, determinadas situaciones y personajes –iguales a sí mismos, mantenidos dentro de definiciones y fronteras que los integran a un orden y los hacen reposar en un mundo– son atravesados por un aliento (*souffle*) que eleva y agita su embotamiento o su identidad de seres y de cosas, arrancándolos a su orden sin alienarlos, separándolos de su entorno, como a los personajes de los cuadros de Dufy. Milagro de seres que despiertan a nuevos despertares, más profundos y más lúcidos. Esta alteración del orden, en tanto que ruptura del Mismo por el Otro, es el milagro, estructura –o de-structura– de la inspiración y de su trascendencia. Si los milagros de pura taumaturgia nos resultan espiritualmente sospechosos y admisibles simplemente a título de meras figuras de la Epifanía, no es porque alteren el orden, sino porque no lo alteran lo suficiente, porque no son suficientemente milagrosos, porque el Otro que despierta al Mismo no es aún suficientemente otro.

bunal celestial, está tomado del libro de Esther, del cual, podría decirse, Dios ha retirado hasta su nombre, hasta la palabra por la cual se lo designa. Pero he aquí que, en este libro, el mensaje emerge de entre los acontecimientos relatados según su motivación "natural", y según las necesidades y los golpes de suerte. El hecho de que, gracias a la instauración litúrgica de Mardoqueo y Esther, estos acontecimientos hayan podido ser inscriptos en la Historia santa, constituye el excedente "milagroso" de su lugar en el plan divino. El orden histórico de los hechos, su orden establecido, se eleva, las conciencias despiertan en el instante ético culminante en que Esther rompe con la etiqueta real y se muestra dispuesta a perderla para salvar a otros hombres. Alteración del orden por este despertar que irrumpe como contrapunto del insomnio del rey. ¿Un texto midráshico del tratado de *Meguilá* no asimila acaso el insomnio de Ahasverus al insomnio mismo de Dios? Como si, en esta imposibilidad de dormir, el descanso ontológico del ser se rompiera y este se despabilara absolutamente. ¿Acaso la relación con la trascendencia no consiste en esta conciencia extrema? No menos curioso resulta el segundo texto, en el que la epifanía de Dios es invocada en el rostro humano. El rostro del otro, diferencia irreductible, que irrumpe entre todo lo que me es dado, entre todo lo que es entendido por mí y pertenece a mi mundo. Aparición en el mundo que des-hace, des-ordena el mundo, me inquieta y me despierta. Es lo que se desprende del acercamiento de Ruth II y de Jueces VI, 12. Trascendencia a la vez en el texto, en el que la exégesis encuentra más de lo que en una primera instancia pareciera decir el escrito, y en el contenido ético, en el mensaje, que así se manifiesta.

El tercer momento –la transformación del don del diezmo por su aporte al Templo– significaría la transformación del dar mismo, en una generosidad absolutamente gratuita en la que el donante, ignorando al beneficiario, no recibirá la expresión de su gratitud personal.[12] ¿No es esta acaso una de las significaciones del culto y como su figura? Aquello que los "espíritus fuertes" tenderían a descalificar como obligaciones respecto de un "cielo vacío", marca, enigmáticamente, la apertura absoluta del alma: apertura del des-inter-és (*des-inter*-esse-*ment*), del sacrificio sin recompensa, del discurso sin respuesta, que la "confianza en Dios" y la plegaria deben tener la fuerza de alcanzar. Apertura de sí al infinito que ninguna confirmación puede igualar, que sólo se prueba por su propia desmesura. Esta sería la abundancia que desborda los labios, labios que se resecan diciendo "basta", abundancia de la que habla Rami bar Raba en su curiosa interpretación de Malaquías III, 10. Un más allá del discurso. Infinito recibir, percibido en la generosidad des-interesada del dar; puede que la apertura al infinito radique en esta inversión.

4. La ambigüedad

¿Hemos acertado al vislumbrar en nuestra lectura del pasaje talmúdico, la inspiración y la exégesis que la descubre, la espiritualidad del espíritu y la figura misma de la trascendencia? ¿Hemos acertado al ver en la ética del tribunal, entendida como asamblea de justos, el lugar mismo en el que el espíritu cobra vida y donde el Otro penetra en el Mismo? ¿Un espíritu moderno no se opondría acaso a semejantes conclusiones, reduciendo la trascendencia de la inspiración, de la exégesis y del mensaje moral a la interioridad del hombre, a su creatividad o a su inconsciente? ¿Acaso la ética no es fundamentalmente autonomía? A los efectos de refutar estas resistencias de la postura moderna, ¿no habría sido necesario interpretar como inspiración, las razo-

---

12. Sobre la importancia otorgada a esta modalidad del don, cf. *Baba-Batrá* 10 b.

nes de la Razón, a la que la filosofía, según su lógica, piensa como el reino de la Identidad que ninguna *otredad* podría llegar a perturbar o a guiar? Pues bien, eso es precisamente lo que sugiere la parte final del fragmento talmúdico que nos ocupa. Rav Eleazar interviene para confirmar a su manera la tesis general de esta página 23b de *Makot*, sobre el acuerdo posible entre la jurisdicción terrestre y la justicia divina. Se refiere a Génesis XXXVIII, 26, en donde Yehudá, hijo de Jacob, reconoce la injusticia de la acusación que había dirigido contra su nuera Tamar (esto "habría sucedido", según nuestro texto, en el tribunal de Sem, hijo de Noé, que aún vivía). Rav Eleazar se refiere también a Samuel I, XII, 3-5, donde todo Israel atestigua ante el tribunal de Samuel el desinterés del juez Samuel. Se refiere por último a Reyes I, III, 27, donde el rey Salomón, en su propio tribunal, reconoce, entre dos mujeres que se disputan la tenencia de un niño, a la verdadera madre. Confesión del culpable, testimonio del pueblo, sentencia del rey, en cada una de estas palabras humanas –incontestablemente humanas en los versículos citados–, Rav Eleazar, en nombre de una exégesis soberanamente audaz y gracias a un pensamiento ingenioso, obtiene segmentos de versículos, que atribuye al eco de una voz celestial. ¿El espíritu divino habrá estado presente en los tribunales humanos?

Un interlocutor, Raba, refuta esta exageración: no hay necesidad de hacer intervenir voces extrañas en discursos en los que la razón es suficiente. Sin embargo, el texto talmúdico retiene la lección de Rav Eleazar. La mantiene sin discusión, en nombre de la tradición: ¡habría por lo tanto inspiración en el propio ejercicio de la razón! ¡El mismo logos sería profético! A través de las incertidumbres y de las presunciones del pensamiento razonado, la luz de la evidencia irrumpiría como bajo el traumatismo de la Revelación. En toda evidencia se anunciaría un mensaje.

Pero a pesar de ello, no deja de ser cierto que los redactores del texto talmúdico dejaron consignada la opinión refutada: el escepticismo de Raba. Esta ha sido transcripta. Como si en las conclusiones del alto debate que acaba de desarrollarse según la forma talmúdica, como si en estos dichos en apariencia sin profundidad y totalmente caóticos, debiera subsistir una cierta ambigüedad.

¿El hombre moderno no reconoce acaso en esta ambigüedad, las alternancias de su propio pensamiento?

Decir que las ideas acerca de la trascendencia, así como la propia idea de la trascendencia, vienen a nosotros a través de la interpretación de las Escrituras, no es, ciertamente, una opinión muy subversiva. Resulta sin embargo menos dogmática para los modernos. Sugiere, por un lado, que el lenguaje, en el momento de su verdad ética, es decir de su plena significación, es lenguaje inspirado. Que por lo tanto es capaz de decir más de lo que dice y que, por ende, la profecía no es una genialidad, sino la espiritualidad del espíritu que se expresa, la aptitud del habla humana para desbordar las primeras intenciones que lo sostienen. Posesión por Dios, quizás. En todo caso, instancia a través de la cual la idea de Dios se nos da.

Pero este leguaje ofrecido a la trascendencia es también el objeto de la filología. Desde esta perspectiva, la trascendencia que se expresa a través suyo no sería más que una ilusión, producto de ciertas influencias que la Historia deberá encargarse de desmitificar. La filología, esa ciencia muchas veces admirable, que ayuda a descartar las falsas profecías, puede sin embargo llevarnos a preferir la génesis de todo texto a su exégesis, las certidumbres de los signos dados a los meandros de los misteriosos mensajes, las combinaciones de las sombras en la Caverna a los inciertos llamados del exterior.

Alternativa o alternancia. Incluso, alternancia de las alternancias frente a las letras de la Escritura. En una primera instancia, estas letras pueden encerrar aún, tanto para quienes las respetan como para quienes las desprecian, el dogmatismo de un Dios, potencia más fuerte que las demás, interrumpiendo las necesidades de la naturaleza, como una fuerza monstruosa o como una persona heroica. En un segundo momento, estas mismas letras, gracias a una ciencia que ellas nutren con su presencia de vestigios, expulsan bruscamente a sus lectores, tanto a los creyentes como a los más escépticos, del plano de las mitologías afirmadas o negadas. Pero este sobresalto desencadena una nueva alternancia de los movimientos: estos van del traumatismo del sentido desconocido y extraño, a la gramática, que –pero ya en un plano diferente– restablece el orden, la coherencia y la cronología; para luego emprender un movimiento de retorno: de la historia y de la filología, a la comprensión del sentido que viene de detrás de la literatura de las letras y de los anacronismos, sentido que nuevamente nos afecta y nos despierta, desterrándonos del lecho de las preformaciones y de las ideas familiares que protegen y apaciguan.

Alternancia que expresa ciertamente la vacilación de una fe quebradiza, pero sobre la cual reposa también una trascendencia que no es desmentida como tal por su venida hacia nosotros y que, en la Escritura inspirada, precisa una hermenéutica, es decir que sólo se muestra disimulándose.

El nombre de Dios según ciertos textos talmúdicos

1. Los límites de nuestra reflexión

El profesor Enrico Castelli me pidió que hablara acerca "el nombre de Dios en el Talmud". Sospecho que su invitación responde a la publicación de mi libro *Quatre lectures talmudiques*, en Éditions de Minuit, a pesar de que en el prefacio a aquel libro aclaré que yo no era un especialista del Talmud y que, a modo de ejercicio sobre un "violín de Ingres", ese pequeño volumen no era más que un ensayo. El Talmud, que representa la tradición oral de Israel –consignada por escrito entre el siglo II y el final del siglo VI de nuestra era– con sus 68 tratados, es un texto inmenso, de más de 3.000 páginas in-folio, recubierto de comentarios y de comentarios de los comentarios. Durante cerca de quince siglos, estos comentarios nutrieron la vida intelectual de las comunidades judías dispersas por el mundo. El texto presenta la dialéctica viva que anima las discusiones de los sabios de Israel. Son más los problemas que agita que las soluciones que impone, a pesar de la preocupación aparente o real que lo atraviesa: regular la vida ritual, jurídica y moral de los fieles. Se trata de un texto que no se deja reducir al folklore. Es un texto erudito y rigurosamente articulado, aunque su ciencia no resulte de fácil acceso. Esta tiene un estilo especial, que la distingue del discurso filosófico. Estilo totalmente diferente a nuestros modos habituales de exposición, aunque profundamente coherente con su contenido y con su verdad. Para llegar a dominar esta ciencia habría que dedicarle toda una vida. Por mi parte, he dedicado mi vida a otro tipo de ejercicios y he llegado tarde, aunque guiado por un prestigioso maestro, a estas difíciles lecturas, limitándolas apenas, lamentablemente, a mis horas de ocio. Lo que yo pueda ofrecerles hoy, en tanto que "talmudista del domingo", será pues algo parcial y aproximado.

Al menos no cederé a la tentación de referirme a los textos talmúdicos como a una curiosidad etnográfica o arqueológica. Tampoco voy a hacer un uso apologético de los textos (sea cual fuere la cuota inevitable de apología que atraviesa todo discurso). Pienso que, en relación al punto particular que hoy nos ocupa, es factible vislumbrar, en las posiciones talmúdicas, una opción filosófica. No será necesario que penetremos hoy en los detalles de la cuestión –afortunadamente para mi incompetencia–, tampoco precisamos delinear el espacio metafísico definido por estas dimensiones. Creo que, con el fin de rastrear esa opción filosófica, en lugar de sobrevolar estas 3.000 páginas in-folio, lo mejor será remitirse a algunos textos precisos.

2. Conocer y obedecer

Los nombres del Dios revelado son conocidos a partir de la Escritura. Esta banalidad –que debemos meditar a fondo– significa que estos nombres son letras trazadas sobre el pergamino y que una tradición oral viva es necesaria para aprender a leerlas. Estos nombres se pronuncian durante la lectura en voz alta de la Biblia, en los rezos, cuando se presta juramento y en diversas circunstancias de la vida ritual judía. Son considerados santos. Voy a volver sobre el sentido de esta expresión, que ocupa un lugar central en nuestra reflexión. Pero cabe aclarar que según el judaísmo tradicional, es decir talmúdico, la mayor intimidad con Dios no pasa por la relación con estos Nombres. Esa intimidad tampoco pasa por un conocimiento que buscaría la esencia detrás de los Nombres. La intimidad es de otro orden. Es preciso aclararlo desde el comienzo.

Toda relación del fiel con el Dios revelado comienza sin duda por su relación con las Escrituras: lectura y también transcripción por el escriba, que las perpetúa y las preserva de toda corrupción. Pero escribir y leer, trazar y proferir, preservar y estudiar, son todas prácticas. Vienen a ocupar su lugar entre todas aquellas –rituales, éticas y litúrgicas– que la Escritura prescribe y regula en *Nombre* de este mismo Dios que revela. La relación con Dios, a partir de la escritura y de la lectura del Nombre, ciertamente se basa en la intención y en el fervor del lector o del escriba. Pero se funda principalmente en la conformidad de este acto con el mandamiento (o *mitzvá*) que el lector y el exégeta habrán extraído de este mismo texto. He aquí la modalidad característica del judaísmo. A la rectitud de la intención que va hacia el Nombre, se superpone otro tipo de relación con Aquel que es nombrado: la obediencia a sus mandamientos. La relación con Dios a través del acto ritual prescripto domina toda otra relación. Este tipo de relación no puede compararse con la rectitud del conocimiento, como si no fuera más que una aproximación a este. Esa relación es pensada y vivida en el judaísmo como la mayor proximidad posible, como una adherencia integral y de algún modo anterior a todo acto previo de adhesión; aunque se trate de algo distinto de la mera identificación. Los adjetivos *tam* y *tamim* expresan esa integridad, que se aplica también a los corderos destinados al sacrificio.[1] El Talmud proclama que aquel que actúa en

---

1. La Biblia del rabinato francés traduce como "Permanece enteramente con El Eterno, tu Dios", uno de los versículos (Deuteronomio, XVIII, 13) en los que figura este término *tamim*. La fuerza de este versículo radica no sólo en la originalidad de la noción de *tamim*, muy cercana a la de integridad, sino también en su aso-

función de un mandamiento recibido, es más grande que quien actúa sin haber recibido un mandamiento. La reflexión rabínica sobre Dios no se separa nunca de la reflexión sobre la práctica. La reflexión sobre Dios a partir de la reflexión sobre sus mandamientos constituye ciertamente un acto intelectual de un orden distinto al de la tematización filosófica de Dios. Pero sería un error considerarla como un mero escalón hacia la filosofía, como su infancia. Una vez aclarado este punto, la forma talmúdica de pensar soporta el contacto con la filosofía. La verdad propia de la reflexión talmúdica, a condición de ser sometida a una cierta esquematización, puede ser reflejada en el espejo del filósofo.[2]

3. Ni borrar, ni pronunciar: el nombre y el más allá

Tomemos ahora, en el tratado *Shevuot* (35 a), un texto directamente vinculado a los nombres de Dios. Su carácter práctico

---

ciación con la preposición "con" (*im*): que estés en integridad con... El Talmud (tratado *Pesajim* 113 b) vincula este versículo con la interdicción de recurrir a la astrología; percibe así, quizá, según su modo paradigmático de hablar, la "relación con El Eterno" como la posesión integral del propio destino, como la libertad en la obediencia a la Voluntad absolutamente soberana.

2. El lenguaje del Talmud se justifica por su modo de pensamiento y por su verdad. Vinculadas a la práctica, sus posibilidades especulativas resultan visibles en tanto muchos de sus datos se articulan alrededor de ideas como templo, altar, pontífice, etc., que no son sino recuerdos o –pero aquí también habría que introducir algún matiz– esperanzas. Por otro lado, las parábolas (*Agadá*) suelen mezclarse con la discusión de los mandamientos. Se dirigen a lo especulativo menos directamente que el logos tematizante, pero más directamente que la discusión del rito (*Hagadá*). Pero, a pesar de todo esto, ¿el pensamiento filosófico no sigue siendo superior? ¿La filosofía no constituye acaso la culminación del pensamiento a secas, en el que todas sus modalidades aparecen como vistas parciales? ¿Es plenamente exitosa la empresa hegeliana? ¿O se basa acaso, a su vez, en supuestos que es incapaz de asimilar?

ya no puede sorprendernos. Nos enseña, en primer lugar, que los nombres de Dios no deben, bajo ningún pretexto, ser borrados.[3] Enumera estos nombres que son nombres propios; son nueve en total en nuestro texto,[4] entre los que figuran nombres como *El* o *Eloha,* que sin embargo traducimos habitualmente por "Dios".

Enumera los nombres que tenemos el derecho de borrar, como aquellos nombres constituidos a partir de atributos sustantivados: el Grande, el Heroico, el Aterrador, el Temible, el Fuerte, el Poderoso, el Misericordioso, el Paciente, el Indulgente. Niega la condición de nombre a la invocación de la tierra o del cielo, a pesar de que tierra y cielo se refieran a su Creador. El texto se pregunta también, en la parte final del extracto que analizamos, si todos los nombres de Dios que figuran en la Escritura caen bajo las reglas que acaban de ser enunciadas, y cuáles serían las excepciones.

---

3. La hoja entera donde figura el error que motiva la tachadura o el borrado del Nombre debe ser enterrada como un cuerpo muerto. El tratado *Sanedrín* (56 a) vincula la prohibición de borrar o de tachar el Nombre de Dios a Deuteronomio XII, 3-4, que prescribe la destitución de los altares, la destrucción de los monumentos y la eliminación de todo recuerdo de los falsos dioses paganos. Y agrega: "Vosotros no habréis de utilizarlos con el Eterno vuestro Dios". Afirmación que se relaciona con la continuación del texto bíblico que recomienda la unicidad del culto en el templo futuro, pero que el Talmud se toma la libertad de relacionar con lo que precede, al considerar que la unicidad del Templo se articula mal con el culto a los museos y al folklore –y que el Templo, aun siendo único, está abierto a todos los vientos, a todos los espíritus, a todas las perversiones del Espíritu cuando ya no está habitado por la Letra–.

4. Según otras opiniones o textos, son siete o diez. No tomaremos en cuenta aquí estas variantes. Pero se impone una consideración: las diferentes opiniones, en el Talmud, refieren siempre una diferencia de puntos de vista o una diferencia de aspectos en el ser. Por tal razón, un estudio talmúdico riguroso no puede ignorar tales diferencias. En tanto la multiplicidad de los aspectos es irreductible y permanece abierta, el pensamiento es eternamente discusión y, en el sentido más elevado del término, es decir esencialmente ligado al amor a la verdad, polémica. Es por esto que la humanidad misma sería múltiple: cada aspecto de lo real accesible a través de la Torá, exige, para ser revelado, el compromiso de un destino espiritual personal, irreductible a otro destino. De este modo la verdad es, a la vez, eterna e histórica.

Es evidente que, detrás del problema práctico y concreto: "¿cuáles son los nombres que tenemos derecho a borrar?", se trata la cuestión de la dignidad de los diversos nombres y, finalmente, el propio sentido de la relación con Dios. Las articulaciones del texto que hemos enumerado, aparentemente indistintas, corresponden a problemas que intentaremos distinguir.

Primer punto: los términos hebreos del Antiguo Testamento que solemos traducir por Dios o *Deus* o *Theos*, en el Talmud se presentan como nombres propios. El nombre de Dios sería siempre un nombre propio en las Escrituras. ¡El sustantivo dios no aparecería en la lengua hebrea! Curiosa consecuencia del monoteísmo, donde no existe ni especie divina ni palabra genérica para designarlo. El Libro I del célebre tratado en el que Maimónides, en el siglo XII, resume y sistematiza el Talmud, comienza en efecto de esa manera: "El fundamento del fundamento y el pilar de la sabiduría consiste en saber que el Nombre existe y que es el ser primero". La palabra que designa a la divinidad es precisamente la palabra Nombre, término genérico en relación al cual los diferentes nombres de Dios son como individuos. Decir *Dieu* como lo decimos en francés, decir *Gott* como los alemanes o *Bog* como los rusos, corresponde, en el Talmud, a decir "el Santo, bendito Sea" (nominación de un atributo, la Santidad, por medio de un artículo). La santidad evoca en el pensamiento rabínico, antes que nada, la separación (como nuestra palabra "absoluto"). De modo que el término nombra un modo de ser o un más allá del ser antes que una quiddidad (o determinación). Lo mismo sucede con la palabra *Shejiná*, utilizada también para referirse a Dios. El término *Shejiná* significa la presencia de Dios en el mundo o, más exactamente, su presencia en Israel, es decir, nuevamente, la indicación de una modalidad, de una manera de ser. Frecuentemente, en los textos talmúdicos, encontramos, en referencia a Dios, expresiones como: "Maestro del Mundo" o "Rey del Mundo" o "nuestro Padre en los cielos". Allí también los términos expresan relaciones y no una esencia.

Pero la revelación por el Nombre propio no es únicamente el corolario de la unicidad de un ser; esta nos lleva aún más lejos. Quizá más allá del ser. Nuestro texto presenta una gradación: los nombres que no pueden borrarse, los atributos sustantivados que sí pueden borrarse. Estos últimos remiten directamente a Aquel que los porta. Le prestan un sentido que los Nombres-sustantivo pueden recibir pero no atribuir. Simplemente Lo tematizan. Aquello por lo cual se acercan a Dios como esencia, los aleja de Dios irrepresentable y santo, es decir absoluto, más allá de toda tematización y de toda esencia. Pero, como dijimos antes, nuestro texto cuestiona la posibilidad de que la Tierra y el Cielo, seres únicos como el Creador al que presuntamente evocan en tanto que "ellos le pertenecen", puedan ser considerados como nombres. ¡No se puede suplicar por la Tierra o por el Cielo! Estos elementos están excluidos de las apelaciones santas. El Dios que se revela por su Nombre no es originalmente un principio cosmológico. Rechazar la dignidad del Nombre a las sustancias, aunque fuesen únicas y, en consecuencia, evoquen la unidad divina, es excluir de las vías que conducen a Dios la regresión al Incondicionado. Es también rechazar toda analogía posible entre Dios y los seres, seres ciertamente únicos, pero que conforman un mundo o una estructura con otros seres. Abordar mediante un nombre propio es afirmar una relación irreductible al conocimiento que tematiza o define o sintetiza y que entiende al correlato de este conocimiento como ser, como finito y como inmanente. Es comprender la revelación como una modalidad que, paradójicamente, preserva la trascendencia de lo que se manifiesta y, por lo tanto, como lo que sobrepasa la capacidad de una intuición y aún de un concepto.

¿La prohibición de borrar significa acaso que estas letras del Nombre pueden decir un Dios que "el cielo y todos los cielos son incapaces de contener?" (Reyes I, 8, 27). ¿Esa prohibición no estaría esbozando más bien otra religión? Más allá de nuestra desconfianza hacia la letra y nuestra sed de Espíritu, la humanidad monoteísta es una humanidad del Libro. La tradición escrituraria lleva el rastro de un más allá de esa misma tradición. La humanidad monoteísta, a pesar de su pretensión filosófica de postularse como origen de su yo y de su no-yo, reconoce en lo Escrito la huella de un pasado anterior a todo pasado memorizable e histórico. No resulta por tanto sorprendente que el texto talmúdico que comentamos prohíba no sólo borrar todo el Nombre escrito, sino también su primera sílaba. Pero de este modo precisamente se deja ver toda la ambigüedad –o el enigma– de esta manifestación, ambigüedad en virtud de la cual rompe con la "objetividad" de lo percibido y de lo histórico y, de este modo, con el mundo en el cual esta objetividad lo encerraría, apareciendo como modalidad de la trascendencia. Las letras cuadradas son una vivienda precaria de la que se retira ya el Nombre revelado; letras borrables, a merced del hombre que las escribe o las transcribe. Escritura siempre expuesta a ser confundida con los escritos sometidos a la historia o a la crítica de textos, escritura abierta a la búsqueda de su origen y, por ende, contemporánea de la historia memorizable en la que se anula la trascendencia. Epifanía en los confines del ateísmo.

Pero esta epifanía improbable, al límite de la evanescencia, es precisamente la que sólo el hombre puede captar. Es por ello que este representa el momento esencial, tanto de esta trascendencia, como de su manifestación. Es por ello que esta revelación imborrable lo interpela con una rectitud sin igual.

¿Pero esta revelación es acaso suficientemente precaria? ¿Es el Nombre lo suficientemente libre en relación al contexto en el que se inscribe? ¿Se encuentra preservado, en el escrito, de toda contaminación por el ser o por la cultura? ¿Está el Nombre realmente a resguardo del hombre, cuya vocación por preservarlo es innegable, pero que también es capaz de cometer todos los abusos? A la obligación de no borrar el Nombre se suma en el judaísmo la obligación de no "pronunciarlo en vano". Un pasaje del tratado *Temurá* (4 a) interpreta de este modo el versículo del Deuteronomio VI, 13: "Es al Eterno, tu Dios, a quien debes adorar". Como si esta presencia del Nombre en la Escritura no debiera actualizarse en un decir proferido con cualquier propósito y en cualquier circunstancia. ¿La separación respecto de lo que *es* en cualquier circunstancia (y quizá de lo que *es*, sin más) no es acaso la mejor traducción posible de la noción de santidad? Se establece una nueva gradación. Se trata esta vez de una gradación interna a los nombres que no se deben borrar. El Tetragrama –el Nombre "explicitado", *Shem Hamevoraj*– tiene el extraño privilegio para un nombre de no deber ser pronunciado jamás (salvo en el momento en el que el sumo sacerdote penetra en el *Sancta Sanctorum*, el día denominado del Gran Perdón, es decir, para el judaísmo posterior al exilio, nunca). El nombre *Adonai* –que a su vez no debe pronunciarse en vano– es el nombre del Tetragrama. ¡El nombre tiene un nombre! El nombre se muestra y se disimula.[5] Es preciso que su ingreso al contexto del sentido sea siempre también una anacoresis o una santidad; es preciso que la voz que resuena al hablar sea también la voz que se atenúa o que calla. El nombre propio puede adoptar esa modalidad. Es un nombre "adherido" a lo que nombra, diferente del sustantivo que, inscripto en el sistema del lenguaje, designa una especie pero no se adhiere al individuo y lo engloba, por así decirlo, en la indiferencia. Pero el nombre propio, a pesar de su proximidad con lo nombrado, carece de ligazón lógica con aquello que nombra. En consecuencia, a pesar de esta proximidad, termina siendo una suerte de caparazón vacío: hay en él una perma-

---

5. Cf. Tratado *Kidushim*, 71 a.

nente revocación de lo que evoca, una desencarnación de lo que se encarna a través suyo. La prohibición de proferirlo lo mantiene en este entre-dos: Tetragrama que no se pronuncia jamás tal como está escrito. Pero esta retirada, contemporánea de la presencia, ¿no es acaso mantenida hasta en la proximidad de la plegaria? Hemos evitado, a lo largo de todo nuestro desarrollo, recurrir a las concepciones propias de la Cábala.[6] Hagamos una excepción, ello podría resultar esclarecedor.

Voy a evocar a continuación cuál fue, según los cabalistas, la intención de antiguos doctores de Israel que instituyeron las bendiciones. El rol de estas fórmulas es considerable en la liturgia judía. La bendición comienza invocando a Dios en el Tú. Pero el pronombre personal de la segunda persona es seguido por el Tetragrama. No hay bendición sin invocación del Tetragrama como Señor (tratado *Berajot* 12 a). La fórmula de la bendición, declinada en segunda persona hasta el Nombre, adopta la tercera persona en las palabras que se ubican más allá del Nombre. El Tú se convierte en Él en el Nombre, como si el Nombre perteneciese a la vez a la familiaridad del tuteo y al absoluto de la santidad. Y es sin dudas esta ambigüedad esencial –o este enigma– de la trascendencia, lo que se conserva en esa expresión tan frecuente en el Talmud que designa a Dios como "El Santo, bendito Sea".

6. La Cábala es un procedimiento del que encontramos ciertos trazos o fuentes en el Talmud, pero que no cabe confundir con el Talmud. En la Cábala, los nombres constituyen como una esfera objetiva –o, al menos, una esfera no subjetiva– de la manifestación de un Dios inaccesible, no tematizable. Existe como un mundo de los nombres que determina una especulación específica, en la cual los nombres y las letras ofrecen al pensamiento una dimensión y un orden propios. Yo no estoy en condiciones de conducirlos por esa vía. En el Talmud, los nombres de Dios reciben un sentido a partir de las situaciones en las que se encuentra quien los invoca. Cf. más adelante.

4. El Nombre y sus sentidos

Este enigma o ambigüedad de presencia y de retraimiento, modalidad en algún punto formal, ¿no recibe acaso ninguna significación, ningún contenido? Esta anacoresis de Dios en su manifestación –donde el *Klingen* es ya *Abklingen*– ¿sería mera teología negativa? ¿Qué designa positivamente?

El texto comentado, en su parte final, la más extensa, pregunta si los Nombres que figuran en los diversos libros y en los diversos episodios de la Biblia son todos santos. A partir de la respuesta, que enumera algunos de estos episodios en los que los "Nombres son santos", comprendemos que el Dios revelado en esos nombres recibe un sentido a partir de las situaciones humanas, de miseria o de felicidad, en las que es invocado. "El Eterno está cerca de todos los que lo invocan" (Salmos CXLV, 18).[7] Rito, invocaciones y –como veremos en seguida al buscar el sentido de la anacoresis y del borrado– responsabilidad por el otro hombre; he aquí, según los rabinos del Talmud, una proximidad más cercana que la de la tematización –tematización en la cual, según los filósofos o el spinozismo, consistiría la intimidad misma–.

¿Pero cuál es el sentido positivo del retiro (*retrait*) de este

---

7. Entre los textos donde los Nombres son santos figura también el Cántico de los cánticos. El primer versículo, que atribuye el Cántico al rey Salomón, puede leerse en hebreo de un modo menos banal: "Cántico de los cánticos que se canta a quien posee la paz". Por lo tanto, Cántico de los cánticos cantado a Dios. Lectura que "justifica" la interpretación mística de este canto erótico. Por lo tanto, está prohibido borrar el nombre de Salomón evocando al Maestro de la paz. Pero he aquí un versículo que suele ser rechazado: "Mi viñedo está ahí bajo los ojos, a ti Salomón las mil monedas de plata, más doscientas para quienes cuidan los frutos" (VIII, 12). Las mil monedas a Salomón simbolizan mil personas que estudian la Escritura, las "doscientas piezas para quienes cuidan los frutos" indican doscientos guerreros. ¡Cinco intelectuales por cada soldado! ¡La proporción es incorrecta, el versículo es profano, el nombre de Salomón puede en este caso, si fuera necesario, ser tachado o borrado!

Dios que no dice sino sus nombres y sus órdenes? Este retraimiento (*retrait*) no anula la manifestación. No se trata de un mero noconocimiento. Remite precisamente a la obligación del hombre respecto de todos los otros hombres. Según la palabra del profeta (Jeremías XXII, 10), rendir justicia al pobre y al desgraciado, "he aquí, ciertamente, lo que se llama conocerme, dice el Eterno". Conocimiento de lo incognoscible, la trascendencia se vuelve ética. Esta sería la razón por la cual, al término de una discusión que aparece en el texto que hemos comentado, es rechazada la objeción de quien discute la santidad del Nombre *Tzevaot*. Este nombre, que significa multitudes, ¿no se refiere a las multitudes de Israel, no está nombrando al Absoluto en su relación con los hombres? La Ley no está de acuerdo con esta objeción; los sabios quieren ignorarla. Comentemos: la referencia a Israel es esencial al Nombre. Su santidad y la santidad que sugiere, "más allá de toda objetivación y de toda tematización", significan precisamente la constitución de una sociedad humana en estado de obligación. La noción de Israel en el Talmud, como me lo ha enseñado mi maestro, debe ser separada de todo particularismo, salvo del de la elección. Pero elección significa un agregado de deberes, conforme a la fórmula de Amos (III, 2): "Sólo a vosotros he distinguido entre todas las familias de la tierra, por lo tanto os pido que rindáis cuentas por todas vuestras faltas".

La trascendencia del Dios nombrado no podría exponerse en un tema. De ahí la extrema precariedad de esta manifestación del Nombre, precariedad que es socorrida por la prohibición de borrarlo. Pero he aquí un caso en el que el Nombre no es trazado sino en vistas a ser borrado. El caso es ampliamente expuesto en el tratado *Sota* (53 a). Según Números V, la mujer sospechada de adulterio, sin pruebas, por su marido, debe ser llevada por este frente al sacerdote del Templo para ser sometida a una prueba (en la que los sociólogos reconocerán una ordalía pero que, finalmente, puede ser un buen modo de desapasionar el conflicto al incluir a un tercero, en la persona del sacerdote). En un determinado momento, según el rito descripto en la Biblia, el sacerdote conjurará a la mujer de la siguiente manera: "Si un hombre tuvo comercio contigo, que el Eterno (escrito como Tetragrama) haga de ti sujeto de imprecación. [...]". Y la mujer habrá de responder: "Amen, Amen". El sacerdote escribirá estas palabras (entre las que se encuentra el Tetragrama) sobre un boletín. Luego las borrará en las aguas amargas. En este borrado, se ha de borrar también el Tetragrama escrito para ser borrado.

El texto talmúdico, sobrepasando los supuestos de un rito muy antiguo, afirma una idea novedosa: el borrado del Nombre es la reconciliación de los hombres. La formula es válida más allá de este caso particular, puramente paradigmático. He aquí otra parábola que le hace eco (tratado *Sucá* 53 b): el rey David cava la tierra para descubrir, en el lugar donde algún día su hijo habrá de erigir el Templo, una fuente de aguas surgentes, necesarias para las futuras libaciones del altar. Las aguas brotan, impetuosas, como amenazando con inundar el universo. ¿Cómo detener el cataclismo? David recibe entonces un consejo: "En vista a la reconciliación entre marido y mujer, la Torá enseñó que mi Nombre, escrito en santidad, se borra en el agua. Con mayor razón esto debe suceder para obtener la paz en el universo".

Pareciera que la trascendencia del Nombre de Dios respecto de toda tematización, se realiza al borrarlo, y que este borrado es el propio mandamiento que me obliga en relación al otro hombre. Creemos que este es el sentido de una de las parábolas del texto que venimos meditando desde el comienzo. Está vinculado con un versículo del Génesis y es introducido, como debe ser en el Talmud, a propósito de una cuestión práctica: ¿todos los nombres de Dios que figuran en la Biblia deben ser tratados como nombres santos? La respuesta es particularmente afirmativa para todos los versículos que relatan la historia de Abraham. La humanidad abrahamita invoca el verdadero Nombre; tal sería el sentido evidente y primero de esta respuesta. Pero en el versículo Génesis VIII, 3, el nombre "Adonai" que pronuncia Abraham, ¿no está dirigido a uno de los tres ángeles que lo visitan? "Adonai (Señor), si encontré gracia en tus ojos, no pases de largo delante de tu servidor." Decirle Adonai a un ángel que, habiendo adoptado una forma humana, es para Abraham un desconocido de paso, ¿equivale realmente a pronunciar el Nombre de Dios? Una parábola permite superar la dificultad. Dios habría aparecido frente a Abraham al mismo tiempo que los tres transeúntes. Abraham se dirige al él diciendo: "No pases, Adonai, delante de tu servidor. Espera que reciba a los tres viajeros", porque, al estar los hombres apabullados por el calor y la sed, debe atenderlos antes que a El Eterno, nuestro Dios. Trascendencia de Dios, es su propio retraimiento (*effacement*), pero en tanto ese retraimiento da lugar a una obligación en relación a los hombres. La humildad es más elevada que la grandeza. He aquí el sentido del monoteísmo abrahamita. Decía yo recién: el Talmud inserta una parábola en un versículo. ¿Pero se trata realmente de una inserción? ¿Acaso el sentido que acabamos de extraer del versículo recurriendo a la parábola no se encuentra ya presente en el hecho mismo de decir Señor, Adonai, a un transeúnte anónimo en el desierto?

Pero la Revelación que se vuelve ética implica una nueva visión del hombre. Aquí el alma humana no es origen de sí misma, sujeto que rinde cuenta de sí y del universo. No es existencia preocupada por su propia existencia. Es responsabilidad anterior a todo compromiso. No se trata simplemente de la razón práctica, fuente de sus obligaciones por el otro, sino de la responsabilidad en el olvido de sí. He aquí un texto[8] que nos habla de aquellos que merecen pronunciar el nombre, es decir, de los

---

8. Tratado *Kidushin*, 71 a.

únicos que acceden al Nombre. Se trata de otros nombres, distintos del Tetragrama, nombres de doce y de cuarenta y dos letras, temas cabalísticos en los que no voy a entrar. Nuestros sabios enseñaron: "Antiguamente, se confiaba el Nombre de doce letras a todos los sacerdotes; pero a medida que se fueron multiplicando los hombres inescrupulosos, este era transmitido a los más humildes y a los más discretos y estos, durante la liturgia de la bendición, lo ingerían (*engloutissaient*) bajo los cantos solmenes de sus colegas". Y el texto prosigue de la siguiente manera: "Rabí Iehudá dijo en nombre de Rav: 'Sólo se confía el nombre de cuarenta y ocho letras al hombre discreto y humilde y que perdona las ofensas que se le hacen'". Humildad, discreción, perdón de las ofensas, que no deben ser tomados como simples virtudes; estas cualidades "invierten" la noción ontológica de la subjetividad, para encontrarla en el renunciamiento, en el borramiento y en una total pasividad.

5. La filosofía

Sólo me resta mostrar que la posibilidad de una trascendencia que se mantiene como tal, es decir absoluta, a pesar de la relación en la que ingresa por la revelación –posibilidad que nos es sugerida por los textos relativos al Nombre de Dios que acabamos de analizar– puede ser pensada filosóficamente, es decir con independencia de la autoridad de la Escritura y de su exégesis.

La primer hipótesis del *Parménides* de Platón desemboca en la imposibilidad de lo Uno separado del Ser que no debería "ser nombrado, ni designado, ni opinado, ni conocido" (142 a), mientras que es nombrado, designado y conocido en el discurso y el pensamiento que le garantizan esta trascendencia absoluta. Nos preguntamos si esta contradicción absoluta no descansa sobre un postulado que atraviesa la filosofía occidental y que aparece incluso como la definición misma de esta filosofía. Me refiero a la idea de que la relación del alma con el Absoluto se produce como saber, como conciencia y como discurso. Saber, conciencia, discurso que tematizan un objeto o un dicho, mediante un gesto indisociable de la libertad –algo admirablemente expresado por el viejo (o el nuevo) término de "intencionalidad", en donde la idea de la intención noética no llega a anular la idea de intención a secas, es decir de libre espontaneidad–.

De hecho, la tematización, actual o virtual, que caracteriza a la conciencia, es la modalidad bajo la cual la relación con el Otro separado de la conciencia –con el Absoluto– se realiza como libertad. En la tematización, el alma, afectada, no padece: aquello que la afecta, se muestra a ella, se "presenta". Nada entra en ella por contrabando, sin declararse. Nada de lo que la concierne escapa a la verdad. Todo ingreso clandestino es confesado o recuperado en la memoria o en la Historia. Ningún pasado es concebible si no ha estado presente. El ser, el hecho de mostrarse, tiene su origen en un presente, es decir comienza con mi libertad, maravillosamente despojado del espesor del pasado que sin embargo pareciera sostenerlo. El ser tiene un origen, es *arkè*. En la filosofía occidental, la racionalidad se identifica con la búsqueda del origen. Ella es esencialmente una arqueología.

Resulta por lo tanto comprensible que lo Trascendente, o el Absoluto, o lo Uno, sólo pueda entrar en relación con el alma si comienza en ella. Pero también es cierto que, de tal modo, lo Trascendente ya no puede justificar su trascendencia. Lo Uno se resiste al saber. No solamente a la intuición sensible, sino a todas las formas posibles de la tematización: al concepto, a la idea, al símbolo.

Pero la tematización, ¿es acaso el único acontecimiento del alma? Y entrar en el presente, hacerse origen, mostrarse, volverse ser, ¿es esa la única modalidad de lo Absoluto?

Las modalidades de lo Absoluto son ciertamente impensables. No pueden ser sino retroceso y anacoresis cuando el pensamiento busca aplicarse a él: un pasar más allá de todo pasado rememorable, diacronía total no sincronizable con la conciencia. Pero, en el alma, ¿nada es acaso pre-originario? ¿Nada ingresó subrepticiamente, sin proponerse como tema a una libertad, sin realizarse como presente y sin ofrecerse a la reminiscencia? Esta abstracción de lo pre-originario que nosotros pareciéramos estar construyendo, nos es dada, en realidad, en términos muy concretos, en la responsabilidad anterior a todo compromiso, en la responsabilidad que nos obliga en relación a los otros, en mi responsabilidad por los actos, la felicidad y la infelicidad de libertades ajenas a la mía. O, más sencillamente, en la fraternidad humana. Una configuración de nociones puramente ontológicas se convierte allí en relaciones éticas. Como en el Talmud: la absolución del Ab-soluto, el borrarse de Dios, es positivamente la obligación de instaurar la paz en el mundo.

¡Una responsabilidad que precede la libertad, una responsabilidad que precede la intencionalidad! ¿Pero no desembocamos acaso en un determinismo en el cual el alma es pasiva como un efecto, hasta perder su ipseidad? En la responsabilidad por los otros, antes de aparecer, comparezco, respondiendo a una asignación indeclinable que, al llamarme, me toma precisamente en mi identidad no intercambiable.

¿Cómo puede alcanzarme una asignación semejante? Anárquicamente, sin comenzar en un presente, sin comenzar. Esta situación de no-comienzo no debe ser comprendida como una debilidad o un primitivismo del ser, en el que un yo se encontraría aún esclavizado por fuerzas desconocidas, que serán descubiertas algún día para poder ser finalmente asumidas o convertidas a su voluntad, doblegadas. Esta anterioridad de la responsabilidad respecto de la libertad debe ser entendida como la autoridad misma del Absoluto, "demasiado grande" para la medida o la finitud de la presencia, de la manifestación, del orden y del ser, y que, en consecuencia, ni ser, ni no-ser, es el "tercero excluido" del más allá del ser y del no-ser, tercera persona que nosotros hemos llamado "illeidad"[9] (*illéité*) y que expresa quizá también la palabra Dios. Más allá del ser, refractario a la tematización y al origen –pre-originario: más allá del no-ser– autoridad que me ordena al prójimo como rostro.

La illeidad del tercero excluido no es una potencia cualquiera de oblicuidad que declina la rectitud de la tematización y de la causalidad, y sobre la cual la mirada podría desviarse. La illeidad, de un modo extremadamente preciso, se excluye del ser, pero lo ordena en relación a una responsabilidad, en relación a su pura pasividad, a una pura "susceptibilidad". Obligación de responder anterior a toda interrogación que remitiría a un compromiso primordial. Compromiso que desborda toda pregunta, todo problema y toda representación. Compromiso en el que la obediencia precede a la orden que se infiltró furtivamente en el alma que obedece. Ni esperada ni recibida: lo contrario de una cuasi-actividad, de una asunción. Orden "traumática", proveniente de un pasado que nunca fue presente, ya que mi responsabilidad responde por la libertad de los otros.

Puede que esta responsabilidad, anterior al discurso sobre lo dicho, sea la esencia misma del lenguaje.

Ciertamente se me objetará: si entre el alma y el Absoluto puede existir otra relación que la tematización, el hecho de encontrarnos hablando sobre él y pensando en él en este preciso instante, el hecho de envolverlo con nuestra dialéctica, ¿no significa en realidad que pensamiento, lenguaje y dialéctica siguen dominando esta Relación?

---

9. Cf. Nuestro libro: *En découvrant l'existence avec Husserl et Heidegger*, París, Vrin, 1967, p. 199.

Pero puede que el lenguaje de la tematización al que apelamos en este momento sólo sea posible gracias a esta Relación y que su función sea sólo ancilar.

La Revelación
en la tradición judía

I. El contenido y su estructura

1. El problema

El problema central del que nos ocuparemos en estas conferencias no concierne tanto al contenido atribuido a la Revelación, como al hecho mismo –metafísico– llamado Revelación, hecho que es a su vez el primer y principal contenido revelado de toda revelación. ¿Cómo pensar una relación que de entrada se presenta como insólita, como extra-ordinaria, en tanto vincularía al mundo en el que habitamos con aquello que no pertenece a este mundo? ¿Según qué modelo hemos de pensar una relación semejante? ¡En un mundo positivo, coherente y constante, abierto a la percepción, al disfrute y al pensamiento; un mundo que, a través de sus reflejos, sus metáforas y sus signos, es dado a la lectura y a la ciencia; en este mundo entrarían, bruscamente, mediante la apertura de ciertos libros, verdades que vienen de lo lejos –¿pero de dónde?– fechadas según la singular "cronología" de la Historia Santa! Y, en el caso de los judíos, de una Historia Santa a la que se adosa, sin que se rompa la continuidad, una "Historia para historiadores", una Historia profana. El hecho de que la Historia Santa del Occidente cristiano sea, en su mayor parte, la antigua historia de un pueblo actual, de que conserve su unidad, unidad misteriosa, a pesar de su dispersión entre las naciones –a pesar de su integración entre las naciones– es, sin duda, la originalidad de Israel y lo propio de su relación con la Revelación; de su lectura de la Biblia o de su olvido de la Biblia, o de los recuerdos o de los remordimientos que le quedan de este mismo olvido.

A la transfiguración en mito que amenaza –degradación o sublimación– a este pasado remoto de la Revelación, se opone la actualidad asomobrosa del judaísmo, esa colectividad humana, que, a pesar de ser poco numerosa y de haberse visto constantemente diezmada por la persecución, debilitada por la tibieza, las tentaciones y la apostasía, ha sido capaz, en su irreligiosidad misma, de fundar su vida política sobre las verdades y los derechos extraídos de la Biblia. Hay, efectivamente, capítulos de la Historia Santa que se reproducen en el curso de la Historia profana a través de pruebas que constituyen una Pasión, la Pasión de Israel. Para muchos judíos que ya han olvidado o que nunca han estudiado los textos y los mensajes de las Escrituras, los signos de la Revelación recibida –y los sordos llamados de esta Revelación– se reducen al traumatismo de los acontecimientos vividos mucho después de la clausura del canon bíblico, mucho después de la escritura del Talmud (la otra forma de la Revelación, distinta del Antiguo Testamento común a cristianos y judíos). Para muchos judíos, la Historia Santa y la Revelación que ella aporta se reducen al recuerdo de los verdugos, de las cámaras de gas, y aun de las afrentas públicas recibidas en las asambleas internacionales o en una interdicción de emigración. ¡Revelación vivida bajo la forma de la persecución!

"Acontecimientos fundadores" de los que hablaba Paul Ricoeur, retomando la fórmula de Emile Fackenheim. ¿Carecen acaso de toda referencia a la Biblia que continúa siendo su espacio vital? ¿Acaso la referencia no se concretiza en forma de lectura? ¿La lectura no sería una forma de habitar? ¡Volumen del libro en tanto que espacio vital! En este sentido, Israel es el pueblo del Libro y su relación con la Revelación es única en su género. Incluso su tierra se asienta en la Revelación. Su nostalgia de la tierra se nutre de textos y no de la eventual pertenencia vegetal a un suelo. Se forja así una modalidad de presencia en el mundo en la que la paradoja de la trascendencia resulta menos insólita.

Muchos judíos, comunidades e individuos, siguen pensando la Revelación a partir del esquema de una comunicación entre Cielo y Tierra, tal como lo sugiere el sentido obvio de los relatos bíblicos. Así piensan aún la Revelación espíritus excelsos, que han logrado atravesar los desiertos de la crisis religiosa de nuestro tiempo, encontrando el agua viva en la expresión literal de la Epifanía sinaica, en la Palabra de Dios interpelando a los profetas y en la confianza en la tradición ininterrumpida de una prodigiosa Historia; ortodoxos, personas y comunidades, cerrados a las dudas de la modernidad, aun cuando a veces participen profesionalmente de la fiebre del mundo industrial, se mantienen, a pesar de la simplicidad de esta metafísica, espiritualmente abiertos a las elevadas virtudes y a los secretos más misteriosos de la proximidad divina. Estos hombres y comunidades viven, en el sentido literal del término, fuera de la Historia en la que, para ellos, no se suceden ni suceden los verdaderos acontecimientos. No resulta menos cierto que para los judíos modernos –que son mayoría–, para quienes el destino intelectual de Occidente, con sus triunfos y sus crisis, es más que un mero disfraz alquilado, el problema de la Revelación se plantea con insistencia y exige nuevos esquemas. ¿Cómo comprender la "exterioridad" propia de las verdades y de los signos revelados que golpean el espíritu humano, espíritu que, a pesar de su "interioridad", está a la medida del mundo y se llama razón? ¿Cómo, sin ser del mundo, aquellas verdades pueden afectar a la razón?

Preguntas que se imponen a todo aquel que hoy en día siga

siendo sensible a estas verdades y a estos signos, pero que, en tanto que moderno, ha sido más o menos afectado por las noticias que le llegan acerca del fin de la metafísica, por los triunfos del psicoanálisis, de la sociología y de la economía política, a aquel a quien la lingüística enseñó la significación de los signos sin significado y que, por lo tanto, frente a todos estos esplendores –o estas sombras– intelectuales, se pregunta si no está asistiendo a los magníficos funerales de un dios muerto. El estatuto o el régimen ontológico de la Revelación inquieta por lo tanto al pensamiento judío, y su problema es anterior a toda presentación del contenido de esta Revelación.

2. Estructura de una revelación: el llamado a la exégesis

Sin embargo, considero que debemos comenzar exponiendo la estructura que presenta el contenido de la Revelación en el judaísmo. Por un lado, porque las formas que la Revelación adopta en el judaísmo suelen ser ignoradas por el público general; pero fundamentalmente, porque ciertas curvaturas de esta estructura de la Revelación sugerirán el sentido en el que la trascendencia del mensaje puede ser comprendida. Paul Ricoeur ha expuesto magistralmente la organización del Antiguo Testamento, común al judaísmo y al cristianismo. Esto me evita, ciertamente, el tener que volver sobre los diversos géneros literarios presentes en la Biblia: textos proféticos, narración de acontecimientos históricos fundantes, textos prescriptitos, textos sapienciales, himnos y acciones de gracia. Cada género cumple una función y tiene un poder revelador.

Pero puede que estas distinciones no puedan ser aplicadas a la lectura judía de la Biblia con la misma nitidez con que aparecen en la luminosa clasificación que nos ha sido propuesta. La conciencia judía privilegia las lecciones prescriptivas –principalmente presentes en el Pentateuco, en la Torá, conocida como "Torá de Moisés"– en lo que respecta a la relación con Dios. La prescripción estaría presente en todos los textos. Los salmos harían alusión a las figuras y a los acontecimientos, pero también a las prescripciones: "Soy un extranjero sobre la tierra, no me ocultes tus prescripciones", afirma por ejemplo el Salmo CXIX, 19. Los textos sapienciales son proféticos y prescriptivos. Entre los distintos "géneros" circulan, por lo tanto, en múltiples sentidos, alusiones y referencias muy visibles.

Otra observación: permanentemente se impone una búsqueda que va más allá del sentido obvio. Ciertamente, este es conocido y reconocido como obvio y, a su nivel, como plenamente válido. Pero puede que este sentido sea menos fácil de establecer que lo que permiten suponer las traducciones del Antiguo Testamento. La vuelta desde las traducciones al texto hebreo, revela la extraña, la misteriosa ambigüedad o la polisemia que la sintaxis hebrea autoriza: las palabras coexisten en lugar de coordinarse o de subordinarse sin más las unas con las otras, las unas a las otras, contrariamente a lo que suele ocurrir en las lenguas llamadas evolucionadas o funcionales. El retorno al texto hebreo vuelve aún más complicada la decisión acerca de la intención última de un versículo y, con más razón, de un libro entero del Antiguo Testamento. De hecho, la distinción del sentido obvio y del sentido a descifrar, la búsqueda de este sentido oculto y de un sentido más profundo aun que este, todo esto marca la cadencia de la exégesis específicamente judía de la Escritura. No hay un solo versículo, una sola palabra del Antiguo Testamento –leído como lectura religiosa, como Revelación– que no abra sobre todo un mundo, mundo inicialmente insospechado que envuelve lo legible. "Rabí Akiva interpretaba hasta los ornamentos de las letras del texto sagrado", dice el Talmud. Estos escribas, estos sabios a los que solemos llamar esclavos de la letra, intentaban arrancar a las letras, como si fueran las alas replegadas del Espíritu, todos los horizontes que el vuelo de ese Espíritu podía abarcar, todo el sentido que estas letras conllevan o al cual ellas despiertan. "Una vez Dios lo enunció, dos veces yo lo comprendí"; este segmento del versículo 12 del Salmo LXII proclama que son innumerables los sentidos que habitan la Palabra de Dios. ¡Es al menos lo que sugiere el rabino que, ya en nombre de este pluralismo, indaga el mismo versículo que le enseña este derecho de indagar! Exégesis del Antiguo Testamento denominada *midrash* o búsqueda o interrogación. Esta exégesis es anterior al momento en que análisis gramatical (bien recibido pero que adviene tardíamente) se suma a este desciframiento de enigmas encerrados en el texto de la Escritura de un modo muy diferente al gramatical.

La diversidad de estilos y las contradicciones del texto del Antiguo Testamento no han escapado a esta atención creciente. Se convirtieron en pretextos para nuevas profundizaciones, renovación de sentidos que dan cuenta de la agudeza de la lectura. Tal es el espesor de la Escritura. Revelación que también podría llamarse misterio: no porque excluya la claridad, sino justamente porque busca incrementar la intensidad de esa claridad.[1]

Pero esta invitación a la investigación y al desciframiento, al *midrash*, es ya participación del lector en la Revelación, en la Escritura. A su manera, el lector es escriba. Esto nos da ya una primera indicación acerca de lo que podríamos llamar el "esta-

---

1. Invitación a la inteligencia, protegiéndola al mismo tiempo, por el misterio del cual ella proviene, contra los "peligros" de la verdad. He aquí un pasaje del Talmud que comenta el versículo de Éxodo XXXIII, 21-22 ("El Señor dijo: 'He aquí un lugar a mi lado; tú puedes pararte sobre la roca; luego, cuando pase Mi Gloria, yo te colocaré en una grieta de la roca; te resguardaré con Mi mano hasta que yo haya pasado'"): "Se necesitaba protección, ya que las fuerzas destructivas tenían total libertad para destruir". El momento de la verdad es aquel en que todas las prohibiciones son levantadas, en el que todo está permitido para el espíritu interrogador. En este instante supremo, sólo la verdad de la Revelación protege del mal –mal al que, en tanto que verdad, también corre el riesgo de liberar–.

tuto" de la Revelación: a un tiempo palabra que viene del más allá, del afuera, y palabra que habita en aquel que la recibe. El ser humano no sería un simple oyente, sino el único "terreno" en el que la exterioridad consigue mostrarse. ¿Lo personal, es decir lo singular, no es acaso necesario para que pueda producirse la penetración y la manifestación que opera desde el exterior? ¿Lo humano, en tanto que ruptura de la identidad sustancial, no encarna acaso la posibilidad de que un mensaje que proviene del exterior, no violente a una "razón libre", sin reducirse empero a la contingencia de una "impresión subjetiva"? La Revelación apela a lo único en mí; esa es su significancia. Como si la multiplicidad de las personas –¿no será este precisamente el sentido de lo personal?– fuese condición de la plenitud de la "verdad absoluta"; como si cada persona, por su unicidad, permitiese la revelación de un aspecto único de la verdad; como si algunos de sus aspectos nunca hubiesen sido revelados si ciertas personas hubiesen faltado en la humanidad. ¡La verdad no se produce anónimamente en la Historia! La totalidad de la verdad se constituye a partir del aporte de múltiples personas: la unicidad de cada escucha porta en su seno el secreto del texto. La voz de la Revelación, en la medida en que esta se ve alterada por la escucha de cada uno, sería necesaria al Todo de la verdad. Que la palabra de Dios pueda ser entendida de múltiples maneras no sólo significa que la Revelación se adapta a la medida de quienes la escuchan, sino más bien que esta medida la mide: la multiplicidad de personas irreductibles es necesaria a las dimensiones del sentido. Los múltiples sentidos, son las múltiples personas. De este modo aparece en toda su envergadura la referencia de la Revelación a la exégesis, a la libertad de esta exégesis. Así se manifiesta la participación de quien escucha en la Palabra que se hace oír, pero también se comprende la posibilidad para la Palabra de atravesar todas las edades, de hacer oír la misma verdad en diversos tiempos.

Un texto de Éxodo (XXVIII, 15), que prescribe el modo en que debe confeccionarse el Arca santa del Tabernáculo, prevé la necesidad de las barras que deberán ser utilizadas para su transporte: "Las barras insertas en los anillos del Arca no deben separarse nunca": la Ley que porta el Arca está siempre lista para el movimiento, no se encuentra atada a un punto del espacio y del tiempo, sino que en todo momento es transportable y se encuentra lista para su traslado. Esta misma característica de la Ley es notificada también por la célebre apología talmúdica que narra el retorno de Moisés a tierra en la época de Rabí Akiva. Él ingresa en la escuela de este doctor talmúdico y no logra comprender la lección del maestro, pero una voz celestial le señala que esa enseñanza que él no logra comprender proviene sin embargo de él mismo, que esa enseñanza había sido dada "a Moisés en el Sinaí". Esta contribución a la obra abierta de la Revelación por parte de los lectores, de quienes la escuchan y de sus alumnos, es tan esencial que he llegado a leer recientemente, en un libro notable de un sabio de fines del siglo XVIII, que la menor pregunta formulada por un alumno debutante a su maestro constituye una articulación ineluctable de la Revelación recibida en el Sinaí.

Pero cabe preguntarse, ¿cómo es que semejante invocación de la persona en su unicidad histórica –y, por ende, la exigencia misma de la Historia por parte de la Revelación–,[2] puede mantenerse a resguardo de la arbitrariedad del subjetivismo? Puede que, por razones esenciales, la verdad deba correr un cierto riesgo de subjetivismo, en el sentido peyorativo del término…

Esto no significa de ningún modo que en la espiritualidad judía la Revelación sea librada a la arbitrariedad de los fantasmas

2. ¿Por fuera de toda "sabiduría" teosófica, no es esto aquello a lo que nos referimos cuando afirmamos que Dios es un Dios personal? ¿Un Dios no es acaso siempre personal en la medida en que se dirige y convoca a personas?

subjetivos, que carezca de autoridad y que no esté fuertemente caracterizada. El fantasma no constituye la esencia de lo subjetivo, aunque sea uno de sus subproductos. Sin necesidad de recurrir a un magisterio, las interpretaciones "subjetivas" de la Revelación judía lograron mantener la conciencia de unidad de ese pueblo, a pesar de su dispersión geográfica. Pero, fundamentalmente, lo que permite distinguir la originalidad personal aportada a la lectura del Libro, de la mera charlatanería, es una necesaria referencia de lo subjetivo a la continuidad histórica de la lectura, es la tradición de comentarios que no pueden ser ignorados bajo el pretexto de que las inspiraciones le llegarían a uno directamente del texto. Una "renovación" digna de este nombre no puede evitar estas referencias, como no puede evitar la referencia a la Ley llamada oral.

3. Ley oral y Ley escrita

La evocación de la Ley oral permite introducir otro rasgo esencial de la Revelación según el judaísmo: el rol de la tradición oral consignada en el Talmud. Se presenta bajo la forma de discusiones entre doctores rabínicos. Las mismas se desarrollaron entre los primeros siglos que preceden a nuestra era hasta el siglo VI después de Cristo. Según los historiadores, estas discusiones prolongan tradiciones aún más antiguas y reflejan todo un proceso a lo largo del cual el centro de la espiritualidad judía se desplaza del Templo a la casa de estudios, del culto al estudio. Dichas discusiones y enseñanzas se refieren principalmente al aspecto prescriptivo de la Revelación: a los ritos, a la moral y al derecho, pero también, a su manera, a la filosofía y a la religión. La totalidad está articulada en torno a lo prescriptivo. La imagen de lo prescriptivo que se suele tener fuera del judaísmo o dentro del judaísmo desjudaizado –que lo asocia a

la mezquindad de un reglamento que debe ser respetado o al
"yugo de la ley"– no es una imagen fidedigna.

Por otra parte, contrariamente a lo que suele pensarse, la
Ley oral no se reduce al comentario de las Escrituras –aunque
su rol, en ese plano, resulte fundamental–. Esta Ley oral se re-
montaría a su vez a una fuente propia de la Revelación sobre el
Sinaí. Una Torá oral al lado de la Torá escrita y cuya autoridad
es al menos similar.[3] Esta autoridad es reivindicada por el propio Talmud, es admitida por la tradición religiosa y es aceptada
por los filósofos de la Edad Media, incluido Maimónides. Es
para los judíos una Revelación que completa el Antiguo Testamento. Está en condiciones de enunciar ciertos principios y de
proveer informaciones que faltan o aparecen de un modo demasiado implícito en el texto escrito. Los Tanaítas, los sabios más
antiguos del Talmud, cuya generación se extiende hasta fines
del siglo II de nuestra era, hablan soberanamente.

La enseñanza oral del Talmud es ciertamente inseparable del
Antiguo Testamento. Este orienta su interpretación. La lectura
talmúdica consiste en escrutar el texto según la modalidad literal descripta más arriba, modalidad a la cual se presta el hebreo
del original de la Biblia. Toda la parte prescriptiva de la Torá es
"retrabajada" por los doctores rabínicos y toda la parte narrativa
es ampliada y esclarecida de un modo singular. De modo tal que
es el Talmud lo que permite distinguir la lectura judía de la Biblia de la lectura cristiana o "científica" que los historiadores y
los filósofos hacen de la Biblia. El judaísmo es ciertamente el
Antiguo Testamento, pero a través del Talmud.

---

3. Se denomina Torá escrita en un sentido amplio a los veinticuatro libros del
Canon bíblico judío y en un sentido más estricto a la Torá de Moisés, al Pentateuco. En un sentido aún más amplio, Torá significa el conjunto conformado por la Biblia y el Talmud, con sus comentarios y aún con las selecciones de textos homilé-
ticos llamados *Agadá*.

El espíritu que orienta a esta lectura, ingenuamente llamada "literal", consiste en inscribir cada texto particular en el contexto del Todo. Aquellos acercamientos que pueden parecer meramente verbales o demasiado aferrados a la letra del texto, expresan en realidad un esfuerzo por provocar una cierta resonancia entre un versículo y sus "armónicos" en otros versículos. Se trata también de mantener en contacto los pasajes que confortan nuestro deseo de espiritualidad, con aquellos textos más rudos, para arrancarles a estos su verdad verdadera. Pero también se trata, en consonancia con ciertos propósitos que pueden resultar algo severos, de acercar los impulsos generosos a las duras realidades. El Antiguo Testamento desconfía a tal punto de la retórica que su principal profeta tenía "labios torpes y lengua pesada". Sin duda, aquí hay algo más que la mera confesión de un defecto: aquí se juega la conciencia de un kerigma que no olvida el peso del mundo, la inercia de los hombres, la sordera de los raciocinios.

En esta escuela del Talmud, la libertad de la exégesis se encuentra muy encuadrada. La tradición impone a través de la historia, no tanto sus conclusiones, como el contacto con todo aquello que acarrea. ¿Se trata acaso de un magisterio? La tradición es, quizá, la expresión de una vida multimilenaria que confiere unidad a los textos, por diversos que puedan llegar a ser sus orígenes. El milagro de la confluencia, que vale tanto como el milagro del origen común atribuido a estos textos, es el milagro de esta vida. El texto se encuentra tensado sobre las amplificaciones de la tradición, como las cuerdas sobre la madera del violín. Las Escrituras tienen entonces un modo de ser totalmente diferente al de la materia sobre la que se ejercitan los gramáticos, materia que se encuentra totalmente sometida a los filólogos. Se trata de un modo de ser tal que la historia de cada escrito cuenta menos que las lecciones que cada uno de ellos encierra y que su inspiración se mide por lo que cada uno habrá inspirado. He aquí algunos de los rasgos de la "ontología" de las Escrituras.

Torá oral volcada por escrito en el Talmud. Esta Torá oral es, por lo tanto, ella también, Torá escrita. Pero su escritura es tardía. Se explica a partir de circunstancias contingentes o dramáticas de la Historia judía, ajenas a la naturaleza y a la modalidad propia de su mensaje. La Torá oral conserva, a pesar de todo, aún escrita, en su estilo, la referencia a una enseñanza oral. La vitalidad de un maestro que se dirige a sus discípulos que lo escuchan interrogándolo. Aun escrita, reproduce las opiniones expresadas en toda su diversidad, mencionando siempre quién es el que las aporta o las comenta. Ella registra la multiplicidad de posiciones y el desacuerdo entre los sabios. La gran discrepancia que atraviesa todo el Talmud entre la escuela de Hillel y la escuela de Shamai (del siglo I antes de Cristo) es conocida como la discusión o el desacuerdo "por la gloria del Cielo". A pesar de todo su esfuerzo por encontrar un acuerdo, el Talmud no deja de aplicar al desacuerdo Hillel-Shamai –y a las corrientes de ideas divergentes que allí se originan a través de las sucesivas generaciones de sabios– la célebre fórmula: "Ambas son palabras de Dios". Discusión o dialéctica que queda abierta a los lectores, los cuales sólo son dignos de ese nombre si ingresan en el debate por su propia cuenta. De modo tal que los textos talmúdicos, hasta en la fisonomía que adquirió su tipografía, vienen acompañados por comentarios, y por comentarios y discusiones de dichos comentarios. Permanente sobre-escalonamiento de la página sobre la que se prolonga, debilitada o reforzada, la vida de ese texto que sobrevive como "oral". El acto religioso de oír la palabra revelada se identifica entonces con la discusión abierta, con toda la audacia que su problemática exige. Al punto tal que, a menudo, los tiempos mesiánicos son designados como la época de las conclusiones. ¡Lo que no impide que se abra una discusión sobre este punto! Un texto de *Berajot*

(64 a) dice: «Rav Jia bar Ashi dice en nombre de Rav: "Los eruditos de la Torá no tienen paz ni en este mundo ni en el Mundo por Venir, pues está escrito (Salmos LXXXIV, 8): 'Ellos avanzan con una fuerza siempre creciente para aparecer frente a Dios en Sión'."» Este movimiento cuya fuerza es siempre creciente es atribuido por Rav Jia a los sabios de la Ley. Y Rashi, el comentarista francés del siglo XI, cuyas explicaciones son una guía para todo lector, aún moderno, perdido en la mar del Talmud, lo comenta de esta manera: "Ellos avanzan de una casa de estudios a otra y de un problema al otro". Hermenéutica permanente de la Palabra, escrita u oral, descubriendo nuevos paisajes, problemas y verdades contenidas las unas en las otras; la Revelación se muestra no sólo como una fuente de sabiduría, como una vía de liberación y de elevación, sino también como alimento para esta vida y como objeto del disfrute propio del conocer. Al punto tal que Maimónides, en el siglo XII, llegó a comparar la hermenéutica de la Revelación el placer o felicidad que Aristóteles adjudica a la contemplación de las esencias puras en el libro X de su *Ética a Nicómaco*.

Israel, "Pueblo del Libro", se ha nutrido de libros en un sentido casi físico, como el profeta que, en el tercer capítulo de Ezequiel, se traga su rollo. ¡Singular digestión de alimentos celestiales! Como ya dijimos, todo esto excluye la idea de un magisterio. Las rígidas fórmulas que, a modo de dogmas, recompondrían la unidad de los múltiples, y por momentos discordantes, trazos que la Revelación deja en la Escritura, son ajenas al judaísmo. Ningún Credo reúne u orienta la lectura de los textos. En el judaísmo, la formulación de artículos de fe es un género filosófico o teológico tardío. Recién aparece en la Edad Media, es decir después de una vida religiosa ya ordenada, dos veces milenaria (si creemos en lo que dice la crítica histórica que siempre rejuvenece la espiritualización de los textos). Entre las primeras formulaciones del Credo judío –que va a variar en cuanto al número de los puntos esenciales– y la plena expansión del mensaje profético de Israel, en el siglo VIII a. E. C. (período en el cual habrían sido redactados la mayor parte de los elementos del mosaismo del Pentateuco), transcurrieron 2.000 años. Más de mil años separan a estas formulaciones de la clausura del canon bíblico, y varios siglos las separan de la escritura de las enseñanzas talmúdicas.

4. La *Halajá* y la *Agadá*

Pero si bien ningún dogmatismo del Credo está en condiciones de resumir el contenido de la Revelación, la unidad de esta revelación se expresa concretamente para los judíos bajo una forma totalmente diferente. En efecto, la distinción entre Revelación escrita y Revelación oral propia del judaísmo se superpone con la distinción, a la que ya hemos hecho alusión, entre los textos y las enseñanzas relativas a la conducta y que formulan leyes prácticas, la *Halajá* –la Torá propiamente dicha en la que se puede reconocer lo que Ricoeur calificaba de prescriptivo– y, por el otro lado, los textos y las enseñanzas de origen homilético que, bajo la forma de parábolas que amplían los relatos bíblicos, representan la parte teológico-filosófica de la tradición y que son reunidos bajo el término de *Agadá*. La *Halajá* otorga a la Revelación judía, escrita y oral, su fisonomía propia y ha mantenido la unidad del pueblo judío a través de la dispersión y de la Historia. La revelación judía es, de entrada, mandamiento, y la piedad, obediencia. Pero obediencia que, sin dejar de aceptar las normas prácticas, no detiene la dialéctica llamada a definirlas. Esta dialéctica continúa y es válida para ella misma en su estilo de discusión abierta.

La distinción Ley oral-Ley escrita, por un lado, y la distinción *Agadá-Halajá* por el otro, constituyen los cuatro puntos cardinales de la Revelación judía. Las motivaciones de la *Hala-*

já permanecen, repitámoslo, en estado de discusión. Esta mantiene su vigencia porque a través la discusión de las reglas de conducta mantiene presente y vivo a todo el orden del pensamiento. Se trata de un acceso a lo intelectual a partir de la obediencia y de la casuística que esta conlleva. El pensamiento que emerge a partir de lo prescriptivo, va más allá del problema del gesto material a ejecutar, aunque, en pleno ejercicio dialéctico se enuncie también cuál es la conducta a seguir, cuál es la *Halajá*. Decisión que no equivale pues, en rigor, a una conclusión. Es como si esta decisión reposase sobre una tradición propia, a pesar de no ser posible sin la discusión que bajo ningún concepto es anulada. Las antinomias de la dialéctica que hacen al oleaje del "mar del Talmud" vienen acompañadas por "decisiones" u "ordenanzas". Y poco tiempo después de la clausura del Talmud aparecen los "decisionarios" que fijan la *Halajá* concreta. Esta obra de varios siglos desemboca en un código definitivo titulado *Shuljan Aruj*, "Mesa servida", en el que la vida del fiel queda estipulada de manera detallada.

La revelación judía reposa sobre la prescripción, la *mitzvá*, cuyo riguroso cumplimiento representaba para san Pablo el yugo de la ley. La unidad del judaísmo se produce a través de una Ley que en ningún momento es sentida como el estigma de algún tipo de esclavitud. El primer comentario rabínico de Rashi, comentario con el que se abren las "ediciones judías" del Pentateuco, expresa su asombro ante el primer versículo de la Torá: ¿por qué comenzar por el relato de la Creación, por qué las prescripciones comienzan recién en el versículo 2 del capítulo XII de Éxodo: "Este mes será para vosotros el comienzo de los meses"? El comentador se esfuerza entonces por explicar el valor religioso del relato de la Creación. Es la práctica lo que produce la unidad del pueblo judío. En el judaísmo actual, esta unidad sigue activa a través de la conciencia de su propia antigüedad y sigue resultando venerable aún cuando la Ley propiamente dicha no es observada como corresponde. No sería equivocado afirmar que los judíos ajenos a las prácticas, cuando se sienten solidarios del destino judío, se nutren, sin saberlo, de esta unidad aportada al judaísmo por la Ley antiguamente observada por todos. Cabe subrayar, por último, que a la observancia de los mandamientos sólo la iguala, por su valor religioso, el estudio de los mandamientos –el estudio de la Torá, es decir la continuación de la dialéctica rabínica– como si a través de este estudio el hombre estuviera en contacto místico con la voluntad divina propiamente dicha. El acto más elevado en la práctica de las prescripciones, la prescripción de las prescripciones que vale por todas las otras, es el estudio mismo de la Ley (escrita u oral).

Al lado de estos textos halájicos de los que hemos hablado, textos que reúnen las prescripciones de la Ley y en los que ciertas leyes rigurosamente éticas conviven con prescripciones rituales, identificando de entrada al judaísmo como un monoteísmo ético, las apologías y las parábolas denominadas *Agadá* constituyen la metafísica y la antropología filosófica del judaísmo. En los textos talmúdicos, se alternan con la *Halajá*. Para poder conocer el sistema de pensamiento sobre el cual el judaísmo ha vivido como unidad durante siglos de integridad religiosa (y no para el conocimiento de su formación histórica), hay que considerar como simultáneos estos textos pertenecientes a épocas diversas. La obra lúcida de historiadores y de críticos judíos y no judíos –que saben reconducir el milagro de la Revelación *o* del genio nacional judíos a una multiplicidad de influencias– pierde su significación espiritual frente a aquellos momentos críticos tan frecuentes a lo largo de dos mil años, para el judaísmo posterior al exilio. Lo que hemos llamado antes "el milagro de la confluencia", adquiere una voz que se deja reconocer en seguida y repercute en una sensibilidad y en un pensamiento que lo intuyen como si lo esperasen.

5. El contenido de la Revelación

Pero hasta ahora sólo hemos hablado de la forma o de la estructura de la Revelación según el judaísmo, sin decir nada acerca de su contenido. No se trata de proponer un dogma que ni siquiera los filósofos judíos de la Edad Media supieron formular. Sólo quisiéramos enumerar empíricamente ciertas relaciones que se establecen entre, por un lado, Aquel cuyo mensaje es portado por la Biblia, y, por otro lado, el lector que consiente a tomar como contexto del versículo examinado la totalidad del texto bíblico, es decir que lee la Biblia a partir de la tradición oral. Será sin dudas una invitación a escoger siempre la vía más elevada, a sólo serle fiel al Único, a desconfiar del mito según el cual el hecho consumado, la constricción de la costumbre y del terruño y el Estado maquiavélico y sus razones de Estado, se imponen como una necesidad. Pero, seguir al Más-Alto, implica también saber que nada es superior al acercamiento al prójimo, a la preocupación por el destino de "la viuda y del huérfano, del extranjero y del pobre" y que ningún acercamiento con las manos vacías es un verdadero acercamiento. La aventura del Espíritu se desarrolla también sobre la tierra, entre los hombres. El traumatismo que significó mi esclavitud en Egipto constituye mi humanidad, es lo que me acerca de entrada a todos los problemas de los condenados de la tierra, de todos los perseguidos. Es en la responsabilidad por el otro hombre de donde surge mi propia unicidad. Esa responsabilidad no podría delegársela a nadie, del mismo modo en que mi propia muerte es indelegable, en que nadie podría morir en mi lugar. La obediencia al Altísimo significa precisamente esta imposibilidad de esconderme, de escapar. Es esa imposibilidad lo que me vuelve único. Ser libre, es hacer solamente lo que nadie puede hacer en mi lugar. Obedecer al Altísimo, es ser libre.

Pero el hombre es también la irrupción de Dios en el ser o

el estallido del ser hacia Dios. El hombre es ruptura del ser allí donde se produce el don con las manos llenas, en lugar de luchas y rapiñas. Ese es el sentido primero de la idea de elección, elección que ciertamente puede degradarse en orgullo, pero que originalmente expresa la conciencia de una asignación irrecusable de la que vive la ética y en la que lo irrecusable de la asignación aísla al responsable. "Sólo a vosotros he reconocido entre todas las familias de la tierra, es por eso que habré de tener en cuenta todas vuestras faltas" (Amos, II, 2). El hombre es interpelado en el juicio de la justicia que reconoce esta responsabilidad. La misericordia –los *rajamim*–, el estremecimiento de las entrañas uterinas[4] en donde el Otro está en gestación en el Mismo, la maternidad en Dios, si puede decirse, atenúa los rigores de la Ley (sin suspenderla en principio; aunque puede llegar hasta suspenderla de hecho). El hombre puede lo que debe, podrá dominar las fuerzas hostiles de la Historia y realizar el reino mesiánico anunciado por los profetas. La espera del Mesías es la duración misma del tiempo, o la espera de Dios. Pero entonces la espera no atestigua más una ausencia de Godot que no vendrá nunca, atestigua la relación con lo que no cabe en un presente demasiado estrecho para el Infinito.

Pero posiblemente sea en un ritualismo que regula todos los gestos de la vida cotidiana, en el famoso "yugo de la Ley", en donde reside el aspecto más característico de la difícil libertad judía. En el ritual, no hay nada que sea numinoso, ninguna idolatría. El ritual es una distancia tomada *en* la naturaleza *respecto de* la naturaleza y tal vez de ese modo precisamente la espera del Altísimo, que es una relación –o, si se prefiere, una deferen-

---

4. Cf. sobre este tema, en nuestro *De otro modo que ser o más allá de la esencia*, el capítulo III y, en nuestro *Humanismo del otro hombre*, el artículo "Sin identidad".

cia– con Él, una deferencia al más allá que engendra aquí el concepto mismo del más allá o del a-Dios.

II. El hecho de la Revelación y el entendimiento humano

Llego de este modo a la cuestión principal: ¿cómo puede un judío "explicarse" el hecho extraordinario de la Revelación en tanto esta, según las Escrituras tomadas literalmente y según la tradición, se le presenta como viniendo de afuera del orden del mundo? No se le habrá escapado al lector que la exposición que venimos desarrollando acerca del contenido y sobre todo de la estructura de la Revelación ha permitido avanzar algunos pasos en dirección de una posible respuesta a este interrogante.

1. Algunos datos

Atengámonos, por un momento, al sentido literal. Evoco algunos puntos significativos. La propia Biblia nos cuenta el carácter sobrenatural de su propio origen. Hubo hombres que oyeron la voz celestial. Pero la Biblia nos alerta también contra los falsos profetas. De modo que la profecía desconfía de la profecía y que hay un riesgo para quien se aferra a la Revelación. Hay allí un llamado a la vigilancia que pertenece, sin duda, a la esencia de la Revelación. Esta es inseparable de la inquietud. Otro punto importante: al recordar en Deuteronomio IV, 15 la Epifanía del Sinaí, dice Moisés: "Pero seréis muy precavidos de vuestras almas, pues no visteis ninguna semejanza el día que el Eterno os habló en Joreb, en medio del fuego". La Revelación es un decir que realiza, sin mediación alguna, la rectitud de la relación entre Dios y el hombre. En Deuteronomio V, 4 podemos leer:

"Cara a cara, Dios ha hablado con vosotros". Expresiones que autorizaron a los doctores rabínicos a conferir dignidad profética a todos los israelitas presentes al pie del Sinaí y, de esa manera, a sugerir que en principio el espíritu humano como tal está abierto a la inspiración, ¡que el hombre como tal es posiblemente un profeta! Lo vemos también en Amos III, 8: "El Eterno ha hablado, ¿quien no profetizará?". En el alma humana reside la receptividad profética. La subjetividad, por su posibilidad de escuchar, es decir de obedecer, ¿no es acaso ruptura de la inmanencia? Pero el Maestro de la Revelación insiste, en el texto citado de Deuteronomio, sobre el hecho que la Revelación es palabra y no imagen ofrecida a los ojos. Y si bien en la Escritura las palabras que se refieren a la Revelación están tomadas de la percepción visual, el aparecer de Dios se reduce a un mensaje verbal (*dvar elohim*) que, por lo general, es una orden. El mandamiento, antes que la narración, constituye el primer movimiento en dirección al entendimiento humano: marca, en sí, el comienzo del lenguaje.

El Antiguo Testamento otorga a Moisés la dignidad del más grande de todos los profetas. Moisés mantiene con Dios la relación más directa posible, una relación "cara a cara" (Éxodo XXXIII, 11); y sin embargo la visión del rostro divino no le es concedida; según Éxodo XXXII, 23, sólo el "dorso" de Dios es mostrado a Moisés. No deja de ser interesante la manera en que los doctores rabínicos interpretan este texto sobre la Epifanía: el "dorso" que vio Moisés desde la cavidad de la roca desde donde seguía el pasaje de la Gloria divina, fue en realidad el nudo formado por las correas de las filacterias sobre la nuca divina. La Revelación gira en torno a la conducta ritual cotidiana. Este ritualismo suspende la inmediatez de las relaciones con lo dado en la Naturaleza y condiciona, contra la espontaneidad enceguecedora de los Deseos, la relación ética con el otro hombre. Esto confirmaría la concepción según la cual Dios es recibido en el cara-a-cara ético con el otro hombre y en la obligación para con el prójimo.

El Talmud mantiene el origen profético y verbal de la Revelación, pero insiste más sobre la voz de aquel que escucha. Como si la Revelación fuera un sistema de signos a ser interpretados por quien recibe el mensaje y, en ese sentido, estuviese librada a él. La Torá ya no está en el cielo, ha sido entregada: son los hombres quienes ahora disponen de ella. Un célebre apólogo del tratado *Babá Metziá* (59 b) resulta, en este sentido, bastante elocuente: Rabí Eliezer, quien estaba en desacuerdo con sus colegas respecto de un problema de *Halajá*, busca fundar sus opiniones en una serie de milagros e incluso en una voz o eco de voz celestial. Sus colegas rechazan todos estos signos y este eco de voz celestial bajo el irrefutable pretexto de que la Torá celestial se encuentra, desde el Sinaí, sobre la Tierra y que, desde entonces, llama a la exégesis del hombre. Contra esa exégesis los ecos de voces celestiales ya no pueden nada. El hombre no sería un "ente" entre los "entes", simple receptor de informaciones sublimes. Él es, a un tiempo, aquel a quien la palabra está dirigida y aquel gracias a quien hay Revelación. El hombre sería el punto por el cual pasa la trascendencia, aun si se lo puede denominar "ser-ahí", o *Dasein*. Quizá todo el estatuto de la subjetividad y de la razón debiera ser reconsiderado a partir de esta situación. El *Jajam* sucede a los profetas en el acontecimiento de la Revelación. El *Jajam* es el sabio, el doctor o el hombre de la razón, inspirado a su manera, dado que es el portador de la enseñanza oral. Enseñado y enseñante, sugestivamente llamado en algunas ocasiones *talmid-jajam*: discípulo de Sabio o discípulo-sabio, que recibe, pero que escruta lo recibido. Es cierto que los filósofos judíos de la Edad Media, especialmente Maimónides, hacen remontar la Revelación a los dones proféticos. Pero en lugar de pensarlos en la heteronomía de la inspiración, los acercan a los diversos niveles de facultades intelectuales enumerados por Aristóteles. El hombre de Maimónides, como el hombre aristotélico, es un "ente" situado *en su lugar* en el cosmos. Es una parte del ser que no sale fuera del ser y en el cual no se produce la ruptura del Mismo, la trascendencia radical que la idea de inspiración y todo el traumatismo de la profecía parecieran implicar en los textos bíblicos.

2. Revelación y obediencia

Pasemos ahora al problema principal. No se trata de un problema de apologética que requiere la autentificación de diversos contenidos revelados, confesados por las religiones llamadas "reveladas". El problema en cuestión es el de la posibilidad de una ruptura o de una irrupción en el orden cerrado de la totalidad, del mundo, o de su correlato autosuficiente, la razón. Ruptura provocada por un movimiento que viene del exterior pero que, paradójicamente, no aliena esta autosuficiencia racional. Si pudiera ser pensada la posibilidad de una fisura de este tipo en el núcleo duro de la razón, una parte importante del problema quedaría resuelta. La dificultad deriva de nuestra costumbre de concebir a la razón como correlato del mundo, es decir como un pensamiento caracterizado por su estabilidad y su identidad. ¿No hay acaso otra concepción posible de la razón? No tendría sentido buscar un modelo alternativo de inteligibilidad en una experiencia traumática en la que se quiebre la inteligencia, afectada por aquello que desborda su propia capacidad. Salvo que se trate de un "tú debes" que no tenga para nada en cuenta lo que "tú puedes". En este caso el desbordamiento no sería insensato. Dicho de otro modo, creo que la racionalidad de la ruptura es la razón práctica, que el modelo de la revelación es un modelo ético.

Me pregunto, por lo tanto, si el carácter primordial de lo prescriptivo en torno al cual, en el judaísmo, se articula la totalidad de la Revelación (aun en sus momentos narrativos, y tan-

to en el caso de la enseñanza escrita como en el de la enseñanza
oral); me pregunto si el hecho de que la obediencia sea el modo
de recibir lo revelado[5] no indica acaso la "racionalidad" de una
razón menos ensimismada que la razón de la tradición filosófica. Racionalidad que no aparece como lo propio de una razón
"en decadencia". Racionalidad que sólo puede ser plenamente
comprendida a partir de la irreductible "intriga" de la obediencia. Obediencia que no se reduce a un imperativo categórico en
el que una universalidad se encuentra de golpe en condiciones
de dirigir una voluntad. Obediencia que remite al amor al prójimo, al amor sin eros, sin complacencia por uno mismo y, en ese
sentido, al amor obedecido o a la responsabilidad por el prójimo, al hacerse cargo del destino del otro o a la fraternidad. ¡La
relación con el otro hombre ubicada al comienzo! Hacia ella se
precipita el propio Kant en la segunda fórmula del imperativo
categórico mediante una deducción regular o irregular. La obediencia, al concretizarse en la relación con el otro, indica una razón menos nuclear que la razón griega –razón correlativa de una
estabilidad, que encarna la ley del Mismo–.

La subjetividad racional que nos fue legada por la filosofía
griega –y el que no comencemos por estos legados no significa
que los rechacemos, que no vayamos a recurrir a ellos más adelante ni que caigamos en la mística– no comporta la pasividad
que, en mis ensayos filosóficos, he llegado a identificar con la
responsabilidad por el otro. Responsabilidad que no es una deuda limitada por el alcance de un compromiso activamente con-
traído, pues de una deuda de este tipo uno puede llegar a liberar-
se, mientras que, en rigor, uno nunca está libre de deudas frente

---

5. En la fórmula de Éxodo XXIV, 24, 7: "Todo lo que el Eterno ha dicho, nosotros lo ejecutaremos y lo escucharemos", la anterioridad del término que evoca
la obediencia respecto de aquel que expresa la comprensión, sería, según los Sabios
del Talmud, el mérito supremo de Israel, su "sabiduría de ángel".

al otro. Responsabilidad infinita y responsabilidad contra mi voluntad, responsabilidad no elegida: responsabilidad de rehén.[6] No se trata ciertamente de deducir de esta responsabilidad el contenido concreto de la Biblia, a Moisés y a los profetas. Se trata, por un lado, de formular la posibilidad de una heteronomía que excluya la servidumbre, un oído razonable, una obediencia que no aliene a quien escucha, y por el otro lado, de reconocer, en el modelo ético de la Biblia, la trascendencia misma del entendimiento. Esta apertura a una trascendencia irreductible no puede producirse en la solidez y la positividad de la razón que gobierna nuestra función filosófica. Esta última pretende ser comienzo de todo sentido, comienzo al que todo sentido debe remitir para poder ser asimilado al Mismo —y ello a pesar de que ese sentido pueda aparecer inicialmente como venido de afuera—. Nada puede provocar la fisión en la solidez nuclear de una razón así entendida, es decir de un pensamiento pensando en correlación con la positividad del mundo, pensando a partir del gran reposo cósmico, de un pensamiento que inmoviliza su objeto en un tema, pensando siempre a su medida, de un pensamiento que piensa *sabiendo*. Me he preguntado si esta razón cerrada a la desmesura de la trascendencia logra expresar la irrupción del hombre en el ser o la interrupción del ser por el hombre o, más precisamente, la interrupción de la presunta correlación entre el hombre y el ser en la *esancia* (*essance*),[7] en la cual se muestra la figura del Mismo. Me he preguntado si la inquietud del Mismo por el Otro no es acaso el verdadero sentido de la razón, si esa inquietud no constituye su racionalidad. Inquietud del hombre por el Infinito de Dios, Infinito al que no podría contener pero que lo inspira. Inspiración que es

---

6. Cf. *De otro modo que ser o más allá de la esencia.*
7. Por *esancia* (*essance*) nos referimos al nombre abstracto que designa el sentido verbal de la palabra "ser".

el modo originario de la inquietud, inspiración del hombre por Dios que es la humanidad del hombre. El *"en"* de "la desmesura *en* lo finito", sólo es posible en el "heme aquí" del hombre acogiendo a su prójimo. El modo original de la inspiración no debe buscarse en la escucha de los cantos de una musa, sino en la obediencia al Altísimo como relación ética con el otro hombre. Lo hemos aclarado desde el inicio: nuestra investigación se ocupa del hecho de la Revelación entendida como relación con la exterioridad que, a la inversa de la exterioridad de la que el hombre se rodea en el saber, se mantiene como lo "no contenible", como infinita sin dejar de estar en relación. El que esta relación encuentre su modelo en la no-indiferencia hacia el prójimo, en una responsabilidad para con él; el hecho de que sólo a través de esta relación el hombre se convierta en un "yo" (*moi*) designado sin escapatoria posible, elegido, único, no intercambiable y, en ese sentido, libre,[8] marca, a mi entender, la vía que debemos adoptar si queremos resolver la paradoja de la Revelación: la ética es el modelo que está a la medida de la trascendencia y la Biblia es Revelación en tanto que kerigma (mensaje) ético.

3. La racionalidad de la trascendencia

Lo que quisiéramos sugerir e intentar justificar, aunque tengamos que hacerlo rápidamente, es que la apertura a la trascendencia tal como se produce en la ética, constituye una racionalidad —es decir, una modalidad de significancia del sentido—. La teología racional es una teología del ser en la que lo racional equivale al Mismo en su identidad, sugerido por la firmeza o la

8. La libertad significaría entonces la escucha de un llamado al cual sólo yo puedo responder; o, aún, el poder-responder allí donde estoy siendo llamado.

positividad de la tierra firme bajo el sol. Se inscribe en la aventura ontológica que llevó al Dios y al hombre de la Biblia, entendidos a partir de la positividad de un mundo, hacia la "muerte" de Dios y hacia el fin del humanismo –o de la humanidad– del hombre. La noción de la subjetividad como coincidencia con la identidad del Mismo y con su racionalidad, significa el enlace de lo diverso del mundo en la unidad de un orden, sin que nada escape a ese enlace. Un orden producido o reproducido por el acto soberano de la síntesis. La idea de un sujeto pasivo, pensado en la heteronomía de su responsabilidad por el otro, sujeto difiriendo de cualquier otro, es ciertamente una idea difícil de concebir. El Sujeto que no retorna a sí mismo, que no se reúne consigo mismo para instalarse, triunfante, en el reposo absoluto de la tierra bajo la bóveda celeste, es tratado despectivamente de subjetivismo romántico. El no reposo, la inquietud, la pregunta, la investigación, el Deseo, son considerados negativamente como un descanso perdido, como una privación, como una insuficiencia de la identidad, como lo desigual-a-sí. Nos hemos preguntado si la Revelación no conduce precisamente a un pensamiento de lo desigual, de la diferencia, de la irreductible alteridad "no contenible" en la intencionalidad gnoseológica, a un pensamiento que no es un saber, pero que, desbordando el saber, está en relación con el Infinito o con Dios. Nos hemos preguntado si la intencionalidad que en la correlación noético-noemática piensa "a su medida", no es, por el contrario, un psiquismo insuficiente, más pobre que aquel implicado en la pregunta, la cual, en su pureza, es una demanda dirigida hacia el otro y, de este modo, una relación con lo que no puede ser investido. Si la búsqueda, el deseo y la pregunta, lejos de ser reductibles a la necesidad, no responden más bien al estallido de "lo más en lo menos" (*"du plus dans le moins"*) que Descartes llamaba idea de lo Infinito, psiquismo más despierto que el psiquismo de la intencionalidad, que el saber adecuado a su objeto.

La Revelación, tal como la hemos descripto (a partir de la relación ética, donde la relación con el otro hombre es una modalidad de la relación con Dios), denuncia la pretensión de la figura del Mismo y del saber de ser la única instancia posible de la significación. Esta figura del Mismo, este conocer, no constituyen sino un cierto grado posible de la inteligencia en el que esta ya se adormece, se aburguesa en la presencia satisfecha de su lugar. Nivel en el que la razón, siempre reducida a la búsqueda del reposo, de la tranquilidad, de la conciliación –estados que implican la ultimidad o la prioridad acordada a lo Mismo– se ausenta ya de la razón viva. No es que la falta de plenitud, la no-adecuación a sí mismo, valga más que la coincidencia. Si no se tratase más que del sí mismo en su sustancialidad, la igualdad valdría más que la falta. No se trata de hacer preferir el ideal romántico de la insatisfacción a la plena posesión de uno mismo. Pero cabe preguntarse si, en la posesión de sí, el Espíritu tiene alguna posibilidad de realizarse plenamente, si no hay una relación con el otro que "valga más" que la posesión de sí mismo. Puede que sólo en una deferencia hacia lo que es más o mejor o más elevado que el alma, las nociones de lo "mejor" o de lo "elevado" puedan articularse como un sentido y que, por lo tanto, la búsqueda, el deseo y la pregunta valgan más que la posesión, la satisfacción y la respuesta.

Más allá de la conciencia que es igualdad a sí mismo, o búsqueda de esta igualdad mediante la asimilación del Otro, ¿no habría que destacar una deferencia hacia el otro en su alteridad, la cual sólo puede producirse bajo la forma de un despertar por el Otro del Mismo adormecido en su identidad? ¿Y la obediencia no es acaso –tal como lo hemos sugerido– la modalidad misma de este despertar? ¿No podríamos incluso pensar la conciencia, en su adecuación a sí misma, como una modalidad o una modificación de este despertar, de esta molestia inasimilable del Mismo por el Otro en su diferencia? ¿La Revelación, más que un saber recibido, no debería ser pensada como este despertar?

Estas preguntas conciernen al fundamento último (*l'ultime*) y ponen en cuestión la racionalidad de la razón y aún de la posibilidad misma de ese fundamento. ¿No deberíamos temerle al embotamiento y a la petrificación de perseguir la identidad del Mismo a la que aspira el pensamiento como a un reposo? Sólo abusivamente el otro puede ser pensado como adversario del Mismo. Su alteridad no invita a un juego dialéctico, sino a un cuestionamiento incesante de la prioridad y de la quietud del Mismo, como la quemadura infinita que produce una llama inextinguible. ¿Lo prescriptivo de la revelación judía, en su obligación impagable, no es acaso la modalidad misma de este cuestionamiento inclaudicable? Obligación impagable, quemadura que no deja cenizas –las cuales serían ya sustancia reposando sobre sí misma–. Siempre estallido del "menos", incapaz de contener el "más" que contiene, bajo la forma del "uno para el otro". "Siempre" que aquí significa en su sentido original de gran paciencia, de dia-cronía, de trascendencia temporal. Despabilamiento "siempre" aún más profundo y, en ese sentido, la espiritualidad del espíritu en la obediencia. Estas serían las preguntas que plantea la trascendencia bajo su manifestación en lo dicho. ¿Pero puede la trascendencia como tal traducirse en respuestas sin desaparecer al cabo de esta transformación en respuesta? Y la pregunta, que es también un cuestionamiento, ¿no es acaso lo propio de la voz que manda desde más allá?[9]

---

9. Las ideas expuestas en estas páginas finales ya han sido desarrolladas en "*De la conscience à la veille*", en *Bijdragen*, 3-4, 1974.

"A imagen de Dios"
según Rabí Jaim de Volozin

A Herman Heering, profesor de teología
en la Universidad de Leyde

1. Quién es Rabí Jaim de Volozin

Rabí Jaim de Volozin (1759-1821) fue el discípulo y el admirador del célebre gaón de Vilna. El pueblo de Volozin, al que remite su nombre, se encuentra en Lituania. Rabí Jaim fundó allí, en 1802, una *Yeshiva* que llegó a ejercer una considerable influencia sobre la vida judaica del Este europeo, más precisamente en las regiones llamadas lituanas. Introdujo un singular estilo de estudio que sirvió de inspiración a las *yeshivot* del mundo entero hasta nuestros días.

Rabí Eliahu, gaón de Vilna (1720-1797), el maestro de Rabí Jaim de Volozin, fue uno de los últimos talmudistas sobresalientes. Por su fuerte personalidad, por la extensión y la precisión de sus conocimientos talmúdicos y cabalísticos, por la originalidad y la profundidad de su interpretación, dejó una marca en la ciencia rabínica y en la propia vida de los judíos de su época. En cierto sentido, esa marca llega hasta nuestros días. Jugó un rol de primer grado, entre otras cuestiones, en la resistencia presentada por toda una fracción del judaísmo a la expansión del jasidismo. El gaón de Vilna consideraba que este movimiento popular, que exigía más fervor que conocimiento, escamoteaba el rol central que correspondía a la ciencia y a la dialéctica del Talmud en la vida religiosa judía y que, al agrupar las comunidades detrás de personalidades con poder carismático –los *tsadikim* o "rabinos milagrosos", que no dejaban de aceptar la adoración de sus fieles– estaba alterando la relación genuina de discípulo a maestro y afectaba los principios esenciales del monoteísmo judío. El gaón fue el alma y el jefe de estos oponentes, los *mitnagdim*, como se los sigue llamando hoy en día, época en que los antagonismos con los *jasidim* ya se han calmado. Los *mitnagdim* desconfiaban del misticismo sentimental de la nueva doctrina. El estudio talmúdico, cuyo primado espiritual afirmaban con fuerza, no se reducía a una mera asimilación de conocimientos: se trataba de la propia vida de la Torá, principio de creación, objeto de la vida contemplativa, participación en la vida más elevada. La creación, por Rabí Jaim de Volozin, de una *Yeshiva* en Volozin, ratificaba en los hechos este primado.

Pero Rabí Jaim, sin dejar de combatir los excesos del movimiento jasídico, adoptó para con este una actitud menos intransigente que el gaón. No se cerraba la puerta de la *Yeshiva* a quienes, provenientes de los *jasidim,* solicitaban su ingreso. De esta manera, Rabí Jaim de Volozin y su academia de altos estudios talmúdicos jugaron un rol importante en la rehabilitación de los estudios talmúdicos en el seno del jasidismo y, de manera más general, contribuyeron a que este movimiento religioso, a pesar de sus innovaciones, no se volviera cismático.

La forma en que las juderías de Europa Oriental asumieron la "era de las luces", el racionalismo de la *Haskalá*, pone de manifiesto esta influencia del Rabí Volozin y de sus estudios talmúdicos en la renovación de la *Yeshiva* de Volozin y de las casas de estudios que se crearon siguiendo su modelo. En efecto, a partir del siglo XIX, las juderías de Europa Oriental se orientan progresivamente hacia nuevos temas de estudio, fuera de la Torá, y hacia formas de pensamiento consideradas occidentales –proceso que el judaísmo del oeste europeo había encarado activamente a partir del siglo XVIII–. En realidad este vuelco hacia la llamada vi-

da moderna, comenzaba a aparecer entre los judíos rusos, pola-
cos y lituanos casi concurrentemente con la influencia que podemos atribuir a la *Yeshiva* de Volozin. Pero si bien el judaísmo del
Este era seducido por Occidente, por su cultura racionalista, en
su mayor parte, se mantenía inmune a las tentaciones de la asimilación pura y simple al mundo circundante. Se negaba a tratar
como secundario al universo espiritual de sus orígenes y a dudar
de la plena madurez de la cultura judía tradicional, aun si se ale-
jaba paulatinamente en su vida y en sus preocupaciones intelectuales de las reglas estrictas legadas por la tradición. Esta fidelidad a la Torá como cultura, y una cierta conciencia nacional en
función de esta cultura, perduran, en el seno de una vida occiden-
talizada, como la marca distintiva de los judíos del Este. Hubo
ciertamente varias razones de tipo demográfico, social y político
para que esto ocurriera. Pero, entre las causas de esta permanencia, hay que incluir la formación impartida en las *yeshivot* del tipo de la de Volozin por las elites de estos judíos del Este. El judaísmo de las academias talmúdicas –o su recuerdo persistente
en las familias– habría de preservar a las masas judías de la asimilación, como preservaron al movimiento jasídico del cisma.
Sin duda este fue un factor de peso.

La prioridad de la Torá, que Rabí Jaim de Volozin profesó
a través de la acción pedagógica, constituye también el tema de
un breve libro póstumo, editado bajo el título de *Nefesh Hajaim*
("Alma de la vida"), en 1824, en Vilna. Se trata de una obra notable, en la que la glorificación de la Torá, a la cual está dedicada en especial la cuarta y última parte ("Portal 4"), es presentada, en el marco de una vasta síntesis de la espiritualidad judía,
como un momento esencial, como su culminación. Obra redac-
tada durante los últimos años de su vida y dirigida a los estudiantes de su *Yeshiva, Nefesh Hajaim* propone una exposición
erudita del sistema del judaísmo, del judaísmo como sistema.
Algo poco frecuente en la literatura denominada rabínica, don-

de las apreciaciones doctrinarias suelen aparecer dispersas entre estudios dedicados a las reglas de conducta –la *Halajá*–, o bien quedar implícitas, como si no precisaran ser explicitadas frente a un público ilustrado. Para el lector moderno, disponer de un texto como *Nefesh Hajaim* es un privilegio infrecuente. Este texto, que propone una visión –una de las posibles visiones– de la espiritualidad judía bajo la forma de un sistema, es a su vez la obra de una autoridad talmúdica experta en *Halajá*, que tuvo que redactar las tradicionales "preguntas y respuestas" sobre problemas de índole práctica.

Quisiéramos presentar, a continuación, un aspecto de esta obra, que es un intento por determinar el significado de la humanidad del hombre en la economía general de la Creación. No se trata, claro está, de una empresa fácil.

El modo en que *Nefesh Hajaim* plantea y trata los diferentes problemas, puede desorientar a un lector moderno que no ha sido prevenido. Lo que más puede llegar a impactar es el carácter dogmático y religioso del libro, y el modo de probar sus afirmaciones, afirmaciones que podrían pasar por místicas –lo que precisamente es rechazado por nuestro autor, que se opone al menos a la versión jasídica excesiva del misticismo–. En realidad las únicas pruebas a las que apela este ensayo metafísico y doctrinario, que aspira a ser intelectualmente significativo, son los textos. Se encuentra fundado exclusivamente sobre la exégesis de las escrituras bíblicas, talmúdicas (halájicas y midráshicas) y cabalísticas (el *Zohar* y el tratado *Etz Jaim* de Rabí Jaim Vital). No encontramos aquí ninguna influencia directa del Occidente moderno. Tampoco hay alusiones explícitas a la filosofía medieval judía inspirada en Aristóteles y en el neo-platonismo, a pesar de la cosmología gnóstica propuesta al lector. Unas pocas referencias a Maimónides, a quien solía oponerse el Gaón de Vilna. Pero nada, absolutamente nada, de la filosofía o de la ciencia de los tiempos modernos. Ni Descartes, ni Leibniz, ni

Spinoza y –a pocos kilómetros de Königsberg, de Iena y de Berlin– ningún rastro de Kant, de Fichte o de Hegel. Si bien el modo de argumentación es exegético, se trata de una exégesis desarrollada según el modelo rabínico o del *midrash*, que recurre a la letra del texto para indagar, más allá del sentido obvio, el sentido oculto y alusivo. Es preciso estar familiarizado con esta hermenéutica para comprender que, en el caso de la Biblia, por ejemplo, aun cuando la exégesis pareciera ignorar o menospreciar el significado inmediato del texto, lo que está haciendo es profundizar y reforzar un sentido puramente "local", restituyendo el espíritu del conjunto. Al separar ocasionalmente el versículo de su contexto, y aun aislando una secuencia de palabras, como un conjunto significativo, del resto del versículo, esta hermenéutica, que posee sus propias reglas y su tradición, explora todas las dimensiones de la "Palabra de Dios". Un lector moderno posiblemente no se sorprenda ante el hecho de que la palabra de Dios posea más dimensiones de sentido que las que permite esperar su estructura lógica –en este sentido cabe incluso preguntarse si el lenguaje a secas no sería naturalmente religioso–. Presentada bajo el formato de la tradición rabínica, esta sabiduría ultramoderna puede pasar por perimida. Sin embargo no resulta imposible, en la fidelidad a la tradición, dejarse convencer y edificar por una obra que se basa en la autoridad de ciertas citas venerables. Se puede incluso saborear –cuando al menos la forma resulta familiar– la afortunada aplicación que hace *Nefesh Hajaim* de los procedimientos conocidos de la exégesis rabínica, y admirar el arte sutil de la "renovación del sentido de los versículos" y de los dichos citados, los famosos *jidushim*. Sin embargo, todo esto puede sorprender, e incluso irritar, a un lector impaciente, ajeno a toda esta tradición y lógicamente inclinado a considerar todo este virtuosismo como una manera de falsear los textos. Este podrá concebir, a lo sumo, un abordaje histórico de los textos, destinado a determinar las influencias que explicarían las distintas opiniones, los desvaríos o los "infantilismos", ayudando a clasificarlos.

Nosotros preferimos buscar en estos textos una visión de lo humano que resulte significativa aun hoy en día y, en cierto modo, liberada de su lenguaje de época. Pero, precisamente, esto es lo difícil, aun cuando se trata de exponer un solo aspecto de la obra: se perderían las resonancias inimitables de este lenguaje al alterar las formulaciones originales que, en consecuencia, no pueden ser consideradas como perimidas. El nacimiento latente de este pensamiento a partir de su expresión religiosa antigua, el lazo de ciertas nociones con ciertas palabras, sigue siendo, a su manera, esencial para los contenidos y para los tesoros espirituales que allí son pensados. Su evocación, que no es meramente arqueológica, es indispensable, al menos de vez en cuando. No es suficiente, pero es necesaria. Aun el universo pre-copernicano al que se refiere nuestro autor, tiene un poder de sugestión simbólico que no pertenece simplemente a una era intelectual caduca. De este modo, por ejemplo, los "mundos", las "fuerzas" y las "almas" mencionadas en las páginas que trataremos de introducir, confieren una gravedad ontológica a elementos que no deben ser tomados sólo en su sentido astronómico. Se trata del ser designado en su pluralismo y en las relaciones que regulan los términos de esta pluralidad; se trata de diversos órdenes de lo real en su coherencia, o en las rupturas que los separan. Puede tratarse, incluso, de la diversidad de las personas humanas en tanto que cada una es un mundo. La forma en que las nociones utilizadas son referidas a la Escritura, a los textos de la Biblia, del Talmud o de la Cábala, invita a buscar, detrás de la cosmología perimida que expresan, un significado espiritual, y a dar, así, con los problemas imperecederos, a remontarse a una experiencia concreta y a un cuestionamiento vivo. La interpretación resulta aquí inevitable y debe otorgarse ciertas licencias.

2. El hombre, alma del universo

En *Nefesh Hajaim*, la humanidad del hombre es comprendida, no a partir de la animalidad razonable de los griegos, sino a partir de la noción bíblica del hombre creado a imagen de Dios. Más precisamente, la fórmula bíblica se enuncia en Génesis I, 21: "a imagen de Elohim" y en Génesis V, 1: "a semejanza de Elohim". El hecho de que Dios sea designado por la palabra Elohim no es ajeno a la definición del hombre, pero esa apelación remite también al problema de la divinidad de Dios y del sentido absoluto que puede existir detrás de los nombres que recibe. Volveremos sobre este punto importante en la segunda parte de nuestra exposición.

Pero, ¿qué significa *Elohim*? ¿Y qué significa "ser semejante a Elohim" o "ser a su imagen"? *Nefesh Hajaim* busca en esta semejanza "la profundidad de la interioridad" (I, 1),[1] su secreto más allá de la distinción trivial de la exterioridad del mundo y de la interioridad de lo psíquico.

El término *Elohim*, que nombra a Dios en los pasajes en los que está enunciada la semejanza del hombre con Dios, designaría la divinidad en tanto que "gobierno de todas las fuerzas" (I, 2); todas las fuerzas particulares remontan a *Elohim*, pero pueden llevar este nombre por extensión: es el caso de las fuerzas motrices o los espíritus de los astros, los espíritus nacionales, las fuerzas políticas, los poderes judiciales.[2] La idolatría consiste en olvidar el hecho de que todas las fuerzas son tributarias

---

1. Nuestras referencias al texto de *Nefesh Hajaim* se limitan a una cifra romana (que indica una de las cuatro grandes divisiones, o "Portales" del libro), seguido de una cifra arábica que indica el capítulo.
2. En la exégesis rabínica corriente de la Escritura, *Elohim* significa siempre Dios en tanto que principio de la justicia rigurosa, al que se opone el Tetragrama que indica Dios como principio de la misericordia. En *Nefesh Hajaim*, veremos abrirse una perspectiva más vasta sobre este punto.

de *Elohim*, en el sentido originario del término.[3] Ser señor de todas las fuerzas equivale al poder de crear *ex nihilo* "mundos y fuerzas innombrables". La existencia de la criatura creada de la nada –mundos y fuerzas innombrables– depende de su asociación a la energía creadora de Elohim: "En todo momento, toda la energía de su ser, de su orden y de su subsistencia depende del hecho de que Su voluntad despliegue en ellos un poder y una abundancia de luz nuevas: si esta influencia hubiera de cesar, los mundos volverían a la nada y al caos" (I, 1). El modo de ser de la criatura correspondería por lo tanto a lo que llamamos "creación continua": el ser de la criatura es su "asociación" con *Elohim*.[4]

¿El ser de la criatura tiene acaso garantizada esta asociación? ¿Es esta incondicional? Pregunta fundamental que conduce precisamente a la noción de interioridad.

Pero precisemos aún más la noción de *Elohim*. Indica también una cierta jerarquía que gobierna los mundos y sus fuerzas, y a través de la cual la energía se despliega de arriba hacia abajo: "Cada fuerza, desde la que se encuentra en lo más bajo hasta la que está en lo más alto, no es más que la prolongación de la existencia y de la vida de *Elohim*, prolongación que alcanza la fuerza inferior por intermedio de la que está por encima de ella, la cual es el alma derramada en su interioridad. Y, como se

---

3. *Nefesh Hajaim* lee del siguiente modo, otorgando un sentido fuerte a todos sus términos, el versículo de Reyes I, XVIII, 39: "Todo el pueblo ante esta visión cayó sobre su rostro y exclamó: 'El Eterno es Elohim, el Eterno es Elohim': el Dios designado por el Tetragrama es señor de todas las fuerzas" (I, 2, nota).
4. Voloziner funda su tesis sobre una lectura consistente de los textos. He aquí algunos ejemplos (I, 2): "Aquel que crea las grandes luminarias". El salmo CXXXVI, 7 conjuga "crea" en tiempo presente. En una de las oraciones cuya institución se atribuye a los "hombres de la Gran Sinagoga" (eslabón esencial y de alta autoridad de la tradición según la teología rabínica), se ha escrito: "Aquel que, en su bondad, renueva cada día la obra del Comienzo".

sabe gracias a la cábala de Ari, la luz y la interioridad de cada mundo y de cada fuerza es el ser exterior de la fuerza y del mundo que se encuentra por encima de él. Y según este orden uno se eleva de lo alto a lo aún más alto" (III, 10). Cada mundo está dirigido "según los movimientos de la fuerza del mundo que está por encima de él y que lo dirige como un alma dirige su cuerpo. Este es el orden de lo alto hacia lo más alto, hasta Él que es el alma de todos" (I, 5). Los diversos mundos se encuentran por tanto dispuestos de tal manera que cada uno es el cuerpo o, en términos de *Nefesh Hajaim*, la vestimenta que viste al que está por encima de él y el alma o la fuerza del que está por debajo. Lo que está más alto siempre es interior en relación a quien está más bajo: altura e interioridad coinciden. La superioridad es animación e inspiración. El alma es también denominada raíz: los mundos superiores son las raíces de las raíces de los mundos inferiores. "Para toda alma, su raíz o el principio de su vida se adecua al alma del mundo que le es superior y que deviene y se llama entonces, el alma del alma. Y Él (*Elohim*) es el Maestro de todas las fuerzas, pues es el alma y la vida y la raíz de las raíces de todas las fuerzas. Como está escrito (Nehemías IX, 6): 'Tú das la vida a todos los seres'. Comprendido literalmente: Tú la das en todo instante. Por esta razón, Él, bendito sea Él, es denominado el alma de todas las almas y el principio y la raíz de todos los mundos" (III, 10). Dios es el alma del universo.

En esta primera aproximación, no nos es posible insistir sobre los diversos órdenes en los que el cabalista –del cual nuestro autor adopta directamente el lenguaje, a pesar de su desconfianza respecto de la mística jasídica– subdivide el encadenamiento de los mundos. Clasificación simbólica de los mundos, tomada de la "visión del carro" –la *Merjavá*– del primer capítulo de Ezequiel, en el que se distinguen cuatro planos. Cabe destacar el plano del Trono celestial, por encima de los animales que lo cargan, pero que carga a sus cargadores (I, 5). Símbolo sugestivo de una relación que gobierna toda jerarquía: lo más alto descansa sobre lo más bajo, pero es la vida o el alma o la interioridad de lo más bajo.

Sin embargo, la criatura no se reduce a esta jerarquía cuya estructura, de orígenes cabalísticos, se mantiene aún conforme a un modelo helénico. Pensada cabalmente, la interioridad no se reduce a la altura. En la concatenación de los mundos el hombre ocupa un lugar excepcional. Se encuentra en el nivel más bajo, en contacto con la materia sobre la que se ejerce su acción, y sin embargo todo depende de él. El hombre tiene afinidad con todos los niveles de lo real. No sólo cuenta como fundamento. Las "raíces de su alma" alcanzan la cima de la jerarquía. Él está ahí donde, "por encima del Trono", se enraízan las almas, donde las extremidades de las "raíces" de todo Israel[5] se confunden o no (los textos, quizás *ex profeso*, no son del todo explícitos sobre este punto) con *Elohim*, con el rostro humano que está por encima del Trono en la visión de Ezequiel. Las almas humanas provienen del soplo divino: ¿acaso no está escrito (Génesis, II, 7) que Dios "exhaló en sus fosas nasales el alma de la vida"? Las almas humanas mantienen con la divinidad de *Elohim* una relación privilegiada, que no es ciertamente una pura y de simple identificación, pero que tampoco es una mera distinción.

Diversas imágenes y símbolos tomados también de la tradición cabalística, expresan el carácter privilegiado de la relación entre hombre y el mundo por un lado, y entre el hombre y *Elohim* por el otro, sin que resulte posible, de entrada, articular bajo una

---

5. Es preciso admitir esta convención: la auténtica humanidad es siempre sinónimo de Israel en este texto pensado y expuesto teológicamente. Sinónimo que no tiene nada de "racista" en una obra referida a las Escrituras, así como la noción de Israel no tiene nada de exclusivo en su empleo más corriente, y significa un orden abierto a todas las adhesiones.

única forma plástica, las imágenes utilizadas. Puede constatarse, en reiteradas ocasiones, una cierta connaturalidad entre el hombre y el conjunto de los mundos por un lado, y, por el otro, una especial intimidad entre el hombre y *Elohim* –intimidad en la que se afirma tanto la superioridad de *Elohim* en relación al hombre, como una cierta dependencia de *Elohim*, o, más precisamente, la dependencia de su asociación a los mundos, en relación al hombre. El hombre "nutre" la presencia o la "asociación" divina a los mundos (II, 7). Lo humano está, por otro lado, constituido por residuos o por "muestras" de cada uno de estos mundos innumerables: su sustancia es una mezcla de las sustancias de los mundos (I, 6). O los mundos están asociados a los diversos órganos del cuerpo humano, sometidos, cada uno, a las normas de los mandamientos de la Torá,[6] de modo tal que el conjunto de los mundos constituye una estatura humana (I, 6). Por otro lado, se establece una relación entre el cuerpo humano y el Templo de Jerusalem, que es a su vez una réplica exacta del Templo celestial, orden de la santidad absoluta. El corazón es, en el interior del cuerpo, la piedra fundadora del Templo celestial. Y la recomendación de los sabios del Talmud, de orientar, al rezar, el corazón hacia el Santo de los santos, no sólo significa una orientación, sino una identificación o una intención de identificación: uno debe convertirse en el propio santuario, en el lugar de toda santidad y en el responsable de toda santidad. De donde, finalmente, la asimilación del carro divino, de la *Merjavá*, con los hombres que han logrado esta identificación, los Patriarcas: "Los Patriarcas son la propia *Merjavá*" (I, 6; III, 13).

Esta relación privilegiada, es del orden de la analogía; pero contiene una eficacia esencial: los actos del hombre, situados en

---

6. Siempre existió, en la tradición judía, la preocupación por relacionar numéricamente el "inventario" de los órganos humanos, con el de los preceptos de la Torá, positivos o negativos.

lo más bajo, retumban en lo más alto y aseguran o comprometen
la presencia de *Elohim* en la criatura —o su partida— y el grado
de su proximidad o de su alejamiento, es decir, la confirmación
en el ser o la reducción a la nada de las miríadas de mundos. De
este modo, el hombre juega un rol primordial en el ser de la criatura. La presencia de Dios en el mundo en tanto que alma y, por
lo tanto, la coherencia de todo el sistema, la presencia del alma
en cada mundo, todo esto depende del hombre.[7]
De ahí la semejanza entre *Elohim* y el hombre: el hombre es
el alma del mundo, como lo es el propio *Elohim*. En la jerarquía
de la criatura, muchos mundos, así como muchos seres perfectos
e inmateriales —angelicales— son superiores al hombre: sin embargo, todos dependen de él, en virtud de la estructura singular
de lo humano, a un tiempo en la base del escalafón y enraizado
"por encima del Trono". Los actos, las palabras y los pensamientos del hombre —sus tres maneras de ser, procedentes de sus tres
almas: principio vital (*nefesh*), espíritu (*ruaj*) y soplo divino
(*neshamá*), como nudos en el cordel que liga el ser humano a la
cima de la jerarquía— actúan sobre los mundos y sobre las fuerzas de la criatura. Cuando el hombre se adecua a los mandamientos de la Torá, los mundos y las fuerzas que lo superan en elevación y en perfección se ven reforzados "en su ser, en su luz y en
su santidad" (I, 6). O, por el contrario, contribuye a disminuirlos
y a llevar estas fuerzas y estos mundos a su pérdida y a su destrucción. Significación ética de los mandamientos religiosos: ob-
servados, hacen vivir y, en caso de transgresión, hacen morir a
los demás. El ser del hombre, ¿no se reduce acaso al ser-para-el-

---

7. "Por tal razón", dice *Nefesh Hajaim* (I,3) "los mundos se comportan según
los actos humanos, los cuales, de acuerdo con sus movimientos, suscitan movimientos en la raíz de su alma superior, la que está por encima de los mundos y que
es el alma de su propia vida; según sus movimientos, se mueven, y cuando estos se
detienen, aquellos cesan de moverse."

otro? El hombre ejerce su dominio y su responsabilidad como mediador entre *Elohim* y los mundos, asegurando la presencia o la ausencia de *Elohim* en la concatenación de los seres, la cual no puede prescindir de su fuerza vital para ser.[8] Y Volozin dice expresamente (I, 3): "Su voluntad, bendito sea Él, confiere al hombre el poder de liberar o de impedir ('de abrir y de cerrar') millares de miríadas de fuerzas y de mundos, a partir de todo el detalle y de todos los planes de su conducta y de sus actividades en todo momento, gracias a la raíz superior de sus actos, de sus palabras y de sus pensamientos, como si el hombre también fuese el conductor de las fuerzas que gobiernan estos mundos".

Dominio que es interpretado como responsabilidad: "Que nadie en Israel –que Dios no lo permita– se diga: '¿Qué soy yo y qué puedo realizar por mis humildes actos en este mundo?' Que por el contrario todo hombre comprenda, sepa y fije en su pensamiento lo siguiente: ningún detalle de sus actos, de sus palabras y de sus pensamientos es en vano. Cada uno remonta has-

---

8. Volozin se refiere especialmente a Isaías LI, 16. El versículo –que traducido significa: "He depositado mis palabras en tu boca y te he protegido a la sombra de mi mano, con la voluntad de establecer los cielos y reedificar la tierra..."– es utilizado para acercar el estatuto de los cielos y de la tierra, de las palabras que salen de la boca del hombre, que habrían sido depositadas allí a tal efecto. Del mismo modo, el versículo de Isaías LIV, 13: "Todos tus niños serán instruidos en Torá", es retomado conforme a la reformulación que propone el *midrash* del tratado de *Berajot* 64 a: "No leas *banaij* (tus hijos) sino *bonaij* (tus constructores)": los instruidos en Torá son los constructores del mundo. El versículo de Isaías XLIX, 17: "Tus destructores y los autores de tu ruina se alejan de ti", es leído "Tus destructores y los autores de tu ruina proceden de ti".

Finalmente, una cita característica tomada de la selección de *midrashim Ekba Rabati*: "Al comentar el libro de *Lamentaciones*, Rabí Akiva dijo: 'Cuando Israel realiza la voluntad de Dios, aporta fuerza a la potencia del Altísimo, pues está escrito (Salmos LX, 14): Con Dios nosotros haremos proezas'. Y cuando Israel no realiza la voluntad de Dios, es como si debilitara la gran fuerza de arriba, pues está escrito (Deuteronomio, XXXII, 18): 'Y la Roca que te engendró, tú la debilitas". El sentido obvio de la palabra traducida por "tú debilitas", es "tú la desdeñas", pero la traducción literal es aún más significativa que el sentido obvio.

ta su raíz para operar en la altura de las alturas, en los mundos y entre las puras luces superiores. El hombre inteligente que comprenda esto según la verdad, ha de temer y de temblar en su corazón al pensar hasta dónde llegan las consecuencias de sus malas acciones, y en la corrupción y destrucción que puede causar incluso una leve falta, más allá incluso de lo que destruyeron Nabucodonosor y Tito (destructores del Templo de Jerusalem). Estos no realizaron ningún mal ni destrucción en las alturas, pues no tienen parte ni tienen raíz en esos mundos superiores. Esos mundos se hallan fuera de su alcance, mientras que, por nuestros pecados, la fuerza de la potencia superior disminuye y se gasta" (I, 4). Nabucodonosor y Tito, simples paganos, no tienen la responsabilidad que le está reservada, en la economía de la Creación, a los hijos de Israel. El mal que hacen no tiene la misma repercusión que la que se atribuye a los actos, palabras y pensamientos del pueblo santo. Nabucodonosor y Tito sólo han podido destruir el Templo terrestre: "Ellos molieron grano que ya había sido molido" (*ibíd.*), mientras que el hombre del pueblo santo está en condiciones de afectar a la santidad misma, que es, precisamente, lo que siempre se encuentra por encima. "Que tiemble el corazón del pueblo santo, pues engloba en su estatura todas las fuerzas y todos los mundos [...], pues son ellos la santidad y el santuario de arriba" (*ibíd.*). "Entonces, cuando el hombre tiene en su corazón un pensamiento impuro, un pensamiento de concupiscencia, es como si introdujera una prostituta en el Santo de los santos de arriba" (*ibíd.*).

A partir de lo antedicho se comprenderá la interpretación propuesta por *Nefesh Hajaim*, de Génesis II, 7: "Dios el Eterno formó al hombre, polvo sacado de la tierra, y le exhaló en sus fosas nasales el alma de vida, y el hombre se transformó en un ser vivo". Ese es el sentido obvio. *Nefesh Hajaim* lo recuerda citando la antigua traducción del *Targum Onkelos*. "Pero, agrega, el versículo, literalmente, no dice que el soplo devino alma viviente *en* el hombre, dice que el hombre devino alma viviente para los mundos innumerables. [...] Así como el comportamiento y los movimientos del cuerpo responden al alma que está en el interior del cuerpo, el hombre entero es la potencia y el alma viva de los innumerables mundos superiores e inferiores que, en su totalidad, son conducidos por él" (I, 4).

Nuestro autor lee también en sentido literal, pero no menos significativo, la antigua bendición que pronuncia el israelita luego de la lectura de la Torá: "Tú has plantado en nosotros una vida eterna", reformulándola de la siguiente manera: "Tú has plantado en nosotros la vida del mundo".

Deberíamos señalar, al pasar, el singular "materialismo" de esta teoría de la inspiración. Es en lo más bajo, en el hombre, donde se decide toda la marcha del universo. El espíritu no es pensado retóricamente, en la magnificencia de su elevación. Es en virtud de la dominación ejercida sobre la vida corporal sometida a la Torá, que este adquiere cierta eficacia en las alturas. El sistema de las *mitzvot* alcanza de este modo proyección cósmica y confirma en esta universalidad su significado ético: practicar los mandamientos, es soportar el ser del mundo. El hombre y su interioridad no se definen a partir de la sustancialidad –de un en-sí y de un para-sí– sino a partir del "para el otro": a partir de lo que está por encima de sí,[9] de los mundos –pero también, interpretando esos "mundos" en un sentido amplio, para las colectividades, las personas, las estructuras espirituales. A pesar de su humildad de criatura, el hombre los perjudica –o los preserva–. Es un no-narcisismo cabal.

Esta idea de una interioridad no narcisista es ética. Aquí se juega la verdad de este lenguaje o de este simbolismo cosmológico y, probablemente, de la experiencia profunda del ritualismo judío. ¿Para qué, sino para subordinar una visión meramente

---

9. ¿Acaso esta manera de ubicar al hombre en lo más bajo no nos enseña que el otro en tanto otro es siempre el superior y el interior?

cosmológica del ser a una comprensión ética del mismo, se inserta el hombre entre el Dios que crea y el mundo creado y dirigido por Él? La simple idea de la conciencia, o aún de la libertad, representa la posibilidad dada a un elemento de la criatura de posicionarse para sí, como un Dios para el cual todo está permitido. La jerarquía cosmológica se rompe al quedar subordinada la acción de Dios en el mundo a la posibilidad, para la criatura menos poderosa, de ser *para* el conjunto de las criaturas –y ello sin que ese orden ontológico sea sustituido por una nueva jerarquía, ni por el reverso de la jerarquía, ni por la anarquía–. El hombre es interioridad por su responsabilidad por el universo. La potencia de Dios subordinada a la responsabilidad se vuelve fuerza moral. Al desobedecer los mandamientos, el hombre no peca contra Dios, destruye los mundos. Él "complace a Dios" al obedecer: es quien refuerza e ilumina el ser de los "mundos". El texto del tratado talmúdico *Avot* II, 1: "Conoce lo que está sobre ti y no caerás en el pecado", que, literalmente, invita a los fieles a pensar en Dios antes de actuar, es interpretado de la siguiente manera: "Conoce lo que tu acción implica en términos de alteración de los mundos que están por encima tuyo…". Frente a Dios los actos del hombre cuentan porque involucran a los otros. El temor a Dios, es el temor por los otros.

3. El hombre y el Absoluto

Pero el rol del hombre frente a Dios posee aún otra dimensión. En tanto que asociado al mundo, Dios no agotaría su significado religioso, ya que en tal caso no representaría sino a Dios en la perspectiva humana –Dios "de nuestro lado", según la expresión de *Nefesh Hajaim*–. Pero Dios posee también, en el Tetragrama, un sentido que remite a aquello que el hombre no puede ni definir, ni postular, ni pensar, ni siquiera nombrar. La creación de los mundos no introduce en él ninguna diferencia susceptible de dar lugar a una definición. La jerarquía que reina entre las "miríadas de mundos" o de seres, el orden de la Creación, no lo afecta en su invariancia (II, 4, 5, 8 y *passim*). "Dios no tiene lugar en el mundo, es el mundo el que tiene lugar en Dios", esta fórmula talmúdica es leída de manera radical: Dios, como la especialidad del lugar, es condición de todo ser, pero, en su esencia geométrica, no es afectado por aquello que lo habita (III, 2). Es "Dios de su propio lado". Nuestro autor, como los cabalistas, lo designa con el término de *Ein-Sof*: el In-finito. Una contradicción opone al Dios "de nuestro lado", hacia el cual nos remontamos a partir de la jerarquía de la concatenación de los mundos, y el Dios "de su propio lado", al cual no afectan ni siquiera las distinciones entre las cosas que supone la Torá (III, 6). La fórmula "El Santo bendito sea Él", por la que Dios es designado piadosamente, reúne la idea de separación incluida en el término "Santo", y la de la unión a los mundos que implica la noción de bendición (III, 5).

¿Qué significa lo humano en relación a esta nueva noción de lo divino? ¿Hay aquí alguna relación? ¿Hay aquí una nueva noción? Se puede decir que, precisamente, al hablar del infinito o al invocar el Tetragrama impronunciable, el hombre ya se hace una cierta idea de Dios en su absoluto y le da un nombre. Pero, ¿es esto una idea? ¿Es acaso un nombre? ¿No nos estaremos conformando con una teología negativa?

Cuestión que exigiría ciertamente un estudio aparte. Pero las ideas que la expresan constituyen como el trasfondo del *Nefesh Hajaim*. Es imposible, pues, no evocarlas, aunque sea brevemente, en su generalidad.

La noción de Dios "de su propio lado", cuyo origen podría no ser bíblico sino filosófico (y que los modernos llegan a considerar como el "Dios de la metafísica") es, para nuestro autor, una noción religiosa. El alma, en la oración, debe orientarse ha-

cia el Infinito en su absoluto, y no hacia sus posibles hipóstasis.
Esto es afirmado en reiteradas ocasiones (III, 8, 14 y *passim*) y
sería posible, a pesar del hecho de que los términos de la oración, en tanto que discurso, se refieren al mundo o a la asociación de Dios con el mundo. Orientación del alma que se traduce, según *Nefesh Hajaim*, en el texto de antiguas bendiciones de
la liturgia de Israel, cuya autoridad se encuentra ligada al presti-
gio de los hombres de la Gran Sinagoga que las habrían instituido. Esta orientación no estaría reflejada en el vocabulario, sino
en una singularidad sintáctica: estas bendiciones comienzan interpelando a Dios en segunda persona del singular, y terminan
designándolo en tercera persona (II, 3).[10] Según la hermenéutica de nuestro autor, este Dios debe comprenderse detrás del sentido obvio de la fórmula central de la liturgia cotidiana de Israel,
del "*Shemá Israel*" (Escucha Israel), es decir del versículo VI, 4
del Deuteronomio (III, 2, 11 y *passim*): el versículo afirmaría
esotéricamente que "Dios, enunciado como nuestro Dios" en la
primera parte del versículo por la palabra *Eloheinu* (es decir en

10. Podríamos incluso preguntarnos –planteamos esta pregunta a título rigurosamente personal, pero, a menos que uno se conforme con una mera doxografía
y con una investigación de las fuentes, la interpretación resulta inevitable en una
lectura que intenta captar las implicancias de un pensamiento que sólo avanza mediante referencias a los textos– si la oración, antes de ser el decir de un dicho, no
es una manera de invocar o de buscar o de desear, irreductible a toda intencionalidad apofántica o dóxica y a todo derivado o especie de intencionalidad; uno puede preguntarse si la oración no es acaso una manera de buscar lo que no puede entrar en ninguna relación a modo de término. Búsqueda de una cuasi-referencia.
Esta cuasi-referencia no permanecería, sin embargo, meramente implícita. Su renuncia a alcanzar un término no sería tampoco una modalidad de la indiferencia.
Cuasi-referencia a un Dios innombrable, se diferenciaría no sólo de la intencionalidad tematizante y objetivante, sino aun de la interpelación del diálogo, pues precisamente no tendría equivalencia ninguna con la posición de un término. Podríamos incluso preguntarnos si la intencionalidad no es siempre ya segunda, derivada
respecto de la plegaria, que sería el pensar-en-el-Ausente originario. No hemos
podido desarrollar aquí los aportes particularmente ricos sobre la oración, expuestos en el "portal".

tanto que unido a los mundos), es el mismo que aquel que el Tetragrama de la segunda parte del versículo, afirma como absolutamente uno, o sea como no afectado por la multiplicidad y la jerarquía de los mundos a los cuales se encuentra "asociado"; que
es uno al punto de ser único, y que, hablando absolutamente, no
hay nadie a su lado (III, 2).

Sentido que deberíamos encontrar
también en el versículo de Deuteronomio IV, 39: "Reconoce este día y graba en tu corazón que sólo El Eterno es el Dios arriba, en el cielo, como aquí abajo, en la tierra; y no hay nadie fuera de él". "No hay nadie fuera de él" es la traducción literal de
lo que habitualmente se entiende por: "y no hay ningún otro"
(III, 3, 8).[11] De esta manera, el monoteísmo sería afirmado en su
vigor absoluto sin necesidad de apelar a la onto-teología, a pesar de la semejanza entre el Uno del Deuteronomio y el Uno de
las *Enéades*; unidad absoluta que no sería ajena a la vida religiosa judía y cuyo "lugar" originario sería, más allá de toda teoría
tematizante y de todo diálogo interpelante, la oración y, eminentemente, el estudio de la Torá estudiada *per se*, la oración y la
Torá "en su pureza total" (IV y I, 26). Pero debemos precisar lo
que entendemos por esta cuasi-referencia.

El Tetragrama –Nombre impronunciable, pero nombre al
fin– es ya, en tanto que nombre, infiel al *Ein-Sof* innombrable.
Veamos un texto esencial sobre este punto (III, 2): "La esencia
del *Ein-Sof* está más oculta que todo secreto y no se la debe
nombrar con ningún nombre, ni siquiera con el Tetragrama, ni
siquiera con la punta de la letra más pequeña". Y, abriendo un
paréntesis, el autor agrega lo principal: "Y aún si el *Zohar* lo designa mediante el nombre *Ein-Sof* (Infinito), no se trata en rigor

---

11. La sutileza de esta "referencia" que rechaza la referencia (véase nota pre-
cedente), que rechaza la relación, se expresaría así en la insólita mutación que interviene en la sintaxis de la proposición, o por el sentido subterráneo, ultra-literal,
o, por el contrario, ya simbólico, que se insinúa bajo el sentido obvio.

de un nombre. Esto sólo remite a la manera en que nosotros lo alcanzamos a partir de fuerzas emanadas de Él, cuando Él está dispuesto a asociarse a los mundos. Es por esto que lo llamamos *Ein-Sof* (sin fin) y no sin comienzo. Pues, en realidad, *de su propio lado*, no tiene fin ni comienzo, pero nuestra manera de comprender sus fuerzas, nuestro entendimiento, no es más que comienzo: no hay fin para el entendimiento que trata de alcanzar las fuerzas que de él emanan". Y luego de haber cerrado el paréntesis, agrega lo siguiente: "Y lo poco que alcanzamos, es eso lo que nosotros nombramos y calificamos mediante nombres, sobrenombres y atributos". Lo infinito propiamente dicho, lo sin desenlace, no sería el absoluto de Dios que nadie puede determinar, sino el *pensar en el Absoluto incapaz de alcanzar el Absoluto*, y este según su modo específico –que no es una nada– de no captar el Absoluto. ¿La palabra "pensar", es acaso pertinente en este contexto? ¿No evoca, si no la visión, al menos la intención, la cual, a su manera, pone un término o fija un objetivo? El texto que acabamos de citar sugiere un comienzo que no iría hacia un fin y traza una suerte de relación sin correlato. Y sin embargo, es en esta posibilidad singular del psiquismo humano –posibilidad que es quizá la fuente misma de todo psiquismo– donde el *Ein-Sof* toma su sentido para figurar en el discurso, como si el hombre fuese la vía a través de la cual el Infinito puede significar. Lo humano no sería entonces solamente una criatura frente a la cual se produce la revelación, sino aquello en virtud de lo cual el absoluto de Dios manifiesta su sentido: esta imposibilidad humana de concebir el Infinito es también una nueva posibilidad de significar. Volvamos ahora a la contradicción entre "Dios de nuestro lado" y "Dios de su propio lado".

En esta contradicción radical, ninguna de las dos nociones podría desaparecer detrás de la otra. Se trata en realidad de una paradoja. El *Ein-Sof*, indiferente a la jerarquía de los mundos y de los seres, indiferente a lo relativo de las reglas, expresa un

Dios universal, omnipresente. ¿No será aquel que adoramos interiormente, más allá de las "diferencias"? Y sin embargo, esta "modalidad" de lo divino es también la culminación de la intención moral que anima la vida religiosa tal como es vivida a partir del mundo y de sus diferencias, de lo alto y de lo bajo, de lo puro y de lo impuro. Espiritualización más allá de las formas cuya elevación realiza, pero que trasciende como incompatible con el Absoluto. ¿Esta trascendencia no acaso es ambigua? Nuestro autor parece sugerir tanto esta afinidad como esta trascendencia al evocar la dignidad profética "incomparable" que el final de Deuteronomio atribuye a Moisés: el hombre de la Torá tiene una intimidad excepcional con el *Ein-Sof* (III, 13, 14). Para Moisés, Dios está omnipresente. Él le habla desde un simple matorral. Frente a su Infinito, Moisés literalmente se anonada. Abraham decía todavía (Génesis, XVIII, 27): "yo no soy sino ceniza y polvo". Moisés dice (Éxodo XVI, 7): "¿qué es lo que somos?" (III, 13). Dios habla entonces en primera persona a través de la boca de Moisés (III, 13, 14). Esta intimidad por la cual la oración, en su pureza, se nos apareció como esfuerzo de excepcional trascendencia (y este es posiblemente el sentido original de la pureza), es afirmada como lo propio del estudio de la Torá en su pureza, cuyo dominio completo habría alcanzado Moisés. La noción de *Ein-Sof* es entonces la culminación de la Torá, liberada de los mundos a los que su legalismo impone la concatenación y la jerarquía, por el sentido obvio del texto. ¿Acaso todo resulta puro para aquel que se encuentra en esa situación? ¿Es preciso ir hasta esta liberación como hasta la culminación de lo religioso? ¿Es necesario insistir sobre la elevación por encima de la Ley y de la ética a partir de la Ley, como sobre el propio dinamismo de la Torá? *Nefesh Hajaim* reconoce esta tentación del más allá de la ética. La percibe al menos en los excesos del jasidismo. Pero su crítica va más lejos. Un paso que no debiera ser dado. El espiritualismo más allá de toda diferencia que provendría de la criatura, significa para el hombre la indiferencia del nihilismo. Todo es igual en la omnipresencia de Dios. Todo es divino. Todo está permitido. Pero un Dios omnipresente, excluyendo las diferencias de la criatura, es también un Dios ausente. La idea del *Ein-Sof*, del Infinito, sola, entendida como culminación de la religiosidad, es también su abismo. La idea del *Ein-Sof* pensada hasta el límite y que lleva fuera y más allá de la Torá que la sugiere (III, 3), marca la imposibilidad misma de la idea religiosa de Dios. Es preciso, por tanto, hacer lugar a la religión de *Elohim*, a la Ley de la Torá, "al Dios asociado a los mundos en sus diferencias" y a nuestro acceso a Dios a partir de la concatenación de los mundos (III, 6, 7).

Aquí es donde *Nefesh Hajaim* recurre a la antigua idea de la especulación cabalística: a la idea de la "contracción originaria" de lo Divino, a la idea del *Zimzum*. A través suyo se resolvía, en la Cábala, la antinomia entre la omnipresencia de Dios y el ser de la criatura fuera de Dios. Dios se contrae previamente a la Creación para hacer lugar, a su lado, al otro que él. De manera original, *Nefesh Hajaim* comprende este *zimzum* como acontecimiento gnoseológico, deduciendo la noción de *zimzum* de los textos o de los términos análogos que sugieren la disimulación (III, 7). El Infinito se envuelve de oscuridad. Prohíbe que se lo indague, con el fin de dejar un lugar a la verdad de la asociación del Infinito con los mundos. Allí residiría el sentido del Dios escondido de Isaías, capítulo XLV (III, 7). No se trata entonces simplemente de afirmar la finitud humana: el *zimzum* no es una falla del hombre, sino un acontecimiento originario. La finitud humana por él determinada, no es una simple impotencia psicológica. Es una nueva posibilidad: la posibilidad de pensar juntos al Infinito y a la Ley, la posibilidad misma de su conjunción. El hombre no sería apenas la confesión de una antinomia de la razón. Más allá de la antinomia, significaría una nueva imagen del Absoluto.

El trasfondo de Spinoza

Los trabajos publicados en holandés por Van Dias y Van der Tak a lo largo de estos últimos decenios, ofrecen una visión de la excomunión de Spinoza algo menos dramática que la que corría hasta el momento. Esta sólo se habría vuelto definitiva por el deseo de Spinoza de abandonar el marco de una comunidad confesional. Estas investigaciones suscitan además ciertas dudas respecto de varios aspectos de la biografía tradicionalmente admitida de Spinoza, tales como los estudios que habría realizado para convertirse en rabino: efectivamente, Spinoza no figura en la lista de los alumnos de la sección superior de la escuela judía de Ámsterdam, dedicada a los estudios talmúdicos, y no habría sido alumno de Rabí Morteira, profesor de Talmud. Los trabajos a los que me refiero se fundan sobre documentos de los archivos comunales y sobre publicaciones de la época acerca de la escuela. Permiten reconstituir los programas y la estructura administrativa de este establecimiento de la comunidad judía de Ámsterdam.

El cuestionamiento de la leyenda no compromete ciertamente la reputación de Spinoza en tanto que hebraizante y hombre familiarizado con las Santas Escrituras. Simplemente tendería a poner en duda la extensión y la profundidad de su práctica del Talmud. Pero si cabe prestar cierta atención a las conclusiones de estas investigaciones que acarrean el riesgo de sus hipótesis y de sus deducciones, es sobre todo a causa de ciertos aspectos de los propios escritos de Spinoza. Al leer el *Tratado teológico-político* –al releerlo recientemente, junto con el bello libro que acaba de dedicarle mi amigo Sylvain Zac– tuve la impresión de que, habiendo conocido perfectamente la filosofía judía medieval y ciertos escritos cabalísticos, Spinoza no había tenido contacto directo con la obra pre-medieval del Talmud. Efectivamente, es posible que este contacto ya se hubiera perdido en su comunidad natal, en la que las ideas, las costumbres y las preocupaciones del marranismo seguían siendo recuerdos muy vívidos y donde el interés por la Cábala y la espera escatológica, superaban el interés que podía ejercer la alta dialéctica del Talmud y de la discusión rabínica. Sería un error pensar que las comunidades judías –y sus rabinos– son, siempre y en todas partes, auténticos intérpretes de la tradición talmúdica; esta aparece con frecuencia bajo un aspecto decadente, inmovilizado y caduco. Ningún dato, en las investigaciones a las que hacemos alusión, permite sospechar un potencial talmúdico de la vida judía en Ámsterdam, en la época de Spinoza.

Nada indica pues que, en el campo de la ciencia talmúdica, el entorno de Spinoza haya sido favorable. Y este hecho cuenta más allá de su importancia biográfica. La exégesis rabínica de la Escritura aparece, en la crítica realizada por el *Tratado teológico-político*, como separada de su alma, que es el Talmud. Es por ello que es presentada como una apologética ciega y dogmática de "fariseos" aferrados a la letra (pero prontos a adjudicarle un sentido arbitrario) y como una reconciliación forzada de textos evidentemente discordantes. *Rabini plane delirant* (capítulo IX), *Rem plane fingunt* (capítulo II). Es de aquí, más que de abundantes documentos, de donde nace la sospecha de una ignorancia. Tratándose de un Spinoza, resulta más verosímil que algún error de interpretación o incomprensión.

No es este el momento de presentar el Talmud por sí mismo. Sólo he de recordar su estructura, única en su género. Mantiene los problemas en estado de discusión. En el Talmud las tesis se oponen entre sí, pero siguen siendo sin embargo, las unas y las otras, según su propia expresión, "palabras de Dios viviente". Acredita la idea de un espíritu uno, a pesar de las contradicciones en las que se enredan los diálogos sin conclusión. Dialéctica abierta, inseparable del estudio vívido del cual se convierte en tema. Este estudio repercute y amplifica el dinamismo alocado del texto. Se requiere aquí la palabra del maestro; y todo depende de la manera en que este "talmudiza", si cabe expresarse de ese modo. Ley oral, ese es el nombre y la esencia del Talmud, aun si, al menos desde el fin del siglo VI, ha sido consignado por escrito. ¿Spinoza habrá comprendido la buena manera de "talmudizar"? Nadie es tan necio como para pensar que los grandes espíritus se explican por lo que los nutre en sus estudios y en su entorno. Pero el trasfondo responde a una causalidad propia.

2. Me limitaré a evocar algunas posibilidades de la exégesis que el Talmud anima, exégesis que, si damos crédito a la crítica de Spinoza y al método filológico que esgrime en su contra, se limitaría a violentar los textos.

Lo que es buscado –y con frecuencia se logra– en el retorno incesante de los sabios del Talmud sobre los mismos versículos –acerca de lo cual dice Spinoza: *Verba scripturae extorquere conantur ut id uod plane non vult dicta* (capítulo II)–, y que desemboca efectivamente en múltiples interpretaciones que se alejan, en apariencia, del sentido obvio del texto, es una lectura en la que el pasaje comentado esclarece al lector acerca de sus preocupaciones actuales (singulares o comunes a toda su generación), y donde, recíprocamente, el versículo se renueva a partir de esta claridad aportada. Es lo que yo denominaría la esencia "homilética" del texto. La homilía, antes de ser la edificación de una comunidad, es esta íntima relación con el texto, esta renovación, esta reactualización del sentido. Práctica e instauración de la hermenéutica que, en su prefacio a Bultmann, Ricoeur designa como "el desciframiento de la vida en el espejo del texto".

En aquellos a los que Spinoza designa como fariseos, se fija quizá, para la exégesis, un modelo que ha sido seguido por las religiones surgidas de la Biblia. La Escritura, como escritura, entraña un llamado a la posteridad; la exégesis permitiría que una época determinada pueda tener un sentido para otra época. La historia no es entonces lo que relativiza la verdad del sentido. La distancia que separa el texto del lector, es el intervalo en el que se aloja el propio devenir del espíritu. Sólo esa distancia permite que el sentido signifique plenamente y se renueve. A partir de la exégesis, es posible hablar de Revelación continua, como se habla en teología y en filosofía de Creación continua. Según un apólogo talmúdico (tratado *Menajot* 29 b), lo que se enseña en la escuela de Rabí Akiva, la enseñanza de Moisés, resultaría incomprensible al propio Moisés. La Torá, según otro apólogo (tratado *Babá Metsiá* 59 b), no está ya en el Cielo sino entre las discusiones de los hombres. Obstinarse en extraer su sentido original –su sentido celestial– es, paradójicamente, como intentar desarraigar los árboles o invertir el curso de los ríos. La exégesis como superación de la letra es, a su vez, una superación de la intención psicológica del escritor. Un pluralismo en la interpretación de un mismo versículo, de un mismo personaje bíblico, de un mismo "acontecimiento fundacional", es pues admitido en el reconocimiento de los diversos niveles, o de las diversas profundidades, del sentido. Polisemia del sentido: el verbo es como "el martillo que golpea la roca provocando múltiples chispazos"; las diversas épocas y las diversas personalidades de los exégetas, constituyen la modalidad misma bajo la cual existe esta polisemia. Si faltase a la exégesis una sola alma en su singularidad, algo permanecería irrevelado en la Revelación. Los sabios del Talmud no ignoran que estas renovaciones pueden pasar por alteraciones del texto.

Pero este ida y vuelta del texto al lector y del lector al texto y esta renovación del sentido son quizá lo propio de todo escrito, de toda literatura, aunque los escritos en cuestión no pretendan ser Santas Escrituras. El sentido que emerge de toda auténtica expresión de lo humano excede el contenido psicológico y la intención del escritor, sea este profeta, filósofo o poeta. Al expresarse, la intención atraviesa corrientes de significaciones llevadas objetivamente por el lenguaje y por la experiencia de un pueblo. Estas corrientes confieren a lo dicho su equilibrio, su éxito y sus resonancias. El decir hace vibrar aquello que, en él, precede lo pensado. La interpretación lo extrae. Esta no es solamente percepción, es constitución de sentido. Desde este punto de vista, todo texto es inspirado: contiene más de lo que contiene. La exégesis de toda literatura se sostiene en la manera en que el sentido obvio sugerido por las letras se sitúa ya en lo impensado. Ciertamente las Santas Escrituras tienen otro secreto, una esencia suplementaria que quizá los textos puramente literarios han perdido: pero no por ello son menos literarias. Y es porque toda literatura es inspirada en que la revelación religiosa puede hacerse texto y mostrarse a la hermenéutica.

3. La crítica spinozista no toma en cuenta toda esta "ontología" del sentido. Si Spinoza, el genial Spinoza, hubiera conocido íntimamente la vida del Talmud, no hubiera podido reducir esta ontología a una mala fe de los fariseos, ni explicarla por el hecho de que "a partir de palabras e imágenes se pueden combinar muchas más ideas que a partir de los únicos princi-

pios y nociones sobre los cuales se construye nuestro conocimiento natural".[1]

A las reglas de la filología que preconiza el *Tratado teológico-político* y que designan, sin duda, el campo de la lectura moderna de los textos, no se agrega, en Spinoza, ninguna otra dimensión. Creemos sin embargo que la lectura moderna no se reduce a ese campo preconizado por el método spinozista. Para Spinoza, todo saber que resume una experiencia temporal, todo aquello que reviste un estilo poético, lleva la marca de lo imaginario. La Biblia, condicionada por el tiempo, es ajena a las ideas adecuadas. Su precaria coherencia reposa sobre los *figmenta* de los comentaristas. Sólo su realidad subjetiva, con sus intenciones subjetivas, es real. Todo lo que un saber preocupado por la realidad puede buscar en la Escritura, son los actos de pensamiento y sus intenciones subjetivas consignadas en el texto. *Mentem authorum Scripturae concludere*: la intención subjetiva y sus causas, ¡no su alcance imaginario! ¡Establecer la génesis del texto, antes que hacer su exégesis! El sentido es referido ciertamente a las circunstancias de su formulación, pero desde el comienzo ya es plenamente él mismo, reificado en el texto y como encajado en él antes de todo desarrollo histórico y de toda hermenéutica: absolutez del origen y no del resultado. A partir de aquí, Spinoza no sólo reduce la Biblia al rango de cualquier texto, sino que asimila la exploración de toda escritura a la exploración de la Naturaleza (capítulo VI): *Dico methodum interpretandi Scripturam haud differre a methodo interpretandi Naturam sed cum ea prorsus convenire.*

Ciertamente, Spinoza habrá liberado a la modernidad de la obsesión de la fuente única de las Escrituras. Es divino aquello

---

1. Cf. capítulo primero: "*nam ex verbis et imaginibus longe plures ideae componi possunt quam ex solis principiis et notionibus, quipus tota nostra natrualis cognitio superstruitur*".

que en ellas concuerda con las consecuencias prácticas de su Ética. *Quare scripturae divnitas ex hoc solo constare debet quod ipsa veram virtutem doceat* (III, 173). A partir de allí, fragmentos provenientes de orígenes diversos están en condiciones de traer la buena nueva. Pero Spinoza no habrá conferido ningún rol en la producción de sentido al lector del texto y, por así decirlo, no habrá conferido ningún don de profecía a la escucha. En cambio para el hombre de hoy en día la atención al mensaje, momento religioso de toda lectura de los libros y de todo goce poético, está ligada a una irrupción del sentido desde detrás de los signos –signos dados de entrada– a la llegada del sentido al encuentro de una hermenéutica. Lo que, por añadidura, vuelve inteligible el hecho de que pueda haber múltiples interpretaciones del spinozismo, y que esas múltiples interpretaciones no excluyan sino que confirmen su verdad.

Sionismos

El Estado de César
y el Estado de David

1. Sí al Estado

En el judaísmo de los rabinos, tanto durante los siglos que precedieron el nacimiento del cristianismo, como en la doctrina rabínica poscristiana, la distinción entre el orden político y el orden espiritual –entre la Ciudad terrestre y la Ciudad de Dios– no tiene el carácter tajante que sugiere la fórmula evangélica: "Al César lo que es del César y a Dios lo que es de Dios". En el cristianismo, el reino de Dios y el reino terrestre, separados, conviven sin tocarse y, en principio, sin cuestionarse mutuamente. Se reparten lo humano; no generan conflictos. Esa indiferencia política es, quizá, la razón por la cual el cristianismo ha sido, tan frecuentemente, religión de Estado.

Ciertamente no puede decirse que para Israel el poder político y el orden divino se confundan. Tampoco puede decirse que los judíos han sido insensibles al mensaje cristiano por su incapacidad para esperar de Dios algo distinto de la salvación de su nación y de la liberación de la Judea oprimida por los Romanos. El más allá del Estado es una era que el judaísmo supo entrever, sin por ello admitir, en la edad de los Estados, la posibilidad de un Estado ajeno a la Ley. El Estado era un camino necesario, aún para poder ir más allá del Estado. Puede que el profetismo, sin dejar de rechazar la anarquía, no haya consistido sino en este anti-maquiavelismo *avant la lettre*.

La idea que en los textos bíblicos expresa el principio estatal es la realeza (*royauté*). Deuteronomio XVII, 14-20 y Samuel I, VIII, constituyen un verdadero tratado sobre el poder político. La institución es reivindicada como algo común a Israel y a los Gentiles. El profeta no recomienda esa institución pero la consiente, y en el Deuteronomio con mayor disposición que en Samuel I. El Deuteronomio quiere un rey que sea elegido por el Eterno. Este rey debe mantenerse fiel a la Torá para que su corazón no se vuelva arrogante con sus hermanos; debe tener poca plata y pocas esposas, para que su corazón no se extravíe y se aleje de la Ley, pocos caballos para que no intente regresar a Egipto. Idea de un poder sin abusos de poder, de un poder que vele por el mantenimiento de los principios morales y del particularismo de Israel, cuyo porvenir podría llegar a verse comprometido por una institución común a Israel y a las naciones. Idea a la cual parece adecuarse la imagen de Saúl, quien al comienzo de su reino continuaba arando sus campos.

En cuanto al texto de Samuel, se trata de una verdadera requisitoria. El profeta prevé el sometimiento de los sujetos por parte del poder, el atentado a sus propiedades, a sus personas, a su familia. Detrás del poder se anuncia la tiranía. "Y clamaréis aquel día a causa de vuestro rey que os habréis elegido, mas el Eterno no os responderá en aquel día." Es imposible escapar al Estado.

El Talmud, por su parte, presenta como prerrogativas reales aquello que en el texto de Samuel I, VIII es exacción.[1] Y el comentario de Deuteronomio XVII, 14-30 atenúa la firmeza de la palabra bíblica.[2] El rey no deberá tener demasiados caballos (Deuteronomio XVII, 16), sólo los indispensables para cubrir

1. Tratado *Sanedrín* 20 b.
2. *Ibíd.*, 21 b.

las necesidades de su caballería; tampoco deberá poseer plata y oro en exceso (Deuteronomio XVII), sino tan sólo lo mínimo indispensable para pagar el sueldo de sus tropas. Y los excesos de poder ¿son legítimos cuando se trata de garantizar la supervivencia de un pueblo entre las naciones o de una persona entre sus semejantes? Pareciera que sí.

¿Pero una ley absoluta puede ser suspendida? ¿Pueden las necesidades de la vida autorizar a romper una ley considerada como un yugo? ¿Elegir al Estado, equivale a optar por la vida a expensas de la Ley, cuando justamente esa Ley pretende ser la Ley de la vida? A menos que la divinidad de la Ley consista en penetrar en el mundo de otro modo que como "un poderoso viento que rompe los montes y parte las rocas", de otro modo que como "un terremoto", de otro modo que como "un fuego".[3] A menos que su soberanía, o su espiritualidad, no consista sino en una humildad extrema, que pide, susurrando, la entrada de los corazones justos.[4] A menos que esos justos sean minoría y que la minoría esté, a cada instante, a punto de sucumbir. A menos que el espíritu-en-el-mundo sea la fragilidad misma[5] y que la penetración de la Ley en el mundo exija una educación, una protección y, por lo tanto, una historia y un Estado. A menos que la política sea la vía de esa larga paciencia y de esas precauciones. De este modo hemos intentado remontarnos hasta los presupuestos filosóficos de la "concesión" que la religión hace a las necesidades políticas, de la "abdicación provisoria" que pronuncia el "espíritu de lo absoluto" frente a aquel espíritu atento a la diversidad de las circunstancias y a las necesidades del aquí y ahora,

---

3. Cf. Reyes, I, XIX, 11 y 12.
4. Cf. *Sifri* de Deuteronomio XXXII, 2, retomado por Rachi: "Golpeó a la puerta de todas las naciones...".
5. A menos que –como lo hemos sostenido en otro contexto al confundir al Espíritu con su presencia-en-el-mundo– las civilizaciones se sepan mortales...

espíritu en el que se inscribe la política. Esa "abdicación provisoria" sólo es pensable si el orden temporal en el que surge recibe a su vez algún tipo de justificación por parte de lo absoluto. La elevación de la Revelación pasaría por su necesidad de obtener una respuesta, por su búsqueda de interioridad. Es, en ese sentido, enseñanza, Torá. Pero para ello necesita tiempo. La fragilidad de todo aquello que necesita tiempo para desarrollarse no debe ser considerada de modo puramente abstracto. Remite aquí, positivamente, a un orden superior a la eternidad de las Ideas platónicas o de las formas aristotélicas. Remite a un espíritu en relación con el Otro, al que da más de lo que es objetivamente capaz de dar. Orden del desbordamiento. Pero por ello, orden expuesto a toda clase de riesgos. Aquello que se enseña puede ser olvidado, totalmente olvidado. Por lo tanto, la seguridad de los tiempos, favorable a una continuidad pedagógica así como la política capaz de asegurar esa seguridad y esa continuidad, deben ser evaluadas a partir de una escala metafísica. Se trata de principios de "concesiones" y de "abdicaciones provisorias" que no provienen de algún dudoso oportunismo. Las necesidades del día a día, las que se intenta dar una respuesta, son las necesidades de la penetración de la eternidad en la hora, en el momento presente, en otras palabras, las necesidades de la esencia misma de la Revelación. Es en ese sentido que el tratado *Temura* afirma:[6] "Más vale una letra arrancada a la Torá, que la Torá arrancada a la memoria de Israel". ¿La acción política no se ubica acaso en el vacío que deja ese sacrificio de la letra? No es concebida como perteneciente a un orden autónomo y liberado de su finalidad original. Según la doctrina ideal, el Sanedrín instala y controla al rey.[7] Por encima del orden que incluye guerra,

6. *Temura*, 14 b.
7. *Shabat*, 15 a.

impuestos, expropiaciones, se ubica la Ley de lo Absoluto, que no desaparece luego de haber instaurado la autoridad política para dejar incondicionalmente al César lo que le confió al César. Retomando el texto de Deuteronomio, el Talmud[8] afirma: "El rey redactará para su propio uso un ejemplar del libro de la Torá. Lo llevará cuando parta a la guerra. Lo traerá cuando regrese. Lo conservará cerca suyo cuando tenga que impartir justicia. En la mesa lo tendrá frente a él. Está escrito: 'Tendrá consigo el libro de la Torá, y lo leerá todos los días de su vida'". Y para mostrar la intimidad que existe entre el príncipe y el Libro, el Talmud comenta: "No debe contentarse con un rollo que le viene de sus ancestros. Raba dice: 'Aún si sus padres le dejaron un ejemplar, es una obligación religiosa para cada uno escribir uno por su propia cuenta, como está escrito (Deuteronomio XXXI, 19): 'Y ahora escriban para ustedes este cántico...'. El rollo que el rey llevará consigo será escrito como una suerte de amuleto y lo llevará suspendido de su brazo. Se dice de David (Salmo XVI, 8): 'Siempre tengo a Dios frente a mí, porque está aquí a mi derecha, no seré conmovido'". Esas prescripciones rituales precisas, esas recomendaciones minuciosas, son también modos de expresarse: el Estado, conforme a su esencia, sólo es posible en tanto está atravesado por la palabra divina; el príncipe es educado de ese modo, por ese saber que es retomado por cada uno por su propia cuenta. La tradición es renovación.

Lo que importa es sobre todo la idea de que no sólo la esencia del Estado no está en contradicción con el orden absoluto, sino que es exigida por este. El Talmud entiende de modo radical lo que de hecho se produce en Samuel I y II y en Reyes I y II: en medio de la agitación, de las guerras, de los asesinatos políticos se afirma, de acuerdo con la voluntad de Dios, la Ca-

---

8. *Sanedrín*, 21 b.

sa de David, como una dinastía eterna, portadora de promesas. A través de los libros de los profetas, va entrando en la escatología. El Mesías instaura una sociedad justa y libera a la humanidad, después de haber liberado a Israel. Esos tiempos mesiánicos son el tiempo de un reino. El Mesías es rey. Lo divino inviste la Historia y el Estado, no los suprime. El fin de la Historia conserva una forma política.[9] Pero el Mesías desciende de David. ¿Qué importa al Mesías, legitimado por su justicia, un árbol genealógico que lo vincule a David? Para David, sin embargo, y para la estructura política que su nombre representa, esa vinculación sí es importante. El Estado de David se inscribe en la finalidad de la Liberación. La época del Mesías puede y debe resultar de un orden político presuntamente indiferente a la escatología y preocupado exclusivamente por los problemas del día a día. Es preciso, entonces, que ese mundo político conserve su parentesco con ese mundo ideal. La parábola talmúdica es particularmente sugestiva en este punto: el rey David hace la guerra y gobierna de día; por la noche, cuando los hombres descansan, se entrega a la Ley.[10] Doble vida para reconstituir la unidad de la vida. La acción política de los días que pasan surge de una medianoche eterna, se remonta a un contacto nocturno con el Absoluto.

En un pasaje memorable de su *Iad Hajazaká* dedicado al Estado, Maimónides describe la era mesiánica sin hacer intervenir ese elemento sobrenatural que tanto excita las imaginaciones. Este mesianismo no apocalíptico, en el que el pensamiento de los filósofos se superpone con el pensamiento rabínico, no agota ciertamente todo lo que la espera del Mesías significa para la sensibilidad judía. Pero permite tomar con-

9. *Sanedrín*, 99 a-b: la época mesiánica tiene una duración finita.
10. *Berakhoth*, 3 b.

ciencia de la importancia que reviste el Estado para el pensamiento judío, en tanto representa la posibilidad de realizar el ideal en los hechos, más allá de los sueños edulcorados. Los fragmentos que vamos a leer, introducen una distinción entre el mesianismo y las últimas promesas religiosas ("mundo futuro"), pero también la confianza, tan platónica, en la posibilidad de que un orden político razonable garantice el fin de todo exilio, de toda violencia y, en la paz, la felicidad de la contemplación. Cito entonces algunos elementos de ese texto notable por su sobriedad racionalista.

"El rey Mesías llevará al reino de David a su estado anterior y a su potencia originaria. Reconstruirá el Templo y reunirá la diáspora de Israel. (...) No crean sin embargo que el rey Mesías vaya a realizar milagros y a reinventar las leyes de la Naturaleza, o a resucitar a los muertos. [...] Esta Torá, sus mandamientos y sus leyes son eternos: no hay nada por agregar, ni por extraer. Si un rey que sale de la Casa de David estudia Torá, observa sus mandamientos como su ancestro David, siguiendo la Ley oral y la Ley escrita, y si reúne a todo Israel en la obediencia de la Ley y en su consolidación, si lleva adelante la guerra de Dios, probablemente sea el Mesías. Si logra reconstruir el Templo en su sitio original y reúne la Diáspora, entonces ciertamente es Mesías y aporta al mundo entero la salvación uniéndolo al servicio de Dios, como se dice: 'Entonces concederé a los pueblos, labios puros para que puedan invocar todos juntos el nombre del Señor y servirlo bajo el mismo yugo' (Sofonía III, 9)." Maimónides interpreta las profecías acerca de la cohabitación entre el lobo y el cordero como reconciliación entre pueblos comparables a bestias. "Nuestros sabios han dicho: 'Entre este mundo y la época mesiánica la única diferencia es el fin de la opresión ejercida por los grandes Estados'. Según el sentido literal de las profecías, los primeros momentos de la época mesiánica serán los de la guerra entre Gog y Magog y, antes de esa guerra, Israel habrá tenido un profeta que le indicará el verdadero camino y que preparará los corazones. Porque ha sido dicho: 'Y ahora os envío a Elías', etc. (Malaquías II, 23). No vendrá para declarar impuro lo que es puro, ni a declarar puro lo impuro [...], sino a establecer la paz en el mundo, porque ha sido dicho: 'Convertirá el corazón de los padres a los hijos', etc. (III, 24). Pero de todas estas cosas, nada se sabe hasta que ocurren. [...] No hay que prestar demasiada atención a los apólogos que hablan de estas cuestiones, no hay que considerar esos textos como textos fundamentales, ya que no conducen ni al temor a Dios ni al amor. No hay que hacer escatología, etc. [...] En la época del Mesías, cuando su reino haya sido instalado y todo Israel se reúna alrededor suyo, todos participarán, escuchando su palabra, del Espíritu Santo que reposará sobre él. Si los sabios y los profetas anhelan los días mesiánicos, no es con la idea de poder, por fin, dominar el mundo o dominar a los idólatras, ni para ser glorificados por los pueblos, ni para gozar de comidas y bebidas, sino para estar plenamente disponibles para la Torá y para la sabiduría, para que nadie los oprima ni destruya el fruto de sus esfuerzos, para poder merecer el mundo venidero, como yo mismo lo he enseñado en el capítulo dedicado al arrepentimiento. [...] Cuando llegue esa época, ya no habrá hambre, ni guerra, ni envidia, ni engaño, el bien será abundante y las delicias estarán al alcance de todos, como el polvo de la tierra, y los hombres sólo se preocuparán por conocer a Dios, y los hijos de Israel serán sabios, conocerán las cosas secretas, poseerán la ciencia divina en la medida en que las fuerzas humanas lo permiten, porque ha sido dicho: 'La tierra estará plena del conocimiento de Dios como el agua abunda en la mar' (Isaías XI, 9)."

Pero si la Ciudad mesiánica no está más allá de la política, la Ciudad a secas nunca es del todo ajena a lo religioso. "Rezad por el bien del Poder" enseña el tratado de los Principios (*Pirké Avot*), "porque sin él los hombres se comerían vivos los unos a

los otros".[11] Un pasaje de *Bereshit Rabat*[12] sentencia paradójicamente: "Rabí Shimón, hijo de Laquish, dice: 'Dios examinó
todo lo que había hecho, y he aquí que era eminentemente bueno' (Génesis I, 31). 'He aquí que era bueno', es el reino de Dios,
y 'he aquí que era eminentemente bueno', es el reino de los romanos." –"¿Cómo es posible, el reino de los romanos eminentemente bueno?" –"Sí, porque el reino de los romanos reivindica
la Ley y el derecho de los seres (*dikan shel briot*)". Parábola que
expresa la importancia acordada al dominio ejercido sobre lo
real y la desconfianza respecto de las satisfacciones que sólo se
producen en sueños. Esta idea también aparece en el tratado de
Shabat (II, a): "Se ha dicho, en nombre de Rav: 'Aún si todos
los mares fueran tinta, todos los juncos plumas y los cielos per-
gaminos, si todos los hombres escribieran, no lograrían expresar
la gloria el poder.' Esa idea proviene de un versículo de los Proverbios (XXV, 2): 'Como los cielos en las alturas y la tierra en
profundidad, el corazón de los reyes es insondable'".

Se trata de un homenaje rendido al Estado representado por
Roma, una de las cuatro potencias (junto con Babilonia, los par-
tos, y el imperio de los seléucidas) que, según la historiografía judía, encarnaban la alienación o la paganización de la Historia, la
opresión política o la opresión de los imperios, *jibud malkuiot*.
¡Los rabís no podían olvidar el principio organizador de Roma y
del derecho romano! Con una notable independencia de espíritu
anticipan de ese modo ciertos desarrollos de la filosofía política
moderna. La ciudad, sea cual fuera el orden, defiende el derecho
de los humanos, derecho amenazado por sus semejantes, pensa-

---

11. Curiosamente la expresión "se comerían vivos" se encuentra también el
salmo CXXIV: "Si el Eterno no hubiese estado con nosotros (...) nos habrían co-
mido vivos". El Estado, y aún el Estado romano, es acreedor de expresiones que
enarbolan la gloria de Dios.
12. Una de las recopilaciones más antiguas de parábolas y dichos midráshicos.

dos como viviendo en el estado de naturaleza, lobos para los humanos, como más tarde lo afirmará Hobbes. Aunque Israel se atribuya una fraternidad irreductible, no ignora que la guerra de todos contra todos es una tentación, tanto en su seno como a su alrededor.

2. Más allá del Estado

Pero ocurre que el Estado de César, a pesar de participar de la esencia pura del Estado, es también, por excelencia, un foco de corrupción e incluso, quizás, el último refugio de la idolatría. Según ciertos doctores del Talmud, la opresión de los grandes Estados, el *jibud malkuiot*, constituye la única diferencia entre la época mesiánica y la nuestra. Cuando el Estado de César se desarrolla sin encontrar ningún tipo de obstáculo, cuando la forma que heredó del mundo greco-romano puede alcanzar su plenitud –o su hipertrofia, de algún modo natural–, el Estado pagano, celoso de su soberanía, sediento de hegemonía, el Estado conquistador, imperialista, totalitario, opresor, ligado al egoísmo realista, aleja a la humanidad de su liberación. Incapaz de existir sin adorarse a sí mismo, es la idolatría misma. Visión escalofriante que se impone independientemente de todo texto: en un mundo de escrúpulos y de respeto por el hombre, mundo que deriva del monoteísmo, la *Realpolitik*, llega como de otro universo, protegida contra toda infiltración de sensibilidad, contra toda protesta de "almas bellas", contra toda lágrima de "conciencia desdichada".

La sabiduría talmúdica no ignora la contradicción interna del Estado, en tanto que este subordina los hombres a los hombres con el fin de liberarlos, sin importar cuáles sean los principios encarnados por quienes detentan el poder. Contradicción de la que no está a resguardo quien rechaza el orden político, porque al abstenerse de colaborar con el poder, se vuelve cómplice de las fuerzas oscuras que el Estado reprime. Una página sutil del Talmud[13] relata el modo en que Rav Eleazar participaba en la lucha de Roma en contra de los criminales. El hecho de que Rav Eleazar sea el hijo de Rav Shimón bar Iojai, a quien la tradición mística de Israel atribuye la paternidad del Zohar y que habría permanecido catorce años escondido de los romanos –junto con su hijo– en una caverna, da al relato su cuota de dramatismo. ¡Un místico al servicio del Estado opresor! "¿Hasta cuándo enviarás a la muerte al pueblo de nuestro Dios?", lo interpela Rav Yoshua bar Korha. Ese pueblo es ciertamente Israel, pero entendido como la humanidad consciente de su cercanía original con Dios. Cuando se está al servicio del Estado, se sirve a la represión; al servicio de la represión, se es policía. A menos que debamos leer de la siguiente manera: "Al servicio del Estado tú mismo, oh hijo de nuestro Dios, pierdes tu alma". A lo que Rav Eleazar –un justo sin dudas– responde: "Alejo las espinas del viñedo". ¡Hay espinas en el viñedo de Dios! A lo que Rav Yoshua bar Korha responde: "¡Deja que el propietario del viñedo se ocupe de limpiar su propio jardín!". La contradicción que opone monoteísmo y Estado no puede resolverse en términos de acción política.

¡El propietario del viñedo y no su vicario! Desde detrás del Estado davídico, al resguardo de la corrupción que ya aliena al Estado del César, se anuncia el más allá del Estado. En ciertos textos, Israel es pensado como sociedad humana que ha superado el mesianismo, fase aún política e histórica. En otros textos es anunciado el mundo futuro, el mundo venidero, pero como algo radicalmente distinto del mesianismo. El Estado mesiánico, Estado que pareciera estar incorporado al destino de Israel (aunque hu-

13. *Baba Metzia*, 83 b.

biere podido ser evitado, según la letra de Samuel I, VIII) representaría apenas una etapa de transición. De hecho varios pasajes talmúdicos asignan una duración finita a la era mesiánica.[14] El verdadero término de la escatología sería el mundo futuro. Este conlleva posibles que no se estructuran según un esquema político. De acuerdo con la interpretación que la mística judía propone de la vida espiritual –la Cábala– entre las siete *sefirot* o categorías de la presencia de Dios en la criatura, la realeza es la más baja de todas. ¡Pero nada indica, sin embargo, que la elevación estuviera en condiciones de saltearse escalones!

"Todos los profetas, sin excepción, sólo han profetizado para la época mesiánica. ¡El mundo futuro, en cambio, ningún ojo lo ha visto fuera de Ti, oh Señor, que obrarás para aquel que te espera!" Textos que pueden ser considerados como rigurosamente religiosos, como separando la salvación de toda referencia terrestre; pero que pueden también ser leídos como anunciando nuevas posibilidades para el espíritu humano, una nueva distribución de sus centros, un nuevo sentido para la vida, nuevas relaciones con el prójimo.[15] Superación del mesianismo, afirmado de una manera aún más precisa en el siguiente pasaje: "Rav Hillel dice: 'Ya no hay era mesiánica para Israel. Israel la ha conocido en la época del rey Ezequías'".[16] Dicho que el Talmud retoma para cuestionarlo: "Que Dios perdone a aquel que lo dijo, por haberlo dicho". Sin embargo los redactores del Talmud no juzgaron prudente omitir ese dicho, condenándolo al olvido. Para Israel, el mesianismo podría ser un estado ya superado, que habría correspondido a un Israel muy arcaico. ¿Cómo interpretan los comentadores esta idea tan audaz? Que para

14. *Sanedrín*, 99 a-b.
15. "Ningún ojo lo ha visto", esta expresión recuerda aquellos pasajes extraños en los que Marx espera que la sociedad socialista modifique la condición humana, desbaratando toda previsión, consecuentemente con su esencia revolucionaria.
16. *Sanedrín*, 99 a.

Israel el Mesías ya haya venido, significa que la liberación que espera Israel llegará de la mano del propio Dios. Esa liberación no pasaría entonces por el poder político. De ahí que la esperanza más elevada de todas quede definitivamente aislada de las estructuras políticas. Si el Mesías es un Rey, si el mesianismo es una forma política de existencia, la salvación por el Mesías sería una salvación por otro. Como si, habiendo alcanzado la madurez, pudiese ser salvado por otro. Como si, inversamente, de acuerdo con la significación más exacta de mi existencia personal, la salvación de todos los demás no me incumbiese. Como si la realización completa de la persona no consistiese en la posibilidad de escuchar, tan sólo, la voz de su propia conciencia y de rechazar las razones de Estado. Grado que el hombre moderno cree haber alcanzado, y que quizá sea la mejor definición de la modernidad. Esta definición de la modernidad es sin duda más exigente que el "espontaneísmo" con el que se la suele confundir. Confusión peligrosa y tentadora. Confusión que es, sin dudas, la razón por la cual los doctores del Talmud condenaron la tesis audaz de Rav Hillel.

3. Por una política monoteísta

La realización del Estado davídico como Estado mesiánico, la superación del Estado en la noción de "mundo venidero", pueden parecer utópicas o, en todo caso, prematuras. ¿La filosofía política del monoteísmo sería acaso somera, aun si la utopía —esto es una evidencia— ha de tener algún derecho en todo pensamiento digno de ese nombre? Esa pregunta indiscreta es planteada, paradójicamente, en ciertos medios religiosos del Estado resucitado en Tierra Santa, para los cuales la tradición de Israel es la fuente de todo sentido. La pregunta no es planteada para reivindicar la política idólatra del mundo, en rigor la única existente y que el monoteísmo cristiano no ha logrado desbaratar. Esa pregunta es planteada para esperar de Sión la formulación de un monoteísmo político que nadie habría formulado hasta el momento, ni siquiera los maestros del Talmud. Sólo la responsabilidad de un Estado moderno, ejercida sobre la tierra prometida a la posteridad de Abraham, debería permitir a sus herederos, elaborar pacientemente, confrontando las fórmulas con los hechos, una doctrina política capaz de satisfacer a los monoteístas. Recientemente[17] hemos escuchado en París una conferencia del señor Dan Avni-Segré, israelí de origen italiano, profesor en la facultad de Derecho de Haifa, en donde dirige un seminario, del que participan ciertos estudiantes árabes, dedicado a la política nueva. Que el testimonio aportado sirva de conclusión a estas observaciones. El profesor Avni-Segré entiende el regreso a Sión desde una perspectiva tal que este queda inscripto en la Historia santa. No insiste sobre las realizaciones del joven Estado, sino sobre las posibilidades que abre en términos de invención política. En el corazón de los conflictos cotidianos, la experiencia viva del gobierno y aún las dolorosas necesidades de la ocupación, permiten vislumbrar enseñanzas que aún no han sido dichas en la antigua Revelación. La expresión "política monoteísta", ¿entraña acaso una contradicción en los términos? ¿O remite más bien la finalidad última del sionismo? Más allá de garantizar un refugio para los perseguidos, ¿no es esa su gran tarea? ¿No queda acaso ninguna alternativa entre, por un lado, el recurso a las metodologías de los Césares, entre la idolatría inescrupulosa, cuyo modelo sería el de la "opresión de los imperios", el *jibud*, y, por el otro, la fácil elocuencia de un moralismo imprudente, cegado por sus sueños y sus palabras, que condena a una pronta destrucción y a una nueva diáspora a la

---

17. Durante el XI Coloquio de intelectuales judíos de lengua francesa, desarrollado en París los días 25 y 26 de octubre de 1970.

reunión de los dispersos? Desde hace dos mil años que Israel no se compromete en la Historia. Inocente de todo crimen político, puro como toda víctima, de una pureza cuya larga paciencia ha sido quizás el único mérito, Israel se había vuelto incapaz de pensar una política que completaría su mensaje monoteísta. El compromiso ha sido finalmente asumido desde 1948. Pero esto recién comienza. A la hora de completar su tarea inaudita, Israel está tan aislado como lo estaba Abraham hace cuatro mil años, cuando encaraba por vez primera esta misión. Pero desde esta perspectiva, este retorno a la tierra de los ancestros marcaría, más allá de la solución de un problema particular, nacional o familiar, uno de los acontecimientos más grandes de la historia interior y de la Historia a secas.

¡Política después!

1. El origen del conflicto árabe-israelí se remonta al sionismo. Se ha agudizado desde la creación del Estado de Israel, sobre un trozo de tierra árida que había pertenecido a los hijos de Israel hace más de treinta siglos, territorio que, a pesar de la destrucción de Judea en el año 70, las comunidades judías nunca han desertado, que durante la Diáspora nunca han dejado de reivindicar y que desde el comienzo del siglo han hecho reflorecer gracias a su trabajo; pero ocurre que ese pedazo de tierra también estaba habitado desde hacía siglos por aquellos que, rodeados por el gran pueblo árabe del que forman parte y sobre vastas extensiones, se hacen llamar Palestinos. Ese conflicto, que por el momento determina el destino de todas las otras cuestiones entre árabes y judíos, siempre ha sido tratado en términos políticos por los hombres de Estado, por la opinión pública y aun por los intelectuales. Para todos ellos, el conflicto se reducía a colectividades que merecían o usurpaban el título de "naciones", al problema del alcance de los poderes ejercidos sobre esos territorios, de su confrontación en la guerra, o de su situación respecto de la coyuntura de las grandes potencias mundiales. Y ello sin explicitar, sin considerar con atención suficiente los datos espacio-temporales, psicológicos y morales de esos problemas políticos, datos capaces de hacer estallar las categorías prefabricadas de la sociología y de la ciencia política. Sin preocuparse, pues, por la naturaleza extraordinaria de esos datos

y por la singular aventura humana que allí se jugaba. Encerrados en la inquebrantable convicción de que la naturaleza nunca se sale de su orden, de que lo extraordinario es una noción religiosa, fuente de mistificación o refugio de ideologías, de que lo humano nunca es singular y de que su invocación es un mero llamado a la piedad que se concede, a lo sumo, a las víctimas de campos. La acción razonable –ese es su principal postulado– es primordialmente política, aunque los hechos en los que esta acción se compromete, puedan prestarse a análisis diversos e incompatibles.

Creemos sin embargo, independientemente de toda consideración religiosa procedente de una confesión y de creencias, que "para los hombres puramente hombres", el sentido de lo humano, tanto entre los pueblos como entre las personas, no se agota, ni en las necesidades políticas que constriñen, ni en el sentimentalismo que libera. Creemos que lo que escapa al orden puede imponerse a la descripción sin necesidad de que intervenga ningún factor sobrenatural o milagroso, y exigir un comportamiento irreductible a los hasta ahora consagrados; autorizar proyectos y modelos propios a los cuales todo espíritu, es decir la razón, esté dispuesto a acceder.

2. Un judío no necesita ser "profeta o hijo de profeta" para desear y esperar la pronta reconciliación entre judíos y árabes, para entreverla, más allá de la convivencia pacífica, como una comunidad fraternal. La paz concertada entre Israel y Egipto, las condiciones insólitas bajo las cuales había sido promovida por el viaje del presidente Sadat a Jerusalem el 19 de noviembre de 1977, representaba, a nuestro entender, a pesar de todas las peripecias que estuvieron a punto de hacer fracasar el acuerdo y de todas las dificultades que puedan surgir en un futuro y que pueden llegar a anularlo, la única vía a través de la cual una

reconciliación podía llegar a concretarse. Y ello no por el carácter parcial de la solución y por la presunta excelencia de los procesos lentos, sino porque la paz llegaba por una vía que venía de más lejos y que conducía aún más lejos que los senderos políticos, sea cual fuere la ingerencia de estos en el itinerario de esa paz.

Ya el lugar –o la diáspora, o las migraciones– del pueblo judío entre las naciones, su antigüedad de *pueblo uno* a través de las diversas eras y contradicciones de la Historia, debiera poner en tela de juicio el exclusivismo de la conceptualización política. Puede que eso sea la interioridad. Una interioridad irreductible a la dimensión imaginaria de las "almas bellas" se caracteriza por una antigüedad semejante, aunque esta antigüedad fuere fidelidad a una serie de recuerdos o a un libro. Libro profético, hecho de discursos subversivos que desafían a los reyes y a los grandes, sin refugiarse en la clandestinidad. Libro que sostiene esta tierra más profundamente que las profundas capas geológicas. Fidelidad que favorece y denota una impasibilidad frente a los ruidos y los destellos del mundo, de sus guerras, sus glorias y sus hegemonías, y así impide que los imperativos hipotéticos disimulen su condicionamiento y se impongan y pesen categóricamente. Destino ético. Aislamiento, distancia necesaria para el juicio. Difícil libertad de Israel, que no debe ser tratada como una curiosidad etnográfica sino como la posibilidad extrema de lo humano. Posibilidad que molesta e irrita a la conciencia soberana de las naciones bien asentadas entre las naciones, firmemente instaladas en sus tierras; naciones en las que esa firmeza de tierra, esa certeza, esa experiencia original de lo inamovible, sostiene esa afirmación de sí.

Irritación y molestia, alergia más irremisible que cualquier alteridad de simple diferencia cuantitativa o cualitativa. El antisemitismo no consiste simplemente en la hostilidad de una mayoría hacia una minoría, no se reduce a la xenofobia o al racismo, aunque sea la razón última de todos esos fenómenos que derivan de él.[1] El antisemitismo es la repugnancia a lo desconocido del psiquismo del otro, al misterio de su interioridad o, más allá de toda aglomeración conformando un conjunto y de toda organización en forma de organismo, repugnancia a la pura proximidad del otro hombre, a la socialidad misma.

Los episodios dramáticos de este siglo XX y el nacional-socialismo que han sacudido al mundo liberal sobre el cual, en última instancia, reposaba –en sentido figurado, pero también literal– la existencia judía, arrebataron al antisemitismo su secreto apocalíptico y dejaron entrever lo extremado, exigente y peligroso del destino humano que el antisemitismo expresa por antífrase. Hoy en día, el antisemitismo de derecha y de izquierda, aun si se disimula bajo otros nombres, es pensado a partir de las secuelas dejadas por el hitlerismo. Ya no hay judíos privilegiados, como lo eran aún los de Europa occidental para las masas judías exterminadas del Este europeo, para las minorías de antaño que envidiaban y esperaban esa suerte excepcional. Por otro lado, ya no hay judíos no identificados como tales en los países llamados socialistas. "El internacionalismo es cuando el ruso, el georgiano, el ucraniano, [...] y los demás se juntan para golpear a los judíos", escribe Alexander Zinoviev en *L'Avenir radieux* ["El Porvenir radiante"], p. 115 de la edición rusa). El estalinismo y el antisemitismo post-estalinista –o aquel que 60 años de marxismo aplicado no han conseguido extirpar del alma eslava, y cuya influencia sobre el Tercer Mundo se refleja en los votos anti-israelíes de los pueblos progresistas en la Organización de Naciones Unidas– constituyen ciertamente uno de los mayores traumatismos de la conciencia judía moderna. Condenan en ella

---

1. A lo largo de toda su obra, Eliane Lévy-Amado sostiene esa estructura casi ontológica del antisemitismo.

toda esperanza de una humanidad nueva, concebida en "el olvido de Jerusalem". El sionismo de este último cuarto de siglo irrumpe como una recordación del salmo CXXXVII. Experiencia invertida de la universalidad, en la espera de una resignación universal, vivida como una segunda conciencia de sí. Pero experiencia que llega al corazón mismo de lo humano con al menos tanta gravedad como lo hace la condición del proletario. Experiencia que se invierte en una elección de la vida, en un querer ser, y aun en iniciativas políticas, pero sin dejar de hacerse cargo de toda la herencia ética de Israel. Amor de la vida *para ello*, resurrección *para ello*. La primera sílaba de "sionismo" significa eso: mensaje ante todo. "La Torá sale de Sión" según el versículo de Miqueas, IV, 2, popularizado por la liturgia judía. La referencia a la Biblia, doctrina de la justicia, cuenta tanto o más que la documentación de derechos imprescriptibles. La afirmación de sí como responsabilidad por todos. Política y, ya, no-política. Epopeya y Pasión. Energía salvaje y vulnerabilidad extrema. El sionismo, después del realismo de sus formulaciones políticas iniciales, se revela finalmente como una gran ambición del Espíritu, a la medida del judaísmo sustancial.

3. Y así es como ha sido entendido, desde el comienzo, por los amplios sectores de la población judía del Este europeo que aún no habían ingresado en la sociedad liberal del siglo XIX y que seguían expuestos a las persecuciones y a los pogromos. Porque detrás de la idea política, aparentemente tan occidental, de Herzl, lo que contaba ante todo era la identificación entre *Judenstaat* y Tierra prometida, y la reapertura de las perspectivas escatológicas, siempre planetarias, de la Historia Santa.

Paradójicamente, los judíos que rechazaban el llamado sionista en la Europa pre-hitleriana, apelaban a esa misma vocación universalista del hombre judío. La rehabilitación del capitán Dreyfus devino, en Occidente, el símbolo del triunfo de la justicia invocada por las ideas de 1789 y de 1848. El sionismo parecía desentonar con el ideal profético, cuyos logros el judío occidental creía vislumbrar en el seno de las grandes naciones democráticas, en todo el esplendor de su ciencia y de sus artes. Rápidamente, aún en Europa oriental, la expansión de las ideas marxistas subordinó el destino del judío al de todos los desheredados de la tierra. La visión de ese desvalimiento, de esas esperanzas, y de la misión que de todo ello se desprendía, parecía responder a la vocación humana de la Biblia, aún si ésta aparecía despojada de recuerdos confesionales, litúrgicos y geográficos. El sionismo que buscaba un Estado judío mediante el desarrollo de colonias en Palestina era interpretado en términos de nacionalismo, a pesar de las nuevas formas de vida colectiva que surgían en los *kibutzim*. A lo sumo, como un nacionalismo para pobres. Si para algunos irrumpía como una obra humanitaria y casi filantrópica, para otros no significaba más que la supervivencia laica de un particularismo religioso perimido y folklórico, una ideología pequeñoburguesa e interesada.

Hombres de elite sintieron sin embargo la verdadera esencia de ese movimiento, antes del hitlerismo y del antisemitismo soviético. Quisiera citar en ese sentido los relatos autobiográficos de Gershom Scholem, quien narra su itinerario de occidental, de Alemania (de Weimar) a Jerusalem, y analiza admirablemente la dimensión espiritual –y no meramente religiosa– del sionismo, tal como la pensó desde el final de la Primera Guerra Mundial.

4. El sionismo, presuntamente pura doctrina política, lleva por lo tanto, en lo más profundo de su ser, la imagen invertida de una cierta universalidad. Esa espina clavada en la carne no es un derecho a la piedad. Es la medida y la singular firmeza de una

interioridad, es decir de una falta de apoyo en el mundo, de la ausencia de "toda posición de repliegue preparada de antemano" y de toda salida. De un último abandono. Esa es la tierra que Israel posee en su Estado. El esfuerzo para construirlo y para defenderlo se desenvuelve bajo la reprobación y la amenaza permanente y creciente de todos los vecinos. Estado cuya existencia es cuestionada, mientras que la tierra de las naciones políticas es siempre el suelo firme que sigue ahí cuando todo parece estar perdido. Tierra que, para Israel, es problema o *impasse*. A esa situación se refiere la expresión: *Ein brerà*, "no hay elección". ¡Estado armado y dominador, una de las grandes potencias militares de la cuenca del Mediterráneo, frente a un pueblo palestino desarmado, cuya existencia desconoce Israel! ¿Es este un diagnóstico realista? ¿Israel no es acaso, más allá de su fuerza real, lo más frágil del mundo, lo más vulnerable, en medio de sus vecinos, naciones incuestionadas, ricas en aliados naturales, rodeados de sus tierras? Tierras, tierras y más tierras.

De ahí la grandeza y la importancia de Sadat. Puede que su viaje haya sido de esos episodios excepcionales –trans-históricos– que no suelen suceder y que no ocurren dos veces en una misma vida. Por un instante fueron olvidados los clichés políticos y todas las motivaciones pérfidas que una cierta sabiduría atribuye aún al gesto de un hombre que se trasciende y que se eleva por encima de su prudencia y de sus precauciones. Olvido de la prudencia y las precauciones, ¿pero por cuánto tiempo? ¿Por algunos días, algunas horas? ¿Por un instante? Puede ser. ¿Pero quién sabe cuál es la duración de los acontecimientos cabales o del advenimiento de la verdad? ¿Quién ha medido el trabajo secreto de lo efímero en los años de la Historia? ¿Sadat habrá comprendido la humanidad perfectamente humana que se despliega en los hechos históricos bajo la forma del judaísmo, bajo la forma de la paciencia y de la Pasión siempre renacientes? Política y precariedad en donde nunca falta la desesperación que debe ser superada. ¿Sadat lo sintió acaso en el sionismo –sionismo que suele ser interpretado como una tentativa imperialista, mientras que lleva aún el dolor y el desamparo en sus entrañas y no tiene, por fuera de su verdad, ningún patrimonio reservado e inalienable sobre el que se apoyan aquellos que en otras partes dirigen Estados–? Esa lucha habrá sido siempre, por un lado, la lucha del Gueto de Varsovia revelándose sin terreno de repliegue y en donde cada paso de retroceso cuenta y cuesta como el todo. ¡Qué pésimos negociadores son los israelíes! Mientras que llevan una lucha en la que no está ausente el recuerdo de Massada, lucha que algunos denuncian como tributaria de ideologías occidentales. ¿Llegará la crítica de la desconfianza israelí, hasta arrancarles las armas a los defensores de los últimos refugios? Sadat parece haber entendido las oportunidades que abre la amistad con Israel –o ya su simple reconocimiento, el simple hecho de hablarle– y las promesas proféticas que se disimulan detrás de la invocación sionista de derechos históricos y de sus contorsiones bajo la fachada política. Todas las injusticias que se pueden reparar. Todo lo imposible que deviene posible. Algo que los espíritus menos elevados, los enemigos de Sadat en el Cercano Oriente o sus amigos en nuestro Occidente altanero, sumergidos en su contabilidad política, nunca han comprendido. ¿"Un Estado como cualquier otro", pero con mucha elocuencia? ¿No habría lo que buscar entre el recurso a los métodos inescrupulosos de la *Realpolitik* y la retórica irritante de un idealismo imprudente, perdido en sueños utópicos, pero que se convierte en polvo al entrar en contacto con la realidad, o en delirio peligroso, imprudente y fácil que se hace pasar por discurso profético? Más allá de la preocupación por un refugio para hombres sin patria y de las acciones a veces sorprendentes, inciertas del Estado de Israel, ¿acaso no se trató siempre de crear sobre su tierra las condiciones concretas de la invención política? Ese es el fin último del sionismo y por ello, quizás, el sionismo sea uno de los grandes acontecimientos de la historia humana. Durante dos mil años el pueblo judío fue tan sólo su objeto, en una inocencia política ligada a su rol de víctima. Pero ese rol le impide satisfacer su vocación. Desde 1948, ha estado rodeado de enemigos y ha sido siempre cuestionado, pero también ha estado comprometido con los hechos para pensar –y para hacer y rehacer– un Estado en el que deberá encarnarse la moral profética y la idea de su paz. Que esa idea ya haya podido ser transmitida y captada como al vuelo, esa es la maravilla de las maravillas. Como dijimos, el viaje de Sadat ha abierto el único camino viable para la paz en Oriente, si es que esa paz es posible: lo "políticamente" débil en ese camino es quizá la expresión de lo que tiene de audaz y, al fin de cuentas, de fuerte. Y quizá lo que aporta a la idea misma de paz: la sugerencia de que la paz es un concepto que desborda el pensamiento puramente político.

Asimilación y nueva cultura

La asimilación puede ser entendida, desde una perspectiva sociológica, como un proceso objetivo, dominado por leyes rigurosas. La asimilación puede aparecer incluso como ejemplo arquetípico de lo que esa disciplina entiende por proceso social. Entre sus factores figuran, tanto el atractivo ejercido por una mayoría homogénea sobre la minoría, como las dificultades de todo tipo que acechan a quienes se obstinan en ser la excepción a la regla –y a la costumbre– o, aún, las necesidades económicas que, al menos en la sociedad moderna, tienden a esfumar las diferencias. La persona debe tener coraje y fuerza para resistir a la corriente natural que la arrastra.

Sin embargo, a pesar de la evidente constricción que determina a este movimiento, la asimilación suele ser denunciada como una traición o como una decadencia. Se la juzga moralmente. Sus defensores son sospechados de tener pensamientos egoístas, de ser oportunistas, de aspirar mediocremente a una vida sin problemas, de temerle a una vida de riesgos.

No pretendo cuestionar este juicio cuando asimilación significa des-judaización. Sin embargo, quisiera recordar o, al menos, subrayar que, en tanto se trata de asimilación a la cultura occidental, no puede pensarse que ese proceso sea simplemente el resultado de las causas que acabamos de mencionar. La asimilación responde también a ciertas razones y a ciertas exigencias espirituales que se imponen como tales a las conciencias despiertas. De allí el serio problema que se plantea a todos aquellos educadores u hombres de acción que se preocupan por el futuro del judaísmo. La solución a ese problema presupone mucho más que una simple "reorganización de los servicios comunitarios", más que una reforma de programas escolares, más que una nueva política pedagógica: se requiere aquí un esfuerzo creador de cultura, es decir una suerte de nueva vida judía.

Si las formas de la vida europea han conquistado a los israelitas, es porque en algún punto reflejan la excelencia espiritual de la universalidad, norma del sentir y del pensar, fuente de la ciencia, del arte y de la tecnología moderna, pero también de la reflexión sobre la democracia y del fundamento de instituciones asociadas al ideal de la libertad y de los derechos del hombre. Ciertamente nadie podría olvidar los acontecimientos del siglo XX: dos guerras mundiales, fascismo y Holocausto. Las doctrinas y las instituciones de Europa no han salido ilesas de esos acontecimientos con los que supieron comprometerse. Pero eso no quita que nos sigamos refiriendo a ellas, aunque manifestemos nuestra oposición a su monstruosa descendencia y distingamos la perversión en la que supo degenerar del buen grano. Seguimos admirando los principios universales, con lo que de ellos se deduce según la buena lógica.

Por lo tanto, el problema de la asimilación sigue siendo nuestro problema. De hecho, todos –en Israel y en la diáspora, sionistas y no-sionistas– reconocemos el valor de la civilización occidental y reivindicamos todo lo que ella supo aportar y sigue aportando a nuestra vida pública e intelectual abierta al mundo. Sin embargo nuestra pertenencia al judaísmo religioso, nacional o lingüístico no puede sumarse a nuestro patrimonio occidental de manera natural. Alguno de esos dos términos termina siendo desacreditado por el otro. Debemos preguntarnos si no corremos permanentemente el riesgo de que el lado tradicional de nuestra existencia, a pesar del afecto y de la voluntad que podamos dedicarle, sea rebajado al rango de mero folklore.

El juicio de valor que se aplica al orden público al que pertenecemos no tiene el mismo potencial que el que la intimidad convoca. El orden que cuenta, es el orden público. Ciertamente, la fórmula de la *Haskalá* judía del siglo XIX, el siglo de las luces judío, "sé un judío en tu casa y un hombre fuera de ella", ha podido retrasar el proceso de asimilación y asegurar, en Europa Oriental, una suerte de doble cultura a los judíos y, de ese modo, en su conciencia, una coexistencia armoniosa de ambos mundos. Pero esto sólo fue posible allí donde las civilizaciones eslavas, que no alcanzaban las alturas de universalismo occidental, se mantenían política y socialmente cerradas a los judíos. Allí la asimilación podía limitarse a una adhesión o a una adaptación superficial al mundo circundante, sin que las almas llegasen a someterse íntegramente a ese entorno. El folklore no estaba del lado judío. El propio mundo asimilador era el que a veces asumía las apariencias del folklore en la imaginación popular: la pertenencia a ese mundo de una colectividad que en la práctica continuaba viviendo en la exclusión, tenía algo de farsa.

Ahora bien, más allá de la conciencia y del conocimiento que hayamos conservado o adquirido acerca de la originalidad y la riqueza espiritual de nuestro judaísmo, no podemos ignorar la eminencia de lo universal, eminencia con la que hemos entrado en contacto gracias a nuestro pasaje por Occidente, donde lo universal ha sido tan admirablemente explicitado. Podría decirse que la Occidental es una civilización doblemente universal. Por un lado se presenta como patrimonio común de la humanidad: todo hombre y todo pueblo pueden ingresar a ella plenamente para ocupar un lugar al nivel que corresponda a sus capacidades innatas y a su vocación. Por otro lado, lleva lo universal como su contenido: ciencias, letras, artes plásticas. Lo exalta hasta el formalismo, hallando en este sus valores y el principio de su voluntad, es decir su ética. Allí descubre también, y sobre todo, la filosofía, es decir un cierto lenguaje cuya semántica no se topa con ningún misterio incomunicable, contra nada que carezca de parecido; pero lenguaje que ha sabido sublimar las metáforas en conceptos y que ha logrado expresar toda experiencia vivida, sea cual fuere su lengua original, dando expresión incluso a aquellas experiencias originariamente indecibles.

Las naciones en las que se divide Occidente no tienen de particular más que lo que, lógicamente, corresponde a todo individuo que pertenece a una especie. Su pertenencia a la humanidad significa precisamente la posibilidad, a la que cada uno aspira y accede, de traducirse y de decirse en este lenguaje de la filosofía, especie de griego generosamente distribuido por toda Europa. Todo lo demás sería mero color local. Por el contrario, la universalidad congénita del espíritu judío depositada en las riquezas de la Escritura y de la literatura rabínica, comporta un momento imborrable de aislamiento y de toma de distancia. Singularidad que no es simplemente resultado del exilio y del gueto sino probablemente el fruto de un repliegue esencial sobre sí en la conciencia, de un plus de responsabilidad para con la humanidad. Extraño e inconfortable privilegio, singular inequidad que comporta obligaciones para con el otro, obligaciones que, empero, no se le exigen al otro. Por aquí pasa, sin duda, la conciencia de la elección. Sucede, sin embargo, que esta desigualdad es percibida por la mirada de las naciones y por nuestros propios ojos de asimilados, como un particularismo irremediable, como expresión de un nacionalismo potenciado. Malentendido en la opinión, malentendido entre nosotros.

A pesar de todas las críticas dirigidas en contra de la asimilación, está claro que hemos sido beneficiados por las luces que esta nos ha aportado. Estamos fascinados por los vastos horizontes que nos ha abierto, respirando a todo pulmón el aire nuevo.

Mientras tanto, la singularidad judía, difícil destino, corre permanentemente el riesgo de aparecérsenos como un arcaísmo, como un factor de estrechamiento de nuestra visión. Ciertamente este fenómeno está ligado con la creciente ignorancia de las "letras cuadradas" y con nuestra incapacidad para hacerlas hablar. Lo que está claro es que nada justificaría un fenómeno semejante en este mundo moderno en el que hemos ingresado, mundo en el que, hasta el Holocausto, nadie parecía poner seriamente en tela de juicio nuestra presencia.

¿Particularismo o excelencia? Excelencia de un mensaje excepcional, aunque esté dirigido a todo el mundo. Paradoja de Israel y uno de los misterios del Espíritu. Estamos persuadidos de ello y allí radica el corazón de este trabajo. Pero entre los judíos asimilados y entre las naciones, ¿acaso alguien duda de que una singularidad pueda ser pensada más allá de la universalidad? ¿De que una singularidad sea susceptible de contener los innegables valores de Occidente, pero sin por ello dejar de llevarnos un poco más lejos? Pensamiento y singularidad de los que el judaísmo, como hecho, como historia y como Pasión, es la punta de lanza y la figura misma, figura que se manifiesta antes incluso de que las especulaciones de los lógicos introduzcan la distinción de lo particular y lo universal. No obstante –y este también es un punto importante– jamás hemos conseguido, desde nuestra emancipación, formular en lenguaje occidental el sentido de este más allá. Y ello a pesar, o a causa, de nuestra asimilación. Por el momento, apenas si hemos ensayado una apología que se limita a acomodar las verdades de la Torá a los nobles modelos de Occidente –algo no muy difícil–. Pero la Torá exige mucho más que eso.

¿Qué hemos hecho con ciertos temas? Por mencionar, a modo de ejemplo, sólo algunos de los más conocidos, ¿qué hemos hecho de aquel versículo de "este pueblo que vive solitario y no ha de confundirse con las naciones" (Números XXIII, 9)? ¿De aquel pasaje referido a Abraham, quien sería llamado *hebreo* "por ser capaz de mantenerse solo de un lado (*me-éber ajad*) mientras que los demás están del otro lado" (*Bereshit rabá* 42, 8)? ¿De los 613 mandamientos que obligan a los hijos de Israel, mientras que sólo siete son suficientes para los hijos de Noé? ¡Deberle al otro más de lo que se le exige! Una reflexión somera, encandilada por el resplandor excesivo de Occidente, apenas distingue aquí separación y soberbia. Confusión fatal. Mientras que deberíamos poder preguntarnos si esta presunta limitación del universalismo no es acaso lo que lo mantiene a resguardo de la deriva totalitaria. Si no es acaso lo que orienta nuestra atención hacia la murmuración de las voces interiores. Si no lleva a abrir los ojos sobre los rostros que iluminan y permiten controlar el anonimato de lo social, sobre los vencidos de la razonable historia de la humanidad, en la que los orgullosos no son los únicos que sucumben.

Mientras dure esta confusión, nosotros –hasta el más hebraizante de todos nosotros– no habremos superado la tentación de la asimilación. Y esto será así, más allá de la ternura que puedan despertar en nosotros los recuerdos tradicionales y los emotivos acentos de los dialectos familiares que vienen desapareciendo, más allá de la ternura que pueda provocarnos todo este folklore que nuestra asimilación nos ha enseñado –¡con razón!– a no confundir con lo esencial.

Nosotros, los judíos que deseamos seguir siéndolo, sabemos que nuestra herencia no es menos humana que la de Occidente y que es perfectamente capaz de integrar todas las posibilidades que nuestro pasado de occidentales nos ha abierto. Sepamos reconocer todo lo que nos dio la asimilación. Si al mismo tiempo la cuestionamos, es porque este "repliegue sobre sí mismo", que nos resulta tan esencial y que es tan frecuentemente declamado, no es el síntoma de un estado perimido de la existencia, sino que revela un más allá del universalismo. Completa o perfecciona la fraternidad humana. En la singularidad de Israel se alcanza una cima que justifica el carácter perenne del judaísmo. No se trata de una permanente recaída en un provincialismo perimido.

Pero la larga historia de la que provenimos, ha dado a esa singularidad la forma de un sentimiento y de una fe. Esta singularidad exige pues al pensamiento su explicitación. No puede brindar inmediatamente una serie de reglas a la educación. Necesita primero ser traducida al griego, griego que hemos aprendido gracias a nuestra asimilación en Occidente. Se nos impone la gran tarea de enunciar en griego estos principios que la propia Grecia ignoraba. La singularidad judía aún espera su filosofía. Ya no alcanza con la imitación servil de los modelos europeos. La búsqueda de referencias a la universalidad en nuestras Escrituras y en los textos de la Ley oral, se sigue inscribiendo en el proceso de asimilación. Esos textos, a través de sus comentarios dos veces milenarios, tienen aún algo más para decir.

Al exponer estas reflexiones sobre el alto podio del palacio del presidente del Estado, en Jerusalem, me estoy dirigiendo ciertamente al público adecuado. Sólo una cultura judía llamada a desarrollarse a partir de una nueva vida en Israel, podría terminar con el malentendido que se perpetúa entre los judíos, pero más aún entre las naciones. Ella habrá de abrir nuestros libros cerrados y nuestros ojos. Esa es nuestra esperanza. En ese sentido, también, el Estado de Israel marcará el fin de la asimilación. Habrá de hacer posible, en su plenitud, la generación de conceptos cuyas raíces alcancen las profundidades del alma judía. La

explicación y elaboración de estos conceptos son decisivas para
la lucha contra la asimilación, son anteriores a todo esfuerzo de
organización generoso, a todas las abnegaciones de los maestros
de elite. Una tarea que no es solamente especulativa, sino rica en
consecuencias prácticas, concretas e inmediatas.

Referencias adicionales: Por fuera de los estudios cuyo origen o primera publicación ha sido señalado en el prefacio de este volumen, añado algunas indicaciones relativas a los demás textos incluidos en este libro:

"El nombre de Dios según ciertos textos talmúdicos" ha sido publicado en las *Actas* del Coloquio organizado por el Centro internacional de estudios humanistas y por el Instituto de estudios filosóficos de Roma en 1969, bajo el título "El análisis del lenguaje teológico".

"La Revelación en la tradición judía" ha sido publicado en el volumen colectivo *Revelación*, editado por las Facultades universitarias de Saint-Louis, en Bruselas en el año 1977.

"'A imagen de Dios' según Rabí Jaim de Volozin" ha sido publicado en el año 1978 en los *Mélanges* dedicados al profesor Herman Heering de Leyde.

"El trasfondo de Spinoza", inédito, corresponde a una ponencia presentada en el Congreso Spinoza, en Jerusalem, en el año 1979.

"El Estado de César y el Estado de David" ha sido publicado en las Actas del Coloquio de Roma, en el año 1971.

"¡Política después!" ha sido publicado en *Temps modernes*, n° 398, en septiembre de 1979.

"Asimilación y nueva cultura" ha sido publicado en *Les Nouveaux cahiers*, n° 60, en el año 1980.

La parte final de "De la lectura judía de las escrituras" ha sido publicada en "Hommages à Georges Vajda", *Estudios de historia y de pensamiento judío.*